M. H. Bauer

Das Motorboot (1917)

5. verbesserte Auflage

M. H. Bauer

Das Motorboot (1917)

5. verbesserte Auflage

ISBN/EAN: 9783954270958
Erscheinungsjahr: 2012
Erscheinungsort: Bremen, Deutschland

© maritimepress in Europäischer Hochschulverlag GmbH & Co. KG, Fahrenheitstr. 1, 28359 Bremen. Alle Rechte beim Verlag und bei den jeweiligen Lizenzgebern.

www.maritimepress.de | office@maritimepress.de

Bei diesem Titel handelt es sich um den Nachdruck eines historischen, lange vergriffenen Buches. Da elektronische Druckvorlagen für diese Titel nicht existieren, musste auf alte Vorlagen zurückgegriffen werden. Hieraus zwangsläufig resultierende Qualitätsverluste bitten wir zu entschuldigen.

Motorschiff-Bibliothek

Das
MOTORBOOT

von

M. H. BAUER

Spezial-Ingenieur für Motorschiffbau und -Bootbau
Vereidigter Sachverständiger für Motorschiffe und -Boote der Handels-
und Handwerkskammer zu Berlin

Fünfte verbesserte und vermehrte Auflage

Mit 100 Abbildungen im Text

BERLIN W 62
Richard Carl Schmidt & Co.
1917

Vorwort zur ersten und zweiten Auflage.

Nur derjenige, welcher durch Vorurteile geblendet ist, wird den außerordentlichen Einfluß nicht bemerken, den der mit Benzin, Petroleum, Spiritus usw. arbeitende „Verbrennungsmotor", auch „Ölmotor" und „Explosionsmotor" genannt, auf unser gesamtes Transportmittelwesen ausübt. Nachdem der Ölmotor den Kraftwagenbetrieb bereits erheblich umgestaltet hat, kann kein Zweifel bestehen bleiben, daß er sich auch für den Betrieb von Booten immer mehr einbürgern wird und sich besonders für Luxus- und Sportfahrzeuge, welche allermeistens im Besitze von Privatleuten sind und von diesen vielfach eigenhändig bedient werden, als die passendste Maschine erweisen dürfte, so weit man jetzt vorausschauen kann.

Der Ölmotor ist eine ideale Betriebsmaschine für Vergnügungsfahrzeuge, besonders wenn der Besitzer sein eigener Maschinist sein will. Ein gut bedienter Ölmotor raucht nicht, stinkt nicht, verbreitet keine unerträgliche Hitze, verursacht keine schwere Arbeit und ist stets ohne die langen Vorbereitungen, wie sie z. B. der Dampfbetrieb notwendig macht, betriebsbereit.

Die Betriebskosten sind gering und die Betriebsmaterialien überall erhältlich, so daß man hinsichtlich der Reisedauer nicht wie im elektrischen Boote von bestimmten Ergänzungsstationen abhängig ist.

Im Yachtsport, welcher heute eigentlich nur als Segelsport betrieben wird, ist in den nächsten Jahren eine nachhaltige Bewegung zugunsten des Motorbootes, wie man ein Boot mit Ölmotor kurz nennt, zu erwarten, sobald sich die Sportsleute mehr mit dem Wesen des Motors vertraut gemacht haben. Jedenfalls wird man in den kommenden Jahren mehr als bisher Segelyachten mit kleinen Motoren ausstatten oder größeren Yachten kleine Motorbeiboote geben, um bei zu schwachem Winde oder bei Windstille vorwärts kommen zu können.

Unter einem Motorboot hat man eigentlich ein jedes Boot zu verstehen, welches durch einen Motor irgend einer Art, sei es Dampf-, Elektro- oder Verbrennungs-(Öl-)Motor getrieben wird. Von diesen Betriebsmitteln besitzt der Ölmotor, wie bereits erwähnt, die größte Aussicht, sich für den Bootsbetrieb weiter einzubürgern, und daher wird er in diesem Buche ausschließlich behandelt.

Der Inhalt dieses Buches, welches der Unterrichtung des Motorbootbesitzers und -führers dienen und dadurch zur Förderung der Motorbootfahrt beitragen soll, beschränkt sich auf eine allgemeine Orientierung über Boot und Motor, die nur hier und da etwas ausführlicher gestaltet ist, wo ein tieferes Eindringen in die Materie auch für den Motorbootbesitzer geboten erscheint.

Auch die Kapitel über Behandlung, Handhabung und Betriebsstörungen sind knapp gefaßt. Denn die Praxis kann in diesem Falle selbst durch das dickste Unterrichtsbuch nicht ersetzt werden. Außerdem gibt es heute noch so viel verschiedenartige, stetig wechselnde Ausführungen der Einzelheiten des Motors, daß eine umfassende Besprechung aller vorhandenen Konstruktionen, ihrer Wirkungsweise und ihrer Betriebseigentümlichkeiten auch nicht möglich ist.

Mehr als auf dem Motorwagen heißt es im Motorboot: „Selbst ist der Mann". Vor allen Dingen muß jeder Motorbootbesitzer allgemein über Funktion, Bedienung und Pflege des Motors und seiner Nebenmechanismen unterrichtet sein, da die professionellen Motorbootführer in den allermeisten Fällen ihren Titel zu Unrecht tragen und sehr oft aus Trägheit, Unkenntnis und leider nicht selten aus Abneigung gegen die betreffende Motorenfabrik Schäden entstehen lassen, welche dann auf schlechtes Material und minderwertige Arbeit der Fabrik zurückgeführt werden.

Dem interessierten Nichttechniker werden auch die allerdings nur knappen Erklärungen über Stabilität und Bewegungen des Bootes, über Widerstand gegen die Fortbewegung und über die Wirkungsweise des Schraubenpropellers willkommen sein, da die einschlägige Zeitungsliteratur die widersprechendsten, oft laienhaften Ansichten über diese technisch verhältnismäßig schwer verständlichen Vorgänge wahllos verbreitet und dadurch in dieser Beziehung eher verwirrend als fördernd wirkt.

Das Kapitel „Seemannschaft" ist ausführlicher behandelt, als es für Binnenfahrt notwendig wäre. Doch das Fahren auf See und an der Küste wird sich mit der Zeit einer größer werdenden Beliebtheit erfreuen.

Jede Anregung bezüglich des Inhaltes einer späteren Auflage dieses Buches wird stets dankbar angenommen werden.

Hamburg, im September 1906.
Berlin, im Juli 1907.

Der Verfasser.

Vorwort zur vierten Auflage.

In den vier Jahren, welche seit der Herausgabe der 3. Auflage dieses Buches verstrichen sind, hat die Motorbootindustrie ganz erhebliche Fortschritte gemacht. Es ist daher eine gründliche Durcharbeit des Inhaltes notwendig gewesen, besonders der Teile desselben, welche die „Vergasung" und „Zündung" behandeln. In dem neu eingefügten Kapitel über „Dieselmotoren" und „Glühkopf-Motoren" mußte ich mich des Platzes wegen auf allgemeine, die Prinzipien erklärende Mitteilungen beschränken, ohne auf die Betriebseigenarten eingehen zu können.

Berlin W 30, im September 1913.

Der Verfasser.

Vorwort zur fünften Auflage.

Für die fünfte Auflage ist der Hauptinhalt der voraufgegangenen beibehalten worden.

Während des Krieges galt es, die ganze Leistungsfähigkeit unserer Industrie in den Dienst des Krieges zu stellen, daher hieß es, das Vorhandene, das sich bewährt hatte, in möglichst großen Mengen herzustellen und die Auswertung der Erfahrungen zu allgemeinen Verbesserungen des Motorbootwesens auf eine spätere Zeit zu vertagen.

Für Motorbootsport hat uns der Krieg keine Zeit gelassen. Dafür sahen wir Freunde des Motorbootes mit Genugtuung die zunehmende Verwendung dieses Bootes im Kriege.

Hierauf ist bei der Durchsicht der neuen Auflage an passenden Stellen Rücksicht genommen.

Friedrichshagen-Berlin, den 1. Mai 1917.

Der Verfasser.

Inhaltsverzeichnis.

	Seite
Einleitung	11
I. Das Boot: Allgemeines	14
Form des Bootes	16
Tragfähigkeit	19
Seefähigkeit	22
Widerstand gegen Fortbewegung	35
Unterwasserform	45
Überwasserform	52
Bootstypen	61
Offene Boote	61
Offene Kajütsboote	65
Gedeckte Kajütsboote	66
Rennboote	69
Gleitboote	72
Segelfahrzeug mit Hilfsmotor	73
Baumaterial des Bootskörpers	77
Hölzernes Boot	78
Stählernes Boot	82
Kajütseinrichtungen	84
Betriebseinrichtungen. Inventar	90
II. Die Motoranlage: Wärme und Arbeit	95
Betriebsstoff	97
Schmiermittel	101
Motortypen	102
Viertakt-Motor	104
Zweitakt-Motor	107
Viertakt oder Zweitakt	111
Einzelheiten des Motors	114
Motorteile	114
Vergaser	121
Zündvorrichtungen	131
Kühlung	146
Regulierung des Motorganges	152
Auspuffleitung	153
Schmierung	155
Andrehvorrichtung	159
Tank und Zuleitung des Betriebsstoffes	160
Lösbare Kupplung	164

	Seite
Umsteuerungsvorrichtungen	170
Mechanische Wendegetriebe	170
Elektrische Umsteuerung	174
Umsteuerschraube	174
Wellenleitung	178
Schraubenpropeller	181
Rohölmotoren	188

III. **Behandlung des Motorbootes:**

	Seite
Bootskörper	190
Allgemeines	190
Außerdienststellung	191
Indienststellung	193
Motoranlage	197
Behandlung im Betriebe	197
Betriebsstörungen. Ihre Ursache und Abhilfe	203
Allgemeine Störungserscheinungen	205
Spezielle Störungen	211
Kontrolle der Ventile und des Zündzeitpunktes	218
Instandhaltung und Außerdienststellung	221
Indienststellung	227

IV. **Handhabung des Motorbootes. Seemannschaft:**

	Seite
Gesetzliche Bestimmungen	228
Abfahren und Anlegen	229
Steuern auf ruhigem Wasser	231
Steuern auf bewegtem Wasser	233
Ausweichen und Passieren	236
Lichterführung in der Nacht	239
Im Nebel	240
Notsignale	241
Manövrierunfähig	242
Leckgesprungen	243
Stranden	246
Schleppen und Geschlepptwerden	248
Vor Anker und an der Mooring	250
Bootskennzeichen und Flaggen	251
Winterdienst	252

V. **Verschiedenes:**

	Seite
Winke für den Kauf des Motorbootes	257
Ermittlung der Motorleistung	264
Bootsgeschwindigkeit	266
Verhütung der Explosions- und Feuersgefahr an Bord	267
Versicherung	271
Behandlung scheinbar Ertrunkener	273

Einleitung.

Das Motorboot dient zur sicheren und schnellen Beförderung von Waren und Personen auf dem Wasser unter Aufwendung verhältnismäßig geringer Anschaffungs- und Betriebskosten.

Da die Motoranlage wenig Raum im Boote einnimmt und ein verhältnismäßig geringes Gewicht besitzt, bleibt viel Raum und Gewicht für den eigentlichen Zweck des Bootes übrig. In den Fahrzeugen für Warentransport ist der große Nutzraum von erheblichem Werte, da er die Abmessungen des Fahrzeuges besser auszunützen gestattet. Bei den Fahrzeugen für den einfachen Personentransport ist das Gewicht der zu befördernden Last an sich nicht groß, und werden daher die Abmessungen des Bootes mehr mit Rücksicht auf die vom Boote zu erreichende Geschwindigkeit gewählt. Es ergeben sich dann selbst für mäßig schnelle Fahrzeuge kleine Abmessungen, demnach kleine Gewichte des Bootskörpers und der Motoranlage. Kleines Eigengewicht des Fahrzeuges im Verhältnis zu der von ihm zu befördernden Last ergibt billige Transportkosten.

Bei dem für den Luxus und den Sport bestimmten langsameren Boote bietet der durch die Motoranlage wenig eingeengte Raum guten Platz für bequeme

Wohneinrichtungen. In schnellen Sportfahrzeugen gestattet das pro Arbeitseinheit (Pferdestärke) geringe Gewicht des Motors den Einbau verhältnismäßig starker Motoren, wie sie zur Erreichung größerer Geschwindigkeiten unumgänglich nötig sind.

Da die Verwendungsmöglichkeit des Motorbootes eine sehr ausgedehnte ist, treten an dasselbe die verschiedenartigsten Anforderungen heran, denen die Konstruktion zu entsprechen hat.

Ein Motorboot besteht aus den drei Hauptteilen:
   a) Boot (Bootsschale und innere Einrichtung),
   b) Motoranlage,
   c) Propeller,
und hat jeder dieser Teile gewisse Aufgaben zu erfüllen.

Das Boot, ein schwimmendes Gebäude von einem gewissen Gewichte, soll mit Sicherheit imstande sein, eine gewisse Last aufzunehmen und sie mit einer gewissen Geschwindigkeit durch das Wasser weiterzubefördern.

Die Motoranlage soll dazu dienen, die im Betriebsmaterial aufgespeicherte Naturkraft möglichst verlustlos auszulösen und sie für den Zweck der Bootsbewegung brauchbar umzuformen. Dabei sollen alle Teile der Motoranlage fest genug sein, um einen langen Dauerbetrieb ohne Überanstrengung und ohne große Reparaturen auszuhalten.

Der Propeller soll die ihm vom Motor zugeführte Arbeit auf das ihn umgebende Wasser unter möglichst geringen Verlusten so übertragen, daß in der Bewegungsrichtung des Bootes ein Schub entsteht, durch den der Bootskörper mit der Motoranlage, dem Propeller und der zu befördernden Last mit einer nach den Umständen entsprechenden größten Geschwindigkeit weiterbewegt wird.

Es ist klar, daß alle die möglichen Anforderungen an Boot, Motor und Propeller zusammen nur bis zu einem gewisen Grade erfüllt werden können, und kein Motorboot alle guten Eigenschaften im höchsten Maße besitzen kann. Bei der Konstruktion jedes Motorbootes werden die verschiedenen Anforderungen und Verhältnisse gegeneinander abgewogen, und ist die beste, dem Zweck des Bootes angepaßte Kombination der Eigenschaften herauszusuchen. Während bei einem Boot mäßige Geschwindigkeit, Komfort und Sicherheit gewünscht werden, oder auch ein sehr ökonomischer Betrieb in Verbindung mit großer Ladefähigkeit des Bootes erreicht werden muß, sind bei einem andern Boote, welches hohe Geschwindigkeiten erreichen soll, alle derartigen Ansprüche auf das kleinste Maß zu beschränken.

Das Verwendungsgebiet des Motorbootes stellt auch besondere Bedingungen an die Konstruktion, ebenso die gewählte Antriebsart.

Es herrscht also, den verschiedensten Anforderungen entsprechend, eine große Mannigfaltigkeit unter den Motorbooten.

I. Das Boot.

Allgemeines.

Im Motorbootbau findet man nicht die Einheitlichkeit der Fahrzeugtypen, wie sie im Motorwagenbau vorherrscht. Es gibt Boote von den verschiedensten Formen und Einrichtungen, ganz offene, dann auch teilweise eingedeckte und ganz geschlossene Fahrzeuge, Boote mit ein paar Sitzbänken und solche mit den komfortabelsten Kajütseinrichtungen.

Man findet Boote aus Holz, Stahl (Eisen) und auch aus anderem Material hergestellt und mit Motoren der verschiedensten Bauart und Arbeitsleistung ausgestattet. Dieses bunte Durcheinander entwirrt sich nicht ganz, wenn man die Gebote der Notwendigkeit untersucht und dann nach den natürlichen Anforderungen und Zwecken klassifiziert. Das Motorboot ist kein Massenfabrikat wie der Wagen, und seine Konstruktion wird durch die besonderen Wünsche der Besteller und die persönlichen Ansichten des Erbauers oft sonderlich beeinflußt.

Die Gestaltung des Bootes unter und über Wasser, die Verteilung der inneren Einrichtung, der Standort des Motors und die Größe der Gewichte der einzelnen Teile müssen jedoch mit Rücksicht auf gewisse unumgängliche Naturgesetze und die vorhandene technische Erfahrung gewählt werden, damit das Boot den Eigentümlichkeiten der Elemente Wasser und Luft, mit denen es sich abzufinden hat, angepaßt ist und seinem beabsichtigten Zwecke dienen kann.

Die Auswahl der Bootabmessungen und ihrer Verhältnisse zueinander und die damit mehr oder weniger festgelegte Form des Bootes erfolgt mit Rücksicht auf die Anforderungen hinsichtlich des Raumes, der Bequemlichkeit, der Seefähigkeit usw., und wird so getroffen, daß die verlangte Geschwindigkeit mit einem Minimum an Arbeit resp., daß mit einer gegebenen Arbeitsleistung ein Maximum an Geschwindigkeit erreicht werden kann.

Außerdem wird ein Boot von gegebener äußerer Gestalt, gegebenen Abmessungen und bestimmter Festigkeit so konstruiert, daß das Gewicht des Baumaterials auf ein Minimum beschränkt ist, damit der größte Teil der Tragfähigkeit des Bootes für das Gewicht der Ladung und der Motoranlage übrig bleibt.

Demnach wird bei einem Motorboote von gegebenen Abmessungen, welches die höchst erreichbare Geschwindigkeit besitzen soll, die notwendige Festigkeit mit einer leichten Konstruktion des Bootes angestrebt, ferner eine für hohe Geschwindigkeiten geeignete Bootsform gewählt und eine Motoranlage vorgesehen, welche bei dem dafür reservierten Gewichte die höchstmöglichste Arbeitsleistung entwickelt. Diese letzte Forderung kann nur durch leichte, schnellaufende Maschinen von geringerer Lebensdauer erfüllt werden.

Bei gewöhnlichen Motorbooten werden vollere Formen und höherer Freibord (d. h. Höhe des Bootsrumpfes über dem Wasserspiegel) des Bootskörpers gewählt, wodurch man mehr Festigkeit, Tragfähigkeit und Raum erhält und die Seefähigkeit und allgemeine Sicherheit des Bootes erhöhen kann. Solche Boote erhalten dann auch etwas schwerer ausgeführte Motoranlagen, welche eine längere Lebensdauer besitzen und weniger Reparaturen verursachen. Sie werden natürlich im ganzen schwerer und sind dementsprechend weniger schnell. Um so den entstehenden Verlust an Geschwindigkeit möglichst klein zu halten, bedarf auch der Bau dieser Fahrzeuge sachgemäßer, auf Wirtschaftlichkeit der ganzen Anlage zielender Ingenieurarbeit im Bootsbau wie im Motorbau.

Form des Bootes.

Bei einem jeden technischen Gebilde werden Form und Materialstärken den gestellten Anforderungen entsprechend gewählt, und die bessere Ausführung unterscheidet sich von der schlechteren durch das Maß der Erfüllung der natürlichen Forderungen. Ebenso wird auch dem Motorboot in seiner Eigenschaft als Transportmittel auf dem Wasser eine Gestalt gegeben, welche es befähigt, seinem besonderen Zwecke mehr oder weniger zu entsprechen. Man unterscheidet beim Boote einen Überwasserteil und einen Unterwasserteil, die durch die Schwimmwasserlinie voneinander getrennt werden.

Zur zeichnerischen Darstellung der Bootsform bedient man sich gewisser Begrenzungslinien, welche teilweise parallel mit der Wasseroberfläche laufen und „Wasserlinien" heißen, teilweise senkrecht zu den Wasserlinien und senkrecht zum Mittellängsplan des Bootes stehen und dann „Spanten" genannt werden.

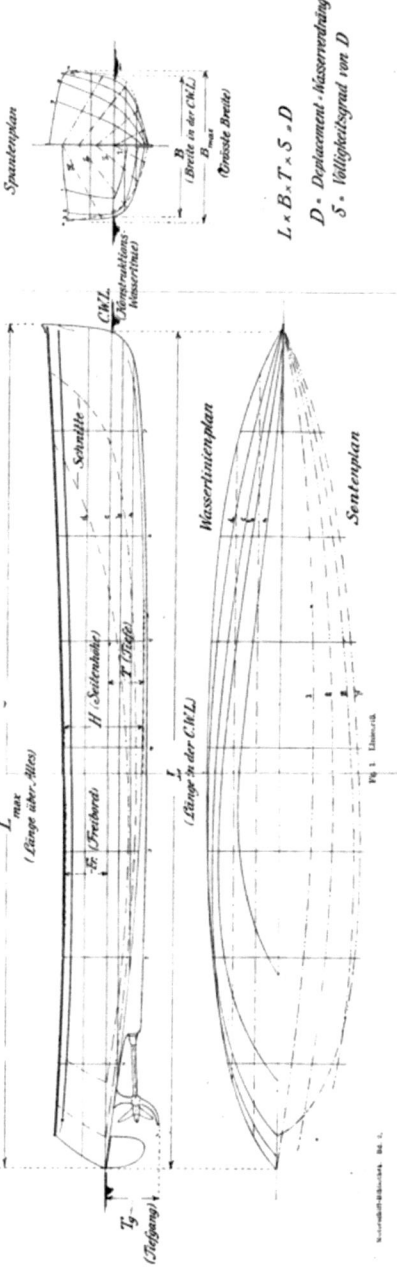

Fig. 1. Linienriß.

— 17 —

Der Konstrukteur benutzt zur Kontrolle dieser Linien noch „Schnitte", welche ebenfalls senkrecht zu den Wasserlinien stehen und dem Mittellängsplane parallel laufen, und „Senten", welche geneigt zu den Wasserlinien und Schnitten verlaufen. In der Fig. 1 sind diese vier Linienarten, welche man wohl in allen Linienrissen von Booten finden kann, dargestellt, und

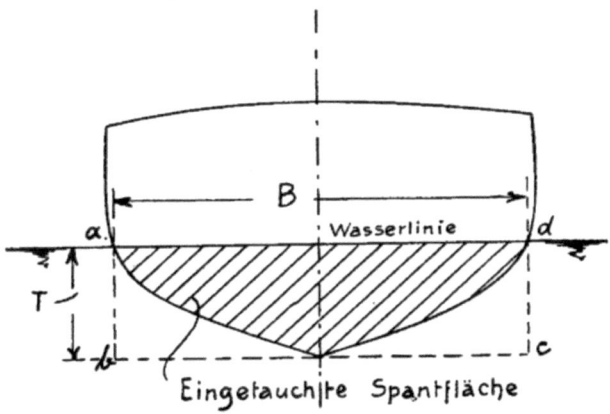

Fig. 2. Eingetauchte Spantfläche.

die hauptsächlichsten schiffbaulichen Bezeichnungen, welche auf die Bootsform Beziehung haben, mit ihren üblichen Abkürzungen angegeben.

Neben dem Verhältnis der Hauptabmessungen L, B und T des Unterwasserteiles zueinander, bildet der Grad der Völligkeit der Linien die Charakteristik der Bootsform. Unter Völligkeitsgrad der Wasserlinien und Spanten versteht man das Verhältnis des Inhaltes der von den Linien begrenzten Flächen zum Inhalte der von den betreffenden zugehörigen Hauptdimensionen eingeschlossenen Rechtecksflächen. Eine Spantfläche z. B. hat die Hauptdimensionen B und T, welche, wie Fig. 2 erkennen läßt, das Rechteck $a\,b\,c\,d$ bilden. Die Spantlinie und die Wasserlinie begrenzen die Spantfläche (schraffiert!). Je mehr diese Spantfläche das Rechteck $a\,b\,c\,d$ ausfüllt, desto völliger wird die Spantfläche genannt. In ähnlicher Weise ergeben sich der Wasserlinien-Völligkeitsgrad und der Deplacements-Völligkeitsgrad, welch letzterer das Verhältnis des vom Boote verdrängten Wasservolumens zu einem rechteckigen Raume mit den drei Hauptabmessungen L, B und T angibt.

Die Form des Bootes wird mit Rücksicht auf Tragfähigkeit, Seefähigkeit und Widerstand gegen die Fortbewegung des Bootes gestaltet, deren Bedingungen somit die Grundlage für die Formgebung sind und in den nachfolgenden Abschnitten eine allgemeine Erklärung erfahren.

Je mehr Tragfähigkeit ein Boot von gegebenen Abmessungen haben soll, desto völliger werden Spanten und Wasserlinie. Daraus ergibt sich, daß Frachtboote die völligsten Linien erhalten, ebenso auch Boote, welche seichte Gewässer befahren müssen. Schärfere Linien erhalten Motoryachten und schnelle Passagierboote. Rennboote wiederum erhalten in neuerer Zeit völligere Linien als früher, zum Teil sogar noch völligere als die Frachtboote.

Der Begriff des Technikers von der Schärfe der Bootslinien weicht in vielen Fällen erheblich von dem des Laien ab. Die äußere Linienführung bei einem Bootsrumpfe entscheidet nicht über den Grad der

Völligkeit. Dabei sind noch andere Faktoren zu berücksichtigen.

Tragfähigkeit.

Das Motorboot taucht, wenn es zu Wasser gelassen wird, mit dem unteren Teil seines Körpers bis zu einer gewissen Tiefe ein. Das Maß der Eintauchung hängt von dem Gewichte des Bootes und von der Form des eingetauchten Teiles ab.

Der eingetauchte Bootsteil verdrängt eine Wassermasse, deren Gewicht gleich dem Gewichte des ganzen Bootes ist. Da nun ein Kubikmeter Wasser ein Gewicht von rund 1000 kg besitzt, so erhält man das Gewicht eines Bootes in Kilogrammen durch Berechnung des Raumes, den der untergetauchte Teil des Bootes einnimmt, und indem man die sich ergebende Größe in Kubikmetern mit 1000 multipliziert. Während das Gewicht des Wassers der Flüsse und Binnenseen etwa 1000 kg pro Kubikmeter beträgt, erhöht der Salzgehalt der Küstengewässer und des Seewassers das Gewicht auf 1015—1020 kg pro Kubikmeter. Man wird beobachten, daß dementsprechend ein Boot bei gleicher Belastung im Seewasser weniger tief als im Flußwasser taucht. Da jedoch der Gewichtsunterschied gering ist, wird man diese Beobachtung deutlich nur bei größeren Booten machen.

Die der Wasserverdrängung, auch Deplacement genannt, entsprechende, das Boot tragende Kraft heißt man den Auftrieb des Bootes. Bei jedem Wasserfahrzeug ist demnach der Auftrieb (in Kilogramm ausgedrückt) gleich dem Gewichte des ganzen Bootes mit innerer Einrichtung, Motoranlage, Betriebsmaterial, Inventar und der Nutzlast, als Waren und Personen mit Gepäck und Proviant.

Der Auftrieb wirkt nach oben, das Gewicht nach unten. Alle gleichgerichteten Kräfte kann man sich in einem Punkte, dem sogenannten Schwerpunkt (dargestellt durch ⊙), vereinigt und durch diesen gehend denken.

Bei einem im Wasser ruhig liegenden Boote befinden sich die Schwerpunkte des Gewichtes und des Auftriebes übereinander in einer zur Wasserober-

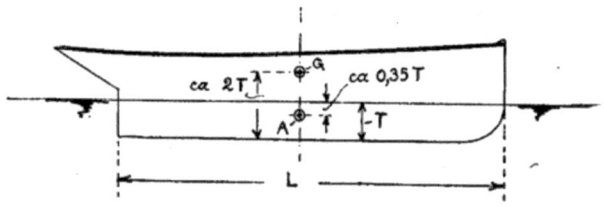

Fig. 3. Boot auf ebenem Kiele.

fläche senkrecht stehenden geraden Linie und in einer Entfernung vom vorderen Bootsende, die gewöhnlich ungefähr gleich oder etwas größer als $1/_2$ der Länge L des eingetauchten Bootsteiles ist (siehe Fig. 3).

Der Auftriebsschwerpunkt befindet sich beim Motorboot zirka 0,35 mal der Tauchtiefe unter der Wasserlinie, der Gewichtsschwerpunkt gewöhnlich zirka 2 mal der Tauchtiefe über dem Kiel des Bootes.

Werden in einem Boote Gewichte von Bord genommen, steigen also z. B. Personen aus, so taucht das Boot infolge der geringeren Belastung so weit aus, bis das zurückbleibende Gewicht wieder gleich dem Gewichte der vom Boote verdrängten Wassermasse ist.

Gewöhnlich werden sich die Personen an einem Ende des Bootes aufgehalten haben. Sind sie dann von Bord gegangen, so hat auch der Gewichtsschwerpunkt seine Längslage im Boote verändert. Angenommen, die Passagiere saßen vorher im vorderen Bootsende, die Schwerpunkte lagen in G und A. Nach dem Aussteigen der Passagiere wandert der G-Schwerpunkt von der Stelle der Entlastung fort und befindet sich in G_1. Da der Auftriebsschwerpunkt senkrecht darunter liegen muß, beginnt das Boot hinten einzutauchen und zugleich vorne auszutauchen, zu „ver-

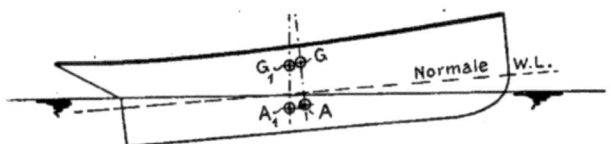

Fig. 4. Vertrimmtes Boot.

trimmen", bis beide Punkte wieder in einer Senkrechten zur Wasseroberfläche liegen. Der gleiche Vorgang tritt auch ein, wenn man im Boote Gewichte verschiebt, z. B. eine Kanne Benzin von vorne nach hinten trägt. Der Gewichtsschwerpunkt geht in diesem Falle dem verschobenen Gewichte nach (s. Fig. 4). Das Gesamtgewicht des Bootes bleibt in diesem Falle natürlich unverändert groß. Wird ein Boot durch ein hinzukommendes Gewicht an einem Punkte des Bootes belastet, so nähert sich der Gewichtsschwerpunkt diesem Punkte und das Boot taucht entsprechend dem Mehrgewicht tiefer ein und vertrimmt.

Vom Ende des Bootes, also querschiffs, gesehen,

befinden sich G und A beim aufrecht im Wasser liegenden Boote ebenfalls in einer senkrecht zur Wasseroberfläche stehenden Geraden, und zwar in der Mittellängsebene des Bootes (s. Fig. 5). Die Form des Bootes ist links und rechts von dieser Ebene vollständig gleich. Wird z. B. durch Hinübertreten von Personen auf eine Bootsseite der Gewichtsschwerpunkt nach dieser Seite verschoben, so neigt sich das Boot ebenfalls dorthin über, bis A senkrecht unter G liegt. Das Boot „krängt" (s. Fig. 6). Bewegen sich die Personen wieder zur Mitte, so richtet sich das Boot von selbst auf. Nimmt man ein Gewicht von der einen Seite des Bootes von Bord, so legt sich das Boot nach der entgegengesetzten Seite über und verbleibt in dieser Lage, bis das Gewicht wieder seine alte Stelle eingenommen hat oder ein gleichgroßes Gewicht auf der tieferliegenden Bootsseite von Bord genommen ist.

Seefähigkeit.

Durch die Einwirkung der Wasserwellen und des Windes wird das Boot in wälzende Bewegungen nach verschiedenen Richtungen versetzt, wobei es sich entweder fortgesetzt von einer Seite auf die andere legt, was man mit „Rollen" (ohne Bewegung des Wassers „Schlingern" genannt) bezeichnet, oder mit seinen Enden in fortgesetzter Bewegung ein- und austaucht, was man „Stampfen" nennt.

Außerdem heben die Wasserwellen das Boot in seiner ganzen Länge bald auf einen Wellenberg, bald senken sie es in ein Wellental und erteilen ihm auf diese Weise eine auf und nieder tauchende Bewegung, welche „Setzen" heißt und eine gewisse Ähnlichkeit

— 23 —

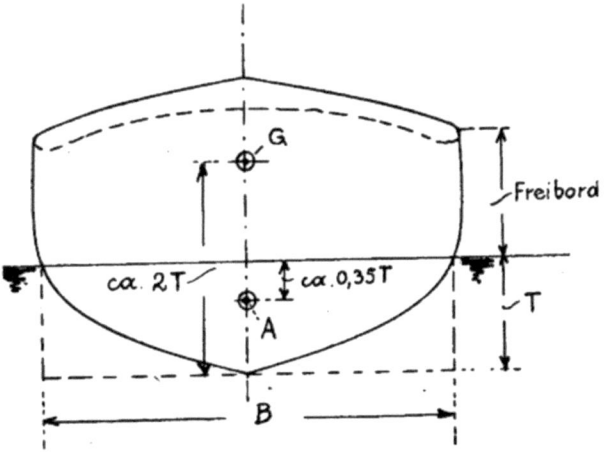

Fig. 5. Aufrechtliegendes Boot.

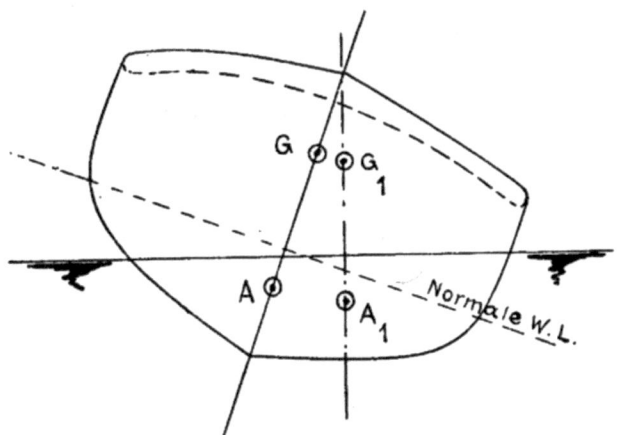

Fig. 6. Gekrängtes Boot.

mit der Bewegung eines Fahrstuhles hat. Dieses Setzen des Bootes, welches auch beim Stampfen und Rollen in geringerem Maße vorhanden ist, darf als die Grundursache der Seekrankheit angesehen werden.

Die genannten drei Bootsbewegungen können einzeln und auch zusammen stattfinden und unter gewissen Bedingungen zur Gefahr für das Boot werden. Die Fähigkeit des Bootes, diese Gefahr abzuwenden, heißt die Seefähigkeit des Bootes, und hängt von dem Verhältnis der Bootskörperabmessungen zueinander, von gewissen Einzelheiten des Baues und von der Größe des Fahrzeuges überhaupt ab. Im allgemeinen wird ein größeres Schiff seefähiger als ein kleines sein, wenngleich auch kleine Fahrzeuge, z. B. Motorboote von 9 m Länge, bereits den Atlantischen Ozean durchquert und andere größere Seen bei teilweise recht unruhigem Wasser befahren haben. Die Fähigkeit des Führers spielt dabei natürlich eine große Rolle.

Wenn eine äußere Kraft von der Seite auf das Boot einwirkt, z. B. der Wind, der gegen den über dem Wasser befindlichen Teil des Bootskörpers und gegen die Aufbauten bläst (man nennt diese Seite die Luvseite), so neigt sich das Boot nach der entgegengesetzten Seite (der Leeseite) über und verbleibt in derselben, bis die Kraft zu wirken aufgehört hat. Dann richtet sich das Boot wieder auf, neigt sich aber meistens, in der einmal angenommenen Bewegung verbleibend, nach der anderen Seite über und schlingert hin und her, besonders wenn der Wind inzwischen von neuem eingewirkt hat (s. Fig. 7). Dabei bewegen sich Auftriebs- und Gewichtsschwerpunkt aneinander vorüber und nehmen bald links, bald rechts vom

Mittellängsplan des Bootes Stellungen ein. Eilt dabei der Auftriebsschwerpunkt stets dem Gewichtsschwerpunkt voran, so nennt man das Boot „stabil", und es ist eine Gefahr nicht vorhanden. Entfernt sich der Gewichtsschwerpunkt jedoch weiter von der Mittelebene als der Auftriebsschwerpunkt, so „kentert"

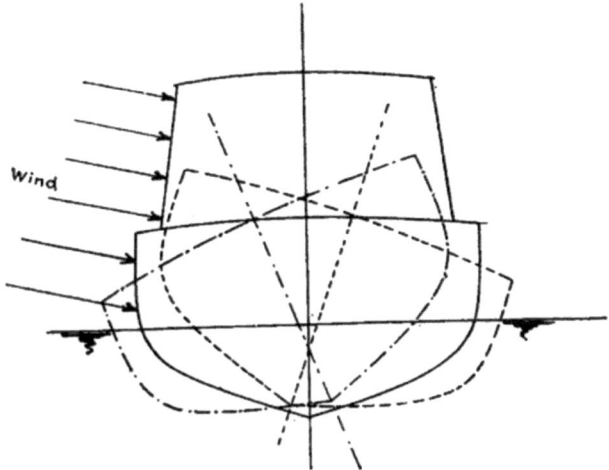

Fig. 7. Schlingerndes Boot.

das Boot, d. h. es schlägt um und versinkt dann meistens, weil bei einer solchen Lage des Bootes die Wasserverdrängung selten groß genug ist. Diese Gefahr wird vermindert durch einen genügenden, jedoch nicht zu hohen Freibord, passende Breite des Bootes, tiefe Lage von G und geringe, der Einwirkung des Windes gebotene Flächen. Der Konstrukteur hat also dafür zu sorgen, daß A dem G stets voraneilt und die überkrängende Wirkung des Windes möglichst gering ist. Das erstere läßt sich nun bei Motorbooten normaler Art nur bis zu einem gewissen Grade erreichen. Diese Boote sind also nicht unkenterbar. Immerhin tritt die Gefahr des Umfallens bei gut geformten Booten erst bei einer so großen Überneigung ein (zwischen 70—90 Grad), wie sie eigentlich nur bei

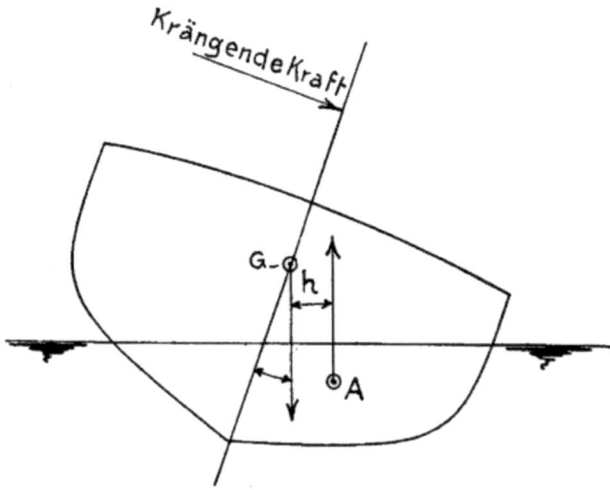

Fig. 8. Stabile Lage.

heftigem Sturme, hohem Seegange und ungeschickter Führung des Bootes vorkommen kann.

Beim übergekrängten Boote geht die Auftriebskraft an der Gewichtskraft in einer gewissen Entfernung vorbei (s. Fig. 8), die ihre Größe mit der Neigung wechselt. G bleibt relativ zum Boote in seiner alten Lage und A wandert. Wandert A im Verhältnis zur zunehmenden Überneigung anfangs langsam, so besitzt das Boot eine geringe „Anfangsstabilität". Es ist kippelig, neigt sich schon erheblich bei geringem Winde oder kleinen seitlichen Belastungen, ist jedoch bei größeren Neigungen gewöhnlich ebenso und vielfach auch länger stabil als Fahrzeuge mit großer Anfangsstabilität. Die Wanderung von A nach außen hört meistens auf, sobald die Oberkante der Bordwand zu Wasser kommt. Dieser Zeitpunkt kann durch eine entsprechende Höhe der Bootswand über Wasser, also durch passend großen Freibord hinausgeschoben werden.

Der Gewichtsschwerpunkt G wird durch das Überneigen des Bootes die Senkrechte durch A um so früher erreichen, je höher G über dem Wasserspiegel liegt. Man sucht die Lage von G durch kleine Aufbauten, niedrige Motoren und tiefe Lagerung sonstiger bedeutenderer Gewichte dem Kiele zu nähern. Ein großer Tiefgang des Bootes ist für die Stabilität selten vorteilhaft, denn bei einem gewissen Bootsgewicht und konstanter Länge und Schärfe zieht die Vergrößerung des Tiefganges eine Verringerung der Bootsbreite nach sich. Die Bootsbreite ist jedoch von sehr großem Einfluß auf die Stabilität und daher mit Rücksicht auf die Größe des Bootes und die Lage von G zu bemessen. Als Anhalt für die Bestimmung der passenden Breite eines normalen Motorbootes kann die Regel gelten, daß offene Boote bei 6,0 m Länge nicht unter 1,50 m Breite und für je 1 m mehr Länge zirka 10 cm mehr Breite erhalten. Bei Booten mit Kajütsaufbauten soll außerdem die Breite nicht geringer sein, als das Maß von der Wasserlinie bis zur Oberkante der Aufbaudecke beträgt.

Diese praktischen Regeln können jedoch die Stabilitätsrechnung nicht ersetzen, welche bei Neukonstruktionen, besonders bei außergewöhnlichen Booten, stets vorzunehmen ist. Als Maß für die Stabilität eines Bootes kann jedoch nicht allein die Breite des Bootes, sein Freibord und die Lage von G über dem Kiel gelten. Das Gewicht des ganzen Bootes beeinflußt das „Stabilitätsmoment" erheblich, welches das Boot der übeneigenden Kraft des Windes entgegenstellen kann. Unter gleichen Windverhältnissen

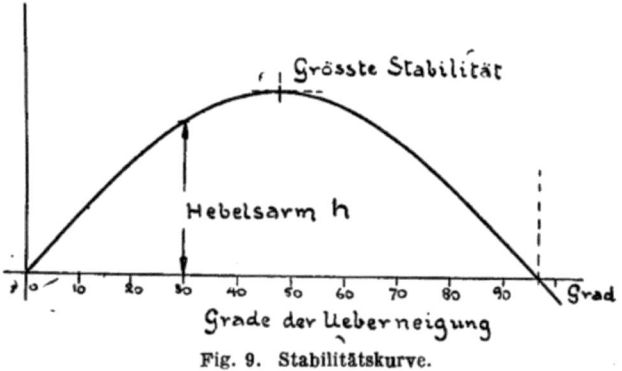

Fig. 9. Stabilitätskurve.

wird das größere Boot stets steifer als das kleinere von ähnlichen Proportionen sein.

Zur Beurteilung der Veränderung der Stabilität des Schiffes mit zunehmender Krängung dient die Stabilitätskurve, wie sie in Fig. 9 abgebildet ist. Auf der wagerechten Linie sind in gleichen Teilen die verschiedenen Grade der seitlichen Überneigung des Schiffes aufgetragen, gewöhnlich von 0 bis 90 Grad. Von 10 zu 10 Grad sind senkrecht dazu die Größen der Hebelarme „h" (siehe Fig. 8), einfach oder multipliziert mit dem gleichbleibenden Deplacement, aufgetragen und die Endpunkte untereinander durch eine Kurve verbunden. Auf diese Weise erhält man die Kurve der Hebelarme bzw. der Stabilitätsmomente.

Aus diesen Kurven geht hervor, daß die Stabilität in der aufrechten Lage des Schiffes gleich Null ist, dann mit zunehmender Überneigung etwa bis 45 oder 50 Grad ständig ansteigt und darauf wieder allmählich abnimmt, bis sie etwa bei 90 Grad oder darüber wieder Null wird.

Es ist also keine Gefahr vorhanden, wenn sich ein Schiff bis 40 oder 45 Grad überlegt, das Schiff kommt aus dieser Lage sicher wieder hoch, sobald die krängende Kraft zu wirken aufhört. Die Stabilitätskurve ist natürlich bei den einzelnen Schiffskörpern sehr verschieden. Je nach der Schiffsform liegt der Maximalwert der Stabilität und die Neigung, bei welchen Kentern eintritt, bei verschieden großen Neigungen.

Von Einfluß auf die Zeitdauer der jedesmaligen seitlichen Überneigung des Bootes beim Schlingern ist auch die Querschiffsverteilung der Einzelgewichte, aus denen sich das Gesamtgewicht des Bootes zusammensetzt. Große Gewichte nahe der Bordswand verursachen eine große Trägheit, d. h. in diesem Falle: das Boot setzt sich langsam in Bewegung und ist lange bemüht, die einmal eingeschlagene Richtung der Bewegung beizubehalten. Es braucht also eine längere Zeit, um von einer Seite auf die andere zu schwingen, was wohl meistens vorteilhaft ist. Um die Schlingerbewegungen zu verlangsamen, verwendet man auch wohl Schlingerkiele, welche durch hochkant und senkrecht zur Außenhaut stehende Leisten gebildet werden. Diese Schlingerkiele erhöhen jedoch die eigentliche Stabilität in keiner Weise, ebensowenig wie Flossen und Schwerter. Sie verlangsamen nur die Schlingerbewegung, weil das Wasser ihrer seitlichen Bewegung einen entsprechenden Widerstand entgegensetzt.

Wird ein Boot durch Wasserwellen (Seegang) in Schwingungen versetzt, so komplizieren sich die Bewegungsverhältnisse und werden oft für das Boot gefährlich. Die Eigenschwingungen des Bootes, seine Schlingerbewegungen, deren Zeit und Größe vom Boote selbst abhängen, haben allermeistens eine andere Zeitfolge als die Bewegungen der Wasserwellen, welche das Boot, wenn es quer zu den Wellen liegt, hin und her wälzen und auf und nieder bewegen. Bekanntlich schwingen die Wassermassen der Wellen nur hin und zurück, ohne sich weiter zu bewegen, es sei denn, daß sie durch Strömungen versetzt werden. Fallen die Bewegungsrichtungen der Wellen und des Bootes jedoch zusammen, was dauernd oder periodisch vorkommen kann, so addieren sich die hier waltenden Kräfte und bringen das Boot der Gefahr zu kentern näher. Einen solchen Fall stellt Fig. 10 dar. Die Bewegungsrichtung W der Welle und die der Schlingerbewegung B des Bootes sind hier gleich gerichtet. Günstiger ist der Fall, den Fig. 11 zeigt. Hier besteht die Gefahr, daß bei stärkerem Wind, der die Wellen auspitzt und mit Schaumköpfen ausstattet, die See seitlich über das Boot bricht und dabei in das Innere des Bootes gelangt. Diesen Gefahren kann schwerlich durch passende Wahl der Bootsabmessungen vorgebeugt werden. Zwar gewährt eine wasserdichte Eindeckung des Bootes Sicherheit gegen das Eindringen überkommender Seen in das Innere des Bootes, das Kentern würde sie jedoch nicht immer verhindern.

Die Stampfbewegungen des Bootes werden fast ausschließlich durch den Seegang hervorgerufen. Die anrollende Welle hebt den vorderen Teil des Bootes

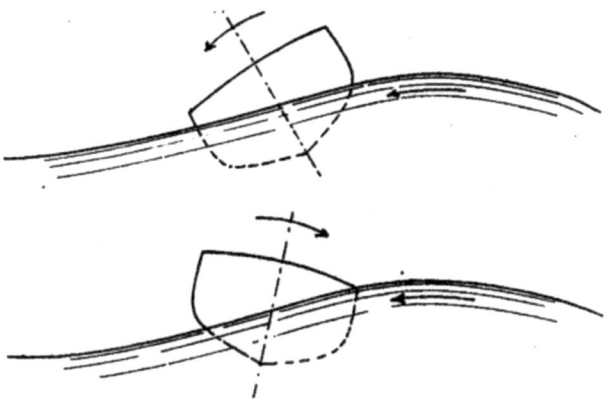

Fig. 10 u. 11. Rollendes Boot, quer zu den Wellen.

(Vorschiff) hoch, wobei der hintere Teil (Achterschiff) tiefer eintaucht, hebt beim Weiterrollen das ganze Boot, später nur das Achterschiff, wobei das Vorschiff tiefer eintaucht, und senkt dann das ganze Boot in das Wellental (s. Fig. 12). Auf diese Weise wird das Schiff in Stampfbewegungen, welche, wie bereits oben erwähnt ist, mit Setzbewegungen verbunden sind, gebracht, deren Schwingungsgröße und Zeitdauer, ebenso wie die der Schlingerbewegungen, von der Größe des Bootes, den einzelnen Abmessungen und der Gewichtsverteilung abhängen. Eine große Trägheit in der Bewegung ist beim Stampfen jedoch nicht erwünscht. Die Bootsenden kommen beim Stampfen oftmals bis zu einer beträchtlichen Länge aus dem Wasser heraus, wodurch nachfolgend ein beschleunigtes Niedergehen des betreffenden Bootsendes verursacht wird. Je weiter nun die schwereren Gewichte nach den Bootsenden, besonders nach dem vorderen Ende zu liegen, desto größer wird die der Stampfbewegung innewohnende Energie und mit um so größerer Vehemenz tauchen die Enden des Bootes beim Stampfen in das Wasser. Das Freiwerden der Bootsenden erfolgt besonders oft bei steilen, kurzen Wellen und wenn das Boot eine größere Fahrgeschwindigkeit besitzt, und wird zum größten Teile dadurch verursacht, daß die Stampfbewegungen des Bootes und die Rollbewegungen der Wasserwellen verschiedene Perioden haben.

Fallen die Stampfbewegungen mit den Wellenbewegungen zusammen, so addieren sie sich ebenfalls, wie bei den Schlingerbewegungen des Bootes. Doch birgt diese gleichmäßige Bewegung wohl selten eine Gefahr für das Boot in sich. Gefahrbringend sind die sog. Brechseen, welche ihre Wassermassen von einem Ende über das Boot ergießen, sobald es bei starkem Seegange die Bewegungen der Wellen nicht passend mitmacht und besonders das Vorschiff beim Niederstampfen in die anrollende See taucht. Die auf das Boot niederfallende Wassermasse kann ein offenes Boot in einem Augenblicke füllen und eventuell zum Wegsinken bringen, bei geschlossenem, eingedecktem Boote die Niedergangstreppen und Luken einschlagen

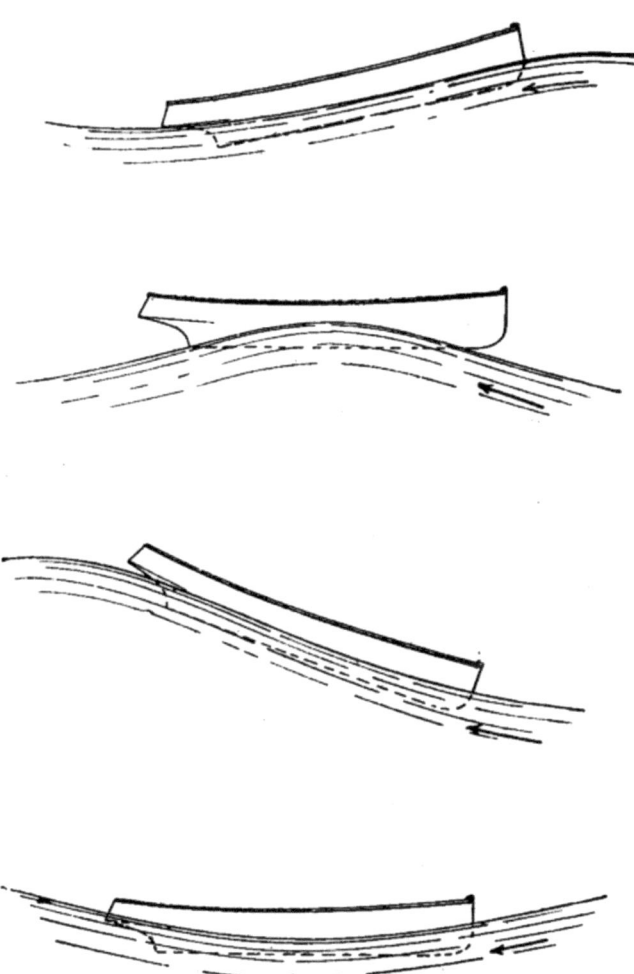

Fig. 12. Stampfendes Boot.

und so seinen Weg in das Innere des Bootes finden. Durch die heftigen Stampfbewegungen werden die Verbände des Bootes sehr beansprucht. Auf dem Wellenberge ist der Bootskörper gleichsam nur in der Mitte unterstützt und zeigen die Enden das Bestreben, nach unten zu sinken. Im Wellental dagegen sind die Bootsenden mehr unterstützt und der mittlere Teil des Bootes ist bestrebt, unter der Last der meistens mitschiffs liegenden Hauptgewichte nach unten zu sinken. Diese wechselnde, bald nach oben, bald nach unten durchbiegende Beanspruchung führt zu vorübergehenden und bei zu schwach gebauten Booten auch zu dauernden Veränderungen der Bootsform, als deren Folge gewöhnlich mehr oder minder große Undichtigkeit des Bootskörpers, Verbiegungen der Wellenleitung und Reißen von Rohrleitungen usw. zu beobachten sind.

Die Größe der Durchbiegung eines Bootes hängt von der Festigkeit des für den Bootskörper verwendeten Baumaterials und dessen Anordnung, ferner von der Größe der biegenden Kräfte ab. Im allgemeinen wird die Durchbiegung um so kleiner sein, je größer die Seitenhöhe des Bootes im Verhältnis zur Bootslänge ist. Lange Fahrzeuge mit geringer Breite werden besonders im Seegange stärker beansprucht als gleichschwere, kurze Boote mit großer Breite, denn die Größe der Beanspruchung steht in Beziehung zu dem Produkt aus Länge und Bootsgewicht.

Mit der zunehmenden Länge des Bootes wächst seine Massenträgheit erheblich, welche auf die Größe der Stampfbewegung von Einfluß ist und aus diesem Grunde die Beanspruchung der Bootskörperverbände vermehrt.

Die Heftigkeit der Stampfbewegungen kann durch geeignete Gestaltung des Über- und Unterwasserschiffes abgeschwächt werden. (Siehe: Die Überwasserform des Bootes.)

Widerstand gegen Fortbewegung.

Bekanntlich befindet sich ein Boot mit seinem unteren Teile im Wasser und mit seinem oberen Teile

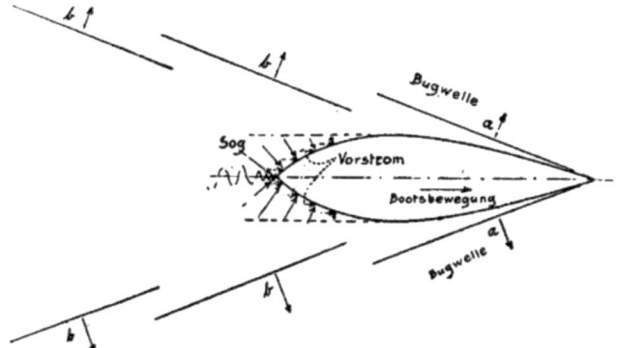

Fig. 13. Wellenbildung beim Fahren eines schnellen Bootes.

in der atmosphärischen Luft. Beide Materien setzen der Fortbewegung des Bootes gewisse Widerstände entgegen. Nach der Ursache und der sichtbaren Begleiterscheinung unterscheidet man im allgemeinen den „Verdrängungswiderstand" und den „Reibungswiderstand", welche stets zusammen auftreten und nicht mit Sicherheit einzeln gemessen werden können. Ihre Gesamtgröße ist jedoch bis zu einem gewissen Grade genau durch Messung bei Versuchen mit Modellen, die Größe der einzelnen Widerstandsarten nur durch Rechnung annähernd bestimmbar.

Wasserwiderstand. Bei der Fortbewegung des Bootes bahnt sich dasselbe einen Weg, indem es die Wassermassen vor dem Vorschiff verdrängt. Die Wassermassen erhalten auf diese Weise eine Geschwindigkeit, deren Größe und Richtung, außer von der Bootsgeschwindigkeit, von der Form des Vorschiffs abhängt (s. Fig. 13). Es bildet sich zu beiden Seiten des Vorschiffes die „Bugwelle" (a), deren Höhe und Länge von der Geschwindigkeit des Schiffes und der auf das Wasser übertragenen Kraft abhängt. Die Bugwellen sind die äußeren Erscheinungen der vom Vorschiff geleisteten Verdrängungsarbeit. Die Bugwellen rollen vermöge der ihnen innewohnenden Energie in mehrfachen Wiederholungen (b), unter scheinbarem Zurückrollen auf das Boot, in der ihnen vom Vorschiffe gegebenen Richtung weiter, bis ihre Energie allmählich erschöpft ist oder sie durch ein Ufer am weiteren Lauf gehindert sind. Schlanke Boote erteilen den Bugwellen eine im Verhältnis zur Bootsgeschwindigkeit kleinere Geschwindigkeit als gedrungen geformte, kurze und dabei breite Boote. Bei diesen letzteren Booten und bei solchen mit verhältnismäßig geringer Geschwindigkeit kann es vorkommen, daß die erste Wiederholung der Bugwelle mit der dem Bootskörper näherliegenden Ende denselben noch einmal berührt. Diese Welle ist daher keine vom Boote aufgeworfene neue Welle, deren Erscheinen ein neuer Arbeitsaufwand vorausgegangen ist.

Hinter dem Boote entsteht bei der Fortbewegung eine Wasserfurche, welche das nächstliegende Wasser mit wirbelnden Bewegungen (Sog genannt) auszufüllen trachtet. Dadurch wird dieses Wasser zu einer dem Achterschiff des Bootes nacheilenden Bewegung veranlaßt, die man den Vorstrom nennt. Das Boot muß hinten gewissermaßen von dem umgebenden Wasser getrennt werden, welches teilweise dem Boote wieder nacheilt. Dafür wird Arbeit aufgewendet, deren Größe, außer von der Bootsgeschwindigkeit, von der Gestalt des Achterschiffs abhängt. Kurze und dabei breite Boote haben mehr Sog und dementsprechend mehr durch Wasserverdrängung verursachten Vorstrom als lange und dabei schmale Fahrzeuge.

Fig. 14. Vertrimmung beim Fahren.

Durch den Sog wird das Niveau des Wassers in der Umgebung des Achterschiffs vertieft. Aus diesem Grunde liegt das Boot beim Fahren hinten etwas tiefer als in der Ruhelage. Da außerdem am Vorschiff bei der Verdrängung des Wassers aufwärts gerichtete Reaktionskräfte auftreten und das Vorschiff anheben, so nimmt das Boot beim Laufen eine Vertrimmung nach hinten an (s. Fig. 14). Diese Vertrimmung wächst mit zunehmender Geschwindigkeit. Während bei geringer Fahrt eine Veränderung der Längslage kaum zu bemerken ist, sieht man bei großer Geschwindigkeit oft einen beträchtlichen Teil des Vorschiffes aus dem Wasser ragen. In diesem Falle hat das Boot an Länge in der Wasserlinie verloren und dabei meistens eine größere Breite seiner Wasserlinie erhalten. Es ist somit in seiner neuen Trimmlage vorn und hinten weniger schlank und erfährt daher einen größeren Verdrängungswiderstand.

Das Wasser, welches den Bootskörper umgibt, wechselt während der Fahrt ständig, indem die Außenwände des Bootskörpers an dem umgebenden Wasser vorüberstreichen. Dadurch entsteht eine Reibung zwischen Außenhaut und Wasser, deren Überwindung einen gewissen Arbeitsaufwand bedingt. Der Reibungswiderstand ändert sich mit dem Zustand der Außenhautfläche, und seine Größe hängt von dem Areal der benetzten Oberfläche des Bootes und von der Geschwindigkeit ab, mit welcher das Wasser an dieser Oberfläche vorüberstreicht. Diese Geschwindigkeit ist stets kleiner als die Fahrgeschwindigkeit des Bootes, nähert sich derselben jedoch um so mehr, je schlanker das Boot ist. Durch den Reibungswiderstand wird Wasser in der Fahrrichtung des Bootes beschleunigt. Diese Beschleunigung wächst mit zunehmender Länge des Bootes und als ihre äußere Erscheinung bemerkt man am Boote kleine Wirbelketten, welche sich zwischen Außenhaut und Wasser zu bewegen scheinen und bei größerer Rauheit sogar kleine Wellen aufwerfen können.*)

Das Bestreben des Konstrukteurs ist auf die Erzielung einer möglichst geringen Größe beider Widerstandsarten gerichtet.

---

*) Der unter der Bezeichnung „wellen- und wirbelbildender Widerstand" bekannte Widerstand ist nicht identisch mit dem, was der Verfasser unter „Verdrängungswiderstand" versteht. Denn Wellen und Wirbel sind auch die äußeren Erscheinungen des „Reibungswiderstandes".

Da der Bootskörper bei der Vorwärtsbewegung Wassermassen vorne mit einer gewissen Geschwindigkeit von sich fortzubewegen und hinten gewissermaßen heranzubewegen hat, sind sowohl die Wassermassen als auch deren Geschwindigkeit nach Möglichkeit klein zu halten. Dieses wird durch Boote mit geringer Wasserverdrängung und sehr schlanken Formen erreicht.

Da die Größe der Reibungsarbeit von dem Areal der beim Fahren vom Wasser benetzten Bootskörperoberfläche und der Geschwindigkeit abhängt, mit welcher das Wasser an dieser Fläche vorüberstreicht, so sind beide Faktoren möglichst klein zu halten. Je kürzer und im Verhältnis dazu breiter und völliger ein Boot wird, desto geringer sind Reibungsoberfläche und -geschwindigkeit im Verhältnis zur Wasserverdrängung und Geschwindigkeit des Bootes. Was daher der Erzielung eines geringen Verdrängungswiderstandes förderlich ist, das vermehrt bis zu einem gewissen Grade den Reibungswiderstand. Mit zunehmendem Verhältnis $L : B$ (Länge : Breite) vermindert sich jedoch der Verdrängungswiderstand schneller als der Reibungswiderstand anwächst. Die Summe beider Widerstände verringert sich daher mit zunehmendem Verhältnis $L : B$ bis zu einem ziemlich hoch liegenden Werte desselben, um von hier an wieder anzusteigen. Das aus diesem Grunde günstigste $L : B$ ändert sich mit der Völligkeit des Bootes und ist auch noch einigen anderen Einflüssen unterworfen. Die vorstehenden Angaben beziehen sich jedoch nur auf Boote normaler Form.

Bei den in den letzten Jahren verschiedentlich gebauten Gleitbooten (auch Hydroplane genannt) treten ganz ähnliche Widerstände auf, jedoch sind die Einflüsse der Bootsabmessungen etwas andere. Hierüber wird in einem späteren Kapitel Aufschluß gegeben.

Der Wasserwiderstand gegen die Fortbewegung des Bootes wächst mit zunehmender Bootsgeschwindigkeit, jedoch nicht gleichmäßig mit derselben, sondern in einem steigenden Verhältnisse, und zwar nach einem Naturgesetze, mit dem Quadrate der Geschwindigkeit.

Fig. 15 zeigt eine Widerstandskurve, vom Verdrängungs- und Reibungswiderstand eines Bootes herrührend. Die Größe der Widerstände wird in Kilogramm (kg), die Geschwindigkeit in Metern pro Sekunde (m. p. S.) gemessen. In der Seeschiffahrt ist es üblich, die Geschwindigkeit nach Knoten (Seemeilen pro Stunde), in der Binnenschiffahrt in Kilometern pro Stunde anzugeben. (Siehe Anhang: Bootsgeschwindigkeit.)

Aus der Widerstandskurve wird man erkennen, daß bei den höheren Geschwindigkeiten bei jedem Meter Zunahme ein bedeutend höherer Widerstand zu überwinden, also auch eine bedeutend größere Arbeit aufzuwenden ist, als bei den kleineren Geschwindigkeiten. Zwischen 1 und 2 m tritt bei dem oben in Fig. 15 gegebenen Beispiele nur eine Widerstandsvermehrung von zirka 12 kg auf, während die Zunahme zwischen 4 und 5 m zirka 36 kg, also das Dreifache, beträgt. Dadurch ist die oft zu beobachtende Tatsache teilweise zu erklären, daß der Einbau stärkerer Motoren in vorhandene Boote die Geschwindigkeit derselben nur um weniges vermehrt.

Da die stärkeren Motoren meistens schwerer sind, wird der Widerstand auch bei den kleinen Geschwindigkeiten gewachsen sein, mithin für die größeren Geschwindigkeiten von selbst einen größeren Wert annehmen. Je schwerer ein Boot bei konstanter Länge

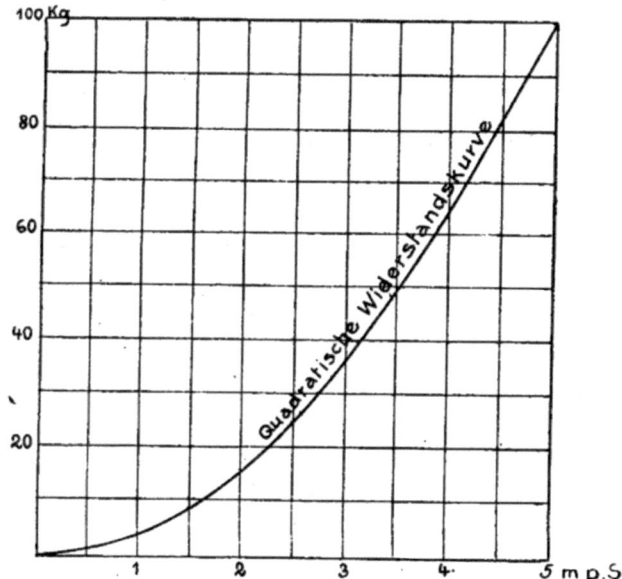

Fig. 15. Widerstandskurve eines Bootes.

und Breite ist, um so größer ist die Zunahme des Widerstandes von Meter zu Meter sekundlicher Geschwindigkeit.

Es gibt für jedes Boot eine gewisse Grenze der Geschwindigkeit, über welche hinaus man es nicht bringen kann, ohne dabei den Betrieb unwirtschaftlich zu machen. In einzelnen Fällen und unter gewissen

Nebenumständen wird es sogar unmöglich sein, über eine bestimmte Geschwindigkeit überhaupt hinauszukommen.

Das Bestreben, während der Fahrt zu vertrimmen, ist bei jedem Boote vorhanden, da es eine Folgeerscheinung des Wasserwiderstandes ist. Da einerseits mit der Geschwindigkeit das Maß der Vertrimmung wächst, und andererseits die Widerstandsverhältnisse durch die Vertrimmung ungünstiger werden, so nimmt der Wasserwiderstand bei Booten mit ungeeigneten Formen bei höheren Geschwindigkeiten in anderem Maße als mit dem Quadrate der Bootsgeschwindigkeit zu.

Es gibt aber auch Bootsformen, bei denen der Wasserwiderstand von einer gewissen Geschwindigkeit ab nicht mehr mit dem Quadrat der Bootsgeschwindigkeit, sondern in kleinerem Verhältnisse ansteigt. Diese Formen sind zur Erreichung größerer Bootsgeschwindigkeit dann geeignet, wenn die Motorleistung groß genug ist, um diese Geschwindigkeit überhaupt zu erreichen.

Fig. 16 stellt die Widerstandskurve eines solchen Bootes dar. Von 10 bis 15 km steigt hier der Widerstand um 60 kg, von 15 bis 20 km aber nur um 45 kg, während er bei quadratischer Zunahme auf 200 kg gestiegen wäre. Solche, als günstig zu bezeichnende Widerstandsverhältnisse sind aber nicht bei allen Bootsgrößen zu erreichen.

Über den Verlauf der Widerstandskurve bei Gleitbooten sind in dem späteren Sonderabschnitt kurze Mitteilungen gemacht.

Die obere von einem Motorboote erreichbare Geschwindigkeit hängt allermeistens von dem Vermögen der Motorenfabrikation ab, große Arbeitsleistungen durch Motoren von geringstem Gewichte zu erzeugen.

Der Begriff der Geschwindigkeitsgröße ist an die Bootsgröße gebunden. Vielfach dient das Verhältnis

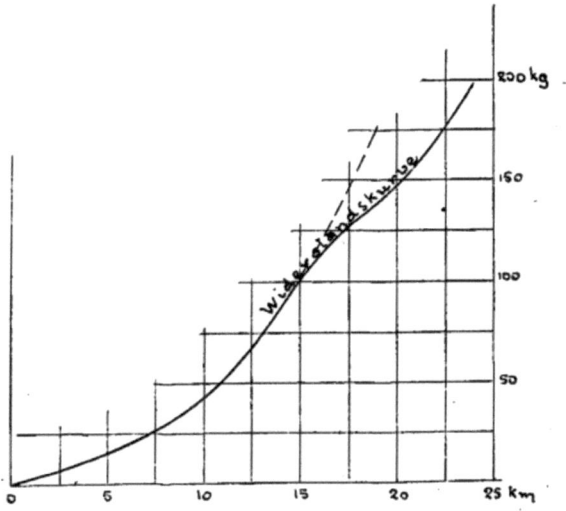

Fig. 16. Widerstandskurve eines schnellen Kielbootes.

der Bootslänge zur Geschwindigkeit als Maßstab. Und nicht mit Unrecht. Für ein normales Boot von 6 m Länge wird eine Geschwindigkeit von 7—8 Knoten (15 km) bereits hoch sein, während z. B. ein Boot von 20 m Länge und 8 Knoten Geschwindigkeit als langsam bezeichnet werden würde. Die schnellsten Rennboote legen zurzeit in einer Sekunde ungefähr das 2- bis $2^1/_2$fache ihrer eigenen Länge zurück.

Neben dem reinen Verdrängungs- und Reibungswiderstande des Wassers gegen die Vorwärtsbewegung des eigentlichen Bootskörpers gibt es noch andere Widerstandsquellen resp. -Ursachen. Die aus dem Bootskörper unter Wasser herausragenden Konstruktionsteile (Steven, Kiel, Propellerwelle und ihre Lagerung außerhalb des Bootes, Ruder, Schlingerkiele usw.) verursachen jeder für sich ebenfalls Verdrängungs- und Reibungswiderstände von teilweise nicht zu unterschätzender Größe. Die Widerstände werden außerdem im Seegange durch das Stampfen und Schlingern vermehrt, so daß die Boote im ruhigen Wasser durchschnittlich eine größere Geschwindigkeit als im Seegange besitzen.

Ferner erzeugt die Tätigkeit des Propellers am Hinterschiff eine erhöhte Wassergeschwindigkeit, welche natürlich direkt eine Vermehrung der Hauptwiderstände verursacht. Die Lage des Propellers und die durch seine Dimensionen festgelegte Wirkungsweise ist daher nicht für jedes Boot gleich gut. Die der Wirkungsweise des Propellers zugrunde liegende Geschwindigkeit des Wassers vor Eintritt in den Propeller wird der Form des Hinterschiffes entsprechend gewählt und damit einer Sogvermehrung nach Möglichkeit vorgebeugt.

Von nicht zu unterschätzendem Einfluß auf die Größe des Wasserwiderstands sind auch die Fahrwasserverhältnisse. Sie sind andere auf der offenen See als im Fluß oder Kanal. Je mehr sich der Bootskörper den Seiten und dem Boden seines Fahrwassers nähert, also je enger und flacher dasselbe ist, desto mehr Widerstand erfahren die vom Boot in Bewegung gesetzten Wassermassen bei ihrer Weiterbewegung. Dieser zusätzliche Widerstand ist aber vom Motor des Bootes mit zu überwinden. Um im engen Fluß oder Kanal dieselbe Geschwindigkeit zu erreichen wie auf der offenen See oder auf anderem tiefen und breiten Wasser, muß der Motor mehr leisten. Kommt ein Boot aus tiefem Wasser in flaches, so werden die Bugwellen höher und die Längsvertrimmung größer.

Luftwiderstand. Die atmosphärische Luft setzt der Bewegung der über Wasser liegenden Bootskörperteile ebenfalls Widerstand entgegen. Wenn auch das spezifische Gewicht der Luft, also auch das Gewicht der zu verdrängenden Luftmasse, im Verhältnis zu dem des Wassers klein zu nennen ist, so zeigen der Überwasserteil des Bootes, die Kajütsaufbauten, Masten usw. meistens keine sehr günstigen Formen, sondern bieten der Luft große stumpfe Flächen zum Angriffe. Da außerdem die Luft gewöhnlich noch eine Eigenbewegung besitzt, eine Erscheinung, die man „Wind" nennt, so kann bei größerer Windgeschwindigkeit ein Luftwiderstand von beträchtlicher Größe auftreten. Die Bedingungen für einen geringen Widerstand sind bei der Luft mit einigen Modifikationen die gleichen wie beim Wasser und werden im Kapitel „Die Überwasserform des Bootes" näher erörtert.

Unterwasserform.

Die Größe der einzelnen Hauptabmessungen des Bootes und die Form desselben werden in jedem Falle zuerst mit einer gewissen Rücksicht auf den für die

Motoranlage und die sonstige Einrichtung notwendigen Platz gewählt und dann den Anforderungen bezüglich Sicherheit, Seefähigkeit usw. angepaßt. Diese Anforderungen bedingen meistens eine größere Breite im Verhältnis zur Tiefe und zur Länge, als sie für die Entwicklung höherer Geschwindigkeit von Vorteil ist.

Unter Bezugnahme auf das im voraufgehenden Abschnitte über das Verhältnis $L:B$ Mitgeteilte, ist zu folgern, daß, solange die Widerstandsfrage im Vordergrunde steht, das Verhältnis $L:B$ mit der Zunahme der verlangten Geschwindigkeit steigen wird und nur für geringe Geschwindigkeiten die kleinen Werte von $L:B$ annehmbar sind, normale Kielbootsform vorausgesetzt. Man findet $L:B$ zwischen 4 und 10, welch letztere Größe wohl die extremste ist, die man in Rücksicht auf Festigkeit des Bootskörpers und auf Platz für den Motor wählen darf. Größere Werte führen zu unsicheren, schlechten Seebooten mit unzulänglichem Platze für die logisch dazu passenden Motoren. Das kleinste $L:B = 4{,}0$ findet man bei wenigen kleinen Booten oder bei größeren Fahrzeugen mit geringer Geschwindigkeit und bei solchen Booten, welche großen Raum für Ladung oder besonders große Stabilität besitzen müssen. Im allgemeinen zeigen die gewöhnlichen, mit gutem Raum, genügender Einrichtung und mäßig großer Geschwindigkeit ausgestatteten Fahrzeuge das Verhältnis $L:B = 5-7$, je nach der verlangten Geschwindigkeit. Das Verhältnis der Breite zum Tiefgang besitzt einen weniger bedeutenden Einfluß auf die Geschwindigkeit als das $L:B$.

Bei den gebräuchlichen Motorboottypen wird man zuerst L und B in Hinsicht auf die Geschwindigkeit wählen und dann den Tiefgang T dem Bootsgewichte und der Völligkeit entsprechend groß nehmen.

Die Eigenheiten der zwischen den Hauptabmessungen L, B und T unter Wasser liegenden Bootsform hängen von den verschiedenen speziellen Anforderungen ab, denen das Boot in den einzelnen Fällen zu entsprechen hat. Durch den Grad der Völligkeit der Wasserverdrängung, der obersten Wasserlinienfläche und der Hauptspantfläche, sowie der Lage des Auftriebsschwerpunktes können unendlich viele Variationen in die Unterwasserform des Bootes hineingebracht werden, welche dann auch von Einfluß auf die Überwasserform sind. Fraglos erweisen sich einzelne Variationen für bestimmte Zwecke besser als andere, dennoch findet man bei gleichschnellen, gleichschweren, mit Motoren von derselben Stärke angetriebenen Booten äußerlich so verschiedene Formen, daß der den einzelnen Variationen in der Form zugeschriebene Einfluß auf die Geschwindigkeit in Wirklichkeit nur als ein scheinbarer anzusehen ist. Zum mindesten wird der Wert mancher äußerer Bootskörperformen außerordentlich überschätzt.

Die Unterwasserform des Vorschiffs ist bei allen normalen Booten keilförmig so gestaltet, daß die Schärfe des Keils aufrecht und beim Vorsteven steht. Das Vorschiff erstreckt sich meistens etwas über die Mitte der Länge L nach hinten hinaus und erhält V- oder U-förmige Spantformen. Das Hinterschiff zeigt vielfach U-förmige, seltener V-förmige Spanten. Der Lateralplan (seitliche Projektion des Unterwasserteils) des modernen Motorbootes beschränkt sich auf die Projektion der durch die eigentliche Bootskörperform gegebenen Fläche, ohne die im Schiffsbau sonst übliche Vergrößerung derselben durch Anhängsel, welche durch den gleichen Tiefgang aller Spanten gebildet werden (s. Fig. 17).

Durch die Beschränkung auf die eigentliche Bootskörperform wird die benetzte Oberfläche vermindert und dem Propeller besseres Wasser zugeführt, welches bald nach dem Verlassen des Bootskörpers bereits wieder in einem geschlosseneren Strome fließt.

Das den modernen Motorbooten eigene lange Vorschiff führt zu einer völligen Form des hinteren Teiles des Bootes und damit zu einem geräumigen Hinterschiffe, welches teilweise sehr geschätzt wird (s. Fig. 18). Die Nachteile dieser Ausführung bestehen in schlechteren Seeeigenschaften. Je länger das Vorschiff ist und je weiter die größte Breite nach hinten liegt, desto heftiger sind die Stampfbewegungen. Dem kleinen Lateralplane entspricht die geringere Fähigkeit des Bootes, sich gegen seitliches, durch den Wind verursachtes Abtreiben zu wehren, während andererseits bei schwachem Winde eine bessere Steuerfähigkeit erreicht wird.

Die gewöhnlichen Motorboote besitzen eine nach unten zugespitzte Form des Hauptspantes (s. Fig. 19), welche vor der völligeren, mehr rechteckigen mancher modernen Boote den Vorzug hat, daß sie bei gleicher Wasserverdrängung einen größeren Tiefgang gewährt, wodurch eine tiefere Lage des Motors und eine Aufstellung desselben mit weniger stark geneigter

Schraubenwelle möglich wird. Wenn die Anforderungen an die Geschwindigkeit des Bootes geringer sind, erhält das Boot im ganzen völligere Formen und

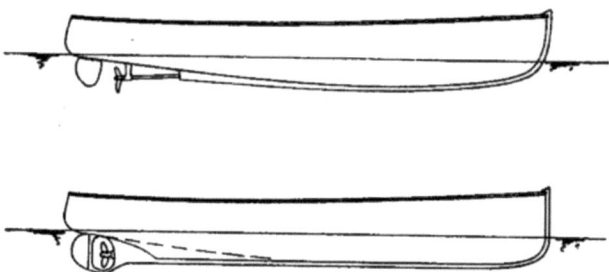

Fig. 17. Neuerer und älterer Bootstyp.

damit mehr Raum im Innern und gewöhnlich mehr Deplacement bei den gleichen Hauptdimensionen.

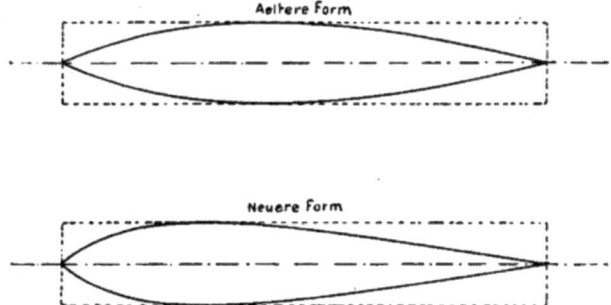

Fig. 18. Ältere und neuere Wasserlinien-Form.

Als typische Form des modernen Motorbootes ist das vorne keilförmig, hinten flach gehaltene Boot anzusehen, als dessen extremster Vertreter das Tetraeder-

oder Doppelkeilboot (s. Fig. 20), mit der größten Breite im äußersten Hinterschiffe und dem größten Tiefgange im äußersten Vorschiffe, zu erwähnen ist. Extreme Boote dieser Art, deren größte Breite der Wasserlinien auf $1/8$ bis $1/7$ der Länge der Wasserlinien von hinten liegen und dessen Vorschiff den größten Tiefgang entweder nur bei A oder in der Gegend von B bis C hat (s. Fig. 21), sind seit Jahren bekannt, werden jedoch in neuerer Zeit sehr selten verwendet, weil ihre Verwendung mancherlei Nach-

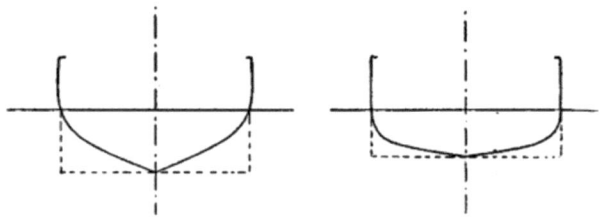

Fig. 19. Mittelspant eines gewöhnlichen und eines schnellen Boots.

teile im Gefolge hat und sie in Konkurrenzen mit bedeutend weniger extrem geformten Booten keinerlei Vorteile gezeigt haben, die auch durch die Rechnung nicht nachweisbar sind.

Ohne Übertreibungen in der Länge des Vorschiffes und in der Völligkeit des hinteren Teiles der oberen Wasserlinien eignet sich die vorn keilförmige, hinten flache Bootsform vorzüglich für Boote, deren Haupteigenschaft eine große Geschwindigkeit sein soll, wenn man nicht von einer Bootsform im gebräuchlichen Sinne überhaupt absieht und sich nach französischem Muster dem Gleitboote zuwendet, dessen Konstruktionsprinzip in einem späteren Abschnitt näher erläutert ist. Die Rennboote mit einer Doppelkeilform des Unterwasserschiffs besitzen diese aber

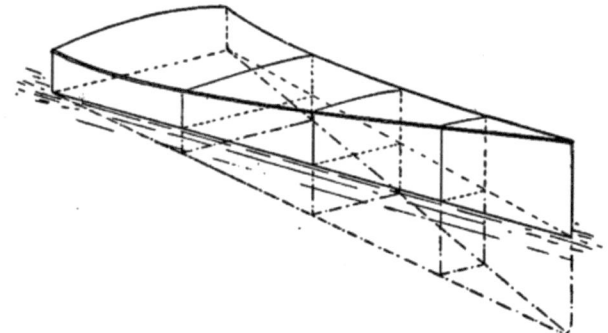

Fig. 20. Tetraëder- oder Doppelkeilboot.

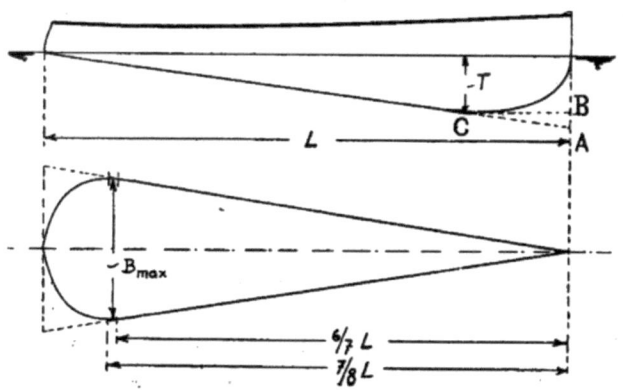

Fig. 21. Löffelkeilförmiges Boot.

nur in der Ruhelage. Während der schnellen Fahrt soll sich der eingetauchte Bootsteil mehr der Form eines hinten stumpfen Prahmes nähern. (Siehe Rennboote).

4*

In allen anderen Fällen wird eine der normalen Bootsform sich mehr oder weniger nähernde Gestalt des Unterwasserteiles mit gutem Erfolge zur Anwendung gebracht.

Von hervorragendstem Einfluß auf die Brauchbarkeit eines Bootes für seinen speziellen Zweck ist nicht die Unterwasserform des Bootes, sondern der richtige Kompromiß zwischen den Hauptabmessungen dem Gesamtgewicht und der Motorstärke des Bootes.

Überwasserform.

Die Überwasserform des Bootes, also der Teil, welcher über der Schwimmwasserlinie liegt, wird mit Rücksicht auf Raumbedürfnis, Luftwiderstand, Seefähigkeit und Aussehen gewählt. Welcher von diesen vier Faktoren dabei hauptsächlich zu berücksichtigen ist, hängt von Art und Zweck des Bootes ab.

Wenn eine große Geschwindigkeit zu erzielen ist, wird dem Luftwiderstande eine besondere Aufmerksamkeit geschenkt. Wenngleich der Luftwiderstand verhältnismäßig, und besonders bei geringen Bootsgeschwindigkeiten, klein ist, so darf er keinesfalls vernachlässigt werden. Sobald die höchste erreichbare Geschwindigkeit verlangt ist, wird jeder einzelne Teil des Bootes auf Brauchbarkeit und Schädlichkeit genau abgewogen und jeder unerwünschte Einfluß mit großer Peinlichkeit untersucht und auf ein erreichbares Minimum reduziert. Es ist stets mit Wind von der Seite oder von vorne zu rechnen und auf die relative Geschwindigkeit des Windes Rücksicht zu nehmen.

Während bei Windstille die Relativgeschwindigkeit der Luft gleich der Bootsgeschwindigkeit zu nehmen ist, muß bei Gegenwind die Geschwindigkeit desselben zur Bootsgeschwindigkeit addiert werden. Unter gewissen Umständen ist bei heftigem Winde ein Luftwiderstand denkbar, der das Vier- bis Sechsfache des der einfachen Bootsgeschwindigkeit entsprechenden Luftwiderstandes ausmacht. In solchen Fällen wird ein großer Teil der Motorarbeit zur Überwindung dieses Widerstandes verwendet.

Ein Überwasserschiff von gewissem Rauminhalte ist aus Gründen des Bootszweckes, der Sicherheit und des Schutzes gegen die See unvermeidlich. Den geringsten Widerstand würde eine der modernen Unterwasserform des Bootes ähnlich gestaltete Überwasserform bieten, und in der Tat findet man bei manchen Motorrennbooten eine in der Mitte hohe, vornehmlich dem hinteren Ende abfallende, querschiffs mehr oder weniger rund gehaltene Form des Überwasserschiffes, Turtlebackform genannt (siehe Fig. 22). Die Seitenansicht zeigt einen Bogen, welcher beim Vorsteven beginnt, vor der Mitte der Bootslänge seine höchste Höhe erreicht und dann in flacher Kontur zur Wasseroberfläche am Hinterschiffe abfällt. Querschiffs ist das Deck ebenfalls stark gekrümmt. Solche nur für hohe Geschwindigkeiten gebaute Boote sind oben bis auf einen kurzen, schmalen Mittschiffsteil überall dicht geschlossen.

Aus Gründen der Bewohnbarkeit und allgemeinen Brauchbarkeit müssen die normalen Boote jedoch einen größeren offenen Raum und der Sicherheit wegen auf ihrer ganzen Länge einen genügend hohen Freibord erhalten, sich demnach im allgemeinen der gewöhnlichen Form der Motorboote nähern. Gewöhnlich wird der Freibord an den Enden größer genommen als mittschiffs und vorne höher als hinten, um beim Stampfen des Bootes, wobei das Vorschiff meistens größere Bewegungen als das Hinterschiff macht, gegen überkommendes Wasser besser geschützt zu sein.

Die obere Begrenzungslinie des Freibordes bildet die Seitenkante des Decks. Ihren seitlichen Verlauf

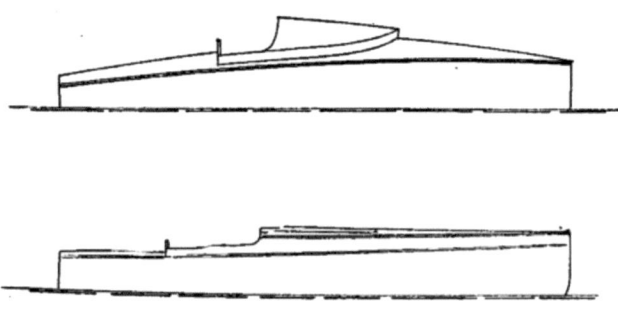

Fig. 22. Rennboote.

nennt man „Sprung". Von der Art des Sprungs hängt das Aussehen des Bootes ab. Dennoch ist er vor allen Dingen und besonders bei Booten für offene Gewässer mit Rücksicht auf Sicherheit und Luftwiderstand zu wählen. Ein ungenügender Freibord ist insofern eine Gefahr für ein Boot, als er nicht genügenden Schutz gegen das beim Schlingern von der Seite überkommende Wasser bietet und außerdem, wie weiter oben bereits definiert, den Umfang der Stabilität herabsetzt. Ein übergroßer Freibord ist jedoch andererseits nachteilig, da er den Gewichtsschwerpunkt nach oben zieht, auf diese Weise also den Umfang der Stabilität unvorteilhaft beeinflußt, und außerdem den Luftwiderstand merklich vergrößert. Mit zunehmendem Freibord wächst die Seitenhöhe des Bootes und damit auch das Gewicht der Bootskonstruktion, dessen Größe bekanntlich von bedeutendem Einfluß auf die erreichbare Geschwindigkeit ist. Die Erfahrung des Konstrukteurs muß hier zwischen den einander gegenüberstehenden Anforderungen einen guten Kompromiß zu schaffen wissen.

Die Deckslinie zeigt, von oben gesehen, einen mittschiffs flachen und nach den Enden zu stärker gekrümmten Verlauf. Ihre Form hängt von der Gestaltung der Unterwasserform und der Spanten über Wasser ab.

Die Vorschiffsspanten fallen gewöhnlich über Wasser nach außen aus. Bei manchen Booten ist dieses besonders in der Nähe des Vorstevens der Fall, und dann zeigt der Steven auch eine Neigung nach vorn. Eine solche Konstruktion bietet dem Vorschiff einen guten, schnellen Auftrieb, wenn das Boot stampft und in die Wellen taucht, mildert daher die Stampfbewegung und macht das Boot angenehmer und sicherer (s. Fig. 23 oben).

Meistens besitzen die Motorboote jedoch einen geraden, senkrecht stehenden Vorsteven; da die ganze Länge der Boote von Einfluß auf das Bootsgewicht ist. Andererseits geht das Bestreben des Konstrukteurs darauf aus, eine möglichst lange Wasserlinie zu erhalten. Unter Wasser ist die Kontur

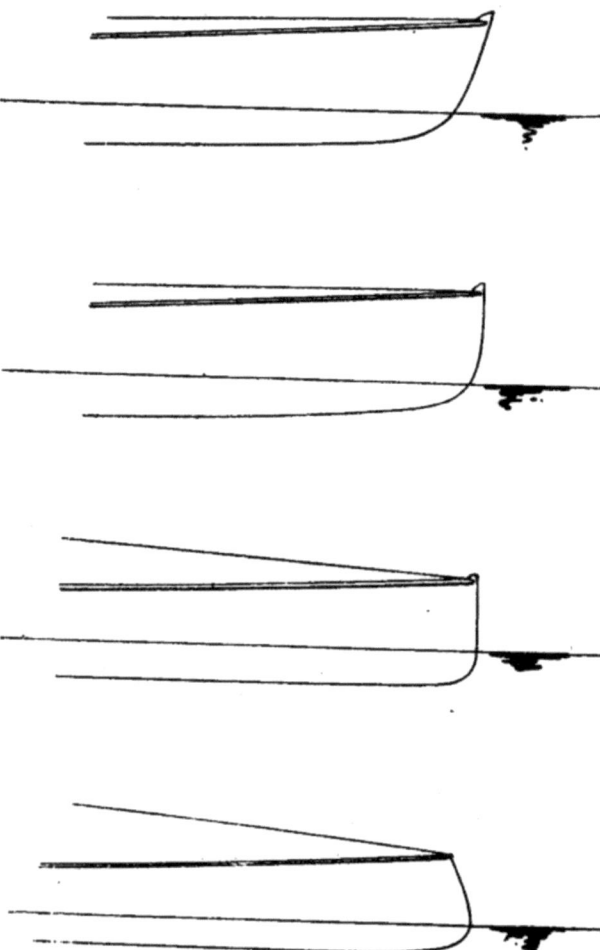

Fig. 23. Vorschiffsformen.

des Vorstevens mit kurzem Bogen in die Kiellinie übergeführt. Schnelle Motorboote vertrimmen bekanntlich beim Laufen sehr stark und verlieren dann um so mehr an Wasserlinienlänge, je größer die Rundung des Vorstevens ist und je höher über Wasser sie beginnt. Bei Gleitbooten ist dieser Verlust jedoch ziemlich gleichgültig.

Die Spanten des Mittelschiffs steigen gewöhnlich gerade oder nach einer kleinen Krümmung bei der Wasserlinie über derselben senkrecht auf. Doch findet man auch Boote mit leicht ausfallenden Mittschiffsspanten, welche beim Schlingern besser stützen sollen.

Das Hinterschiff, auch Heck des Bootes genannt, wird ebenfalls der Form des Unterwasserteils entsprechend gestaltet. Wenigstens ist es bei dem der Wasserlinie zunächst liegenden Teile der Fall, während die weiter oben liegenden Partien von den verschiedensten Gesichtspunkten aus, teils aus Zweckmäßigkeitsgründen, teils des Aussehens wegen, gestaltet werden. Die Zahl der Variationen in der Form ist demgemäß sehr groß.

Das alte typische Barkassenheck (s. Fig. 34) besitzt fraglos eine Reihe von Vorzügen, verträgt sich jedoch schwer mit der flachen Unterwasser-Hinterschiffsform moderner Motorboote. Um auch am Hinterschiff die ganze Bootslänge für die Wasserlinienlänge auszunützen, sind verschiedene Heckformen entstanden, wie sie die Fig. 24 zeigt. Diese Hecks besitzen außerdem den Vorteil, daß sie einen guten brauchbaren Raum im Hinterschiff gewähren. Breite Hecke geben eine große Wasserlinienfläche im Hinterschiff und tragen zur Stabilität bei. Doch darf man auch in dieser Beziehung nicht zu weit gehen. Bei ganz flachgehenden Fahrzeugen ist eine große Wasserlinienoberfläche und damit ein rundes Heck mit gerade aufsteigenden Seiten unvermeidlich. Bei schnellen Motorbooten tritt die Gewichtsfrage bekanntlich sehr in den Vordergrund, und erhält des-

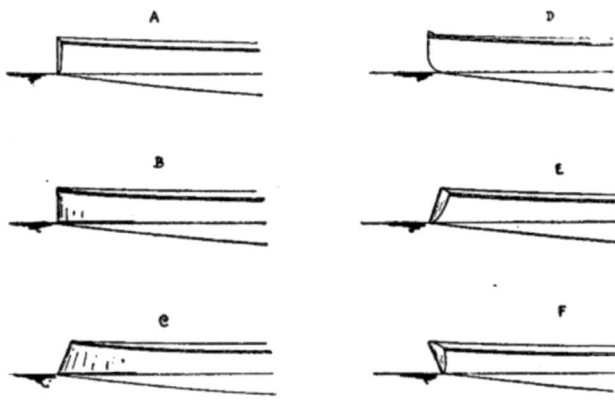

Fig. 24. Moderne Hinterschiffsformen.

halb das Heck dieser Fahrzeuge seitlich und von hinten zusammengezogene Formen, von denen einige in der Fig. 24 dargestellt sind. Für seegehende Motorboote haben sich zugespitzte Heckformen, wie sie Fig. 24 D und F zeigen, als sehr brauchbar erwiesen.

Die Wahl der Überwasserform des Motorbootes richtet sich demnach in allen Teilen nach dem Zweck des Bootes und den damit verbundenen Ansprüchen an Raum, Seefähigkeit und Geschwindigkeit. Was sich als Ideal für ein Schönwetterboot auf den Flüssen und den kleinen Seen erweist, wird auf offenen Gewässern mit entsprechendem Seegang oft ganz unbrauchbar sein. Ebenso paßt die Gestalt eines bequemen Tourenbootes nicht für ein Rennfahrzeug. Für ein schnelles seefähiges Boot wird sich irgend eine Modifikation der vorerwähnten Turtlebackform für das Vorschiff als sehr zweckmäßig erweisen. Diese Form erzeugt bekanntlich wenig Luftwiderstand und läßt auch das Wasser einer auf das Vorschiff laufenden See leicht wieder abfließen. Das Vorschiff muß dabei jedoch hoch genug sein, um nicht jede gewöhnliche kleine Welle aufzuschöpfen.

Zur Überwasserform gehören auch die Aufbauten aller Art, wie Cockpitrand, Schanzkleid, Kajütsaufbauten, Deckshäuser usw., welche in Größe und Anordnung mit dem Zweck des Bootes in Beziehung stehen. Hohe flache Wände bieten, besonders wenn sie querschiffs stehen, dem Winde eine große Angriffsfläche, sowohl als Front- als auch als Rückenfläche, und werden daher bei schnellen Booten, selbst unter Verzicht auf gewisse Annehmlichkeiten, vermieden. Man verwendet Aufbauten mit schlanken Konturen und gut abgerundeten Ecken. Sonnensegel, Ventilatorköpfe und die Körper der Besatzung bilden ebenfalls Widerstandsobjekte für die atmosphärische Luft.

Fig. 25. Offenes Boot mit Sonnensegel.

Bootstypen.

Die Größe und Ausstattung des Motorbootes hängt von dem Zwecke ab, für welchen das Boot erbaut ist. Neben der notwendigen Berücksichtigung der durch die Eigentümlichkeit des Fahrwassers bedingten Bootseigenschaften haben sowohl die Abmessungen und das Gewicht des Motors als auch die Ansprüche des Besitzers an Wohnlichkeit, Geschwindigkeit oder Tragfähigkeit ihren entscheidenden Einfluß auf die Größe des Bootes und seine Einrichtung. Das Hauptbaumaterial des Rumpfes spielt dabei jedenfalls eine gewichtige Rolle.

Man unterscheidet im allgemeinen: Boote für Binnengewässer (Flüsse, Landseen) und offenes Wasser (Seeküste, offene See), und nach ihrer eigentlichen Verwendung: Touren- und Rennboote zu Vergnügungs- und Sportzwecken und Wirtschaftsboote für Transport- und Verkehrszwecke.

Man baut alle diese Fahrzeuge als offene und Kajütsboote, in beiden Fällen mehr oder weniger eingedeckt, und als gedeckte, d. h. oben ganz geschlossene Boote mit und ohne Aufbauten, welch letztere teils als Fortsetzung der inneren Bootsräume nach oben, teils als Räume für sich ausgebaut werden.

Offene Boote.

Das offene Boot (s. Fig. 25 u. 26) ist fast stets am vorderen und hinteren Ende wasserdicht eingedeckt

Fig. 26. Schnelles offenes Boot.

Fig. 27. Offenes Kajütenboot.

und besitzt durch Querschotten (Querwände) gegen den übrigen Bootsraum abgeschlossene Endräume, welche zur Aufstellung der Betriebsmaterialtanks und des Bootsinventars Verwendung finden. Die sonstige Ausstattung dieser Boote besteht in einfachen Längs- und Querbänken, Duchten genannt, von denen gewöhnlich einzelne als Kästen mit Klappen im Sitz oder in der senkrechten Verkleidung zur Aufnahme von Werkzeug, Inventar und Proviant ausgebildet sind, und in einem beweglichen oder fest mit dem Boote verbundenen Sonnendach aus Segeltuch oder dünnem Holze, mit seitlichen Gardinen aus Segeltuch zum Schutze gegen Wind und Wasser versehen. Zum gleichen Zwecke werden auch Glasscheiben in Rahmen und Kutschenschläge aus Segeltuch oder Leder verwendet. Man findet manchmal statt der festen Sitzbänke lose Korbsessel selbst in kleinen offenen Booten. Solche Sessel gehören jedoch aufs Land, nicht aufs offene Boot. Ihre Verwendung deutet auf eine ungenügende Erfahrung im Bootsbetriebe hin.

Der Fußboden liegt ungefähr in der Höhe der Schwimmwasserlinie. Der Motor steht entweder in der Mitte oder etwas vor der Mitte des Bootes. Die Länge der offenen Boote variiert zwischen 6 m und 12 m. Kleinere Fahrzeuge dürften selten zur Verwendung kommen. Größere Längen wird man bei Hafen- und Verkehrsbooten finden. Die offenen Boote erhalten gewöhnlich Motoren von 6—10 PS Leistung, welche ihnen Geschwindigkeiten von 12 bis 15 km pro Stunde erteilen. In Luxusbooten findet man auch noch stärkere Motoren, etwa zwischen 20 und 40 PS, womit diese Boote 30 und mehr Kilometer Geschwindigkeit erreichen.

Offene Kajütsboote.

Bei dem offenen Kajütsboote sind ebenfalls gedeckte und abgeschlossene Endräume vorhanden. Die Kajüte wird durch seitliche Aufbauwände, welche auf der Bordwand oder auf dem Setzbord stehen, Querwände mit Schiebe- oder Klapptüren und einem querschiffs gewölbten Dach gebildet, das sich vielfach nach vorn und hinten fortsetzt und dann als Sonnendach für den übrigen Bootsraum ausgebildet ist (s. Fig. 27). Die Aufbauwände erhalten bei Fahrzeugen für Binnengewässer feste und bewegliche Fenster mit großen Glasscheiben und bei Seebooten meistens runde Fenster in Metallfassung (von zirka 0,2—0,3 m Durchmesser), welche ebenfalls zum Öffnen eingerichtet werden können.

Die Kajüte befindet sich bei kleineren Booten meistens im Vorschiff vor dem Motor, eine für Hafenboote fast allgemein übliche und auch sehr zweckmäßige Anordnung, und bei größeren Booten im mittleren und hinteren Teile, und dann gewöhnlich hinter dem Motor. Die Kajüte nimmt im allgemeinen nicht viel mehr als die Hälfte der Bootslänge ein und besitzt vom Fußboden bis zur Decke bei kleineren Booten eine Höhe von zirka 1,60—1,70 m, bei größeren durchschnittlich 1,80—2 m.

Die innere Einrichtung der Kajüte ist je nach Größe und Zweck des Bootes verschieden. Bei kleineren Fahrzeugen begnügt man sich mit einem Raume, welcher mit einfachen oder Polsterbänken und ev. mit einigen kleinen Schränken und einem Klapptische ausgestattet ist. Solche Kajüten sind dann zirka 1,8—2,3 m lang.

Auf größeren Booten findet man die Kajüte durch Quer- und Längswände in mehrere Einzelräume getrennt, die dann als Salon, Schlafkabine, Toilette, Küche (Kombüse) und Geschirr- und Vorratsraum (Pantry) dienen und mehr oder weniger bequem und elegant ausgestattet werden. Der übrige freie Raum des Bootes enthält einfache und Kastenbänke für

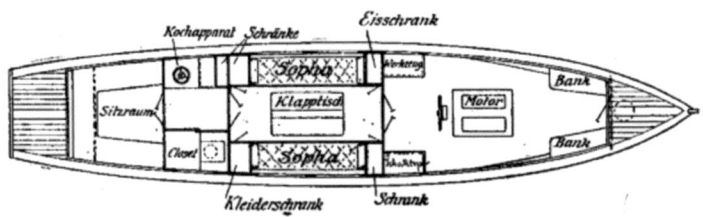

Fig. 28. Einrichtung eines offenen Kajütenbootes.

Inventar, Werkzeug usw. Solche Fahrzeuge besitzen mindestens eine Länge von 9—14 m und eine Breite von 2,00—2,60 m (s. Fig. 28).

Auf größeren Booten findet man unter dem Verdeck einen kleinen Schlafraum für den Bootsmann.

Die Motorleistung liegt bei den Kajütsbooten zweckmäßig zwischen 15 und 30 PS und die Geschwindigkeit zwischen 12 und 18 km, in einzelnen Fällen bis 20 km pro Stunde.

Gedeckte Kajütsboote.

Für Tourenzwecke auf großen Gewässern, an der Meeresküste und auf der offenen See ist das gedeckte

Kajütsboot dem offenen Kajütsboote der größeren Bequemlichkeit und Sicherheit wegen vorzuziehen. Diese Boote enthalten neben den Räumen für die Herrschaft auch Wohnräume für die auf solchen Booten fast unumgänglich notwendige bezahlte Mannschaft, welche mindestens einen abgeschlossenen Schlafraum mit Klosett- und Kocheinrichtung erhalten muß.

Der auf den anderen Booten freistehende, nur mit einem Schutzkasten bedeckte Motor steht in einem besonderen Maschinenraume. Aus Gründen der Zweckdienlichkeit liegen die Mannschaftsräume gewöhnlich im Vorschiffe. Mittschiffs befindet sich der Motorraum und an diesen schließen sich die Räume für den Eigner und seine Gäste. Die Anordnung des Motorraumes hinter den Wohnräumen ergibt bei Yachten über 18 m auch eine gute Einteilung. Bei ganz großen Yachten ist die Anordnung des Motorraumes mittschiffs unvermeidlich. Der Zutritt zu allen diesen Räumen geschieht von Deck aus durch dicht verschließbare Niedergänge. Der freie Teil des Decks wird mit Sonnendächern aus Segeltuch überspannt und dient als angenehmer Sitzplatz (s. Fig. 29).

Die Länge solcher gedeckter Kajütsyachten beträgt mindestens 14 m und steigt je nach Anforderung an Raum und Geschwindigkeit auf 20 und 30 m. Sie werden gewöhnlich mit einer Besegelung ausgerüstet, welche groß genug ist, um das Fahrzeug im Seegange zu stützen und bei Havarie am Motor steuerfähig und in Fahrt zu erhalten.

Die gedeckten Kajütsyachten erfreuen sich einer zunehmenden Beliebtheit. Sie sind aber eigentlich

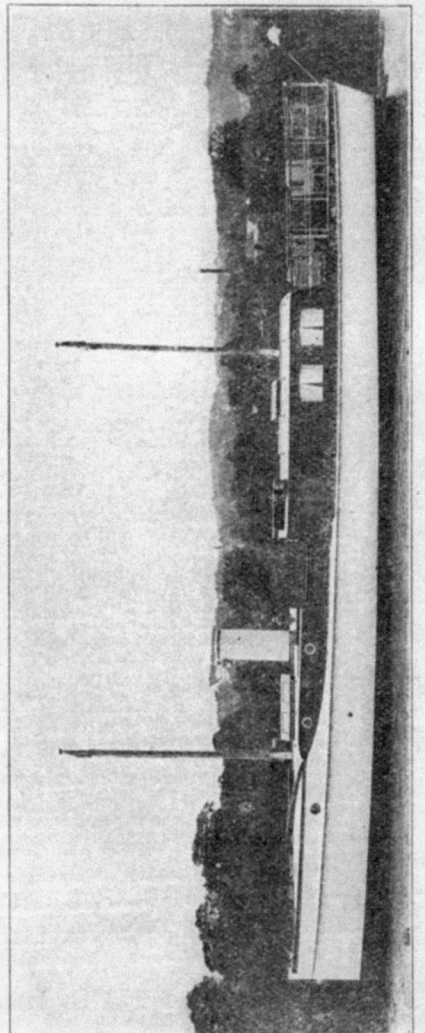

Fig. 29. Gedecktes Kajütsboot.

nur auf solchen Gewässern zweckentsprechend, auf denen mit stärkerem Seegange zu rechnen ist. Für Binnenfahrt eignen sie sich weniger. Sie sind meistens nicht luftig genug, sind schwer und im Betrieb teuer.

Die manchmal hervortretende Sucht, den Yachten das Aussehen von Torpedobooten und womöglich noch größeren Schiffen zu geben, sie als Hochseeboote wirken zu lassen, während sie den größten Teil ihres Lebens auf dem Binnenwasser zubringen, zeigt ein geringes Anpassungsvermögen.

Jeder Schiffstyp ist nach dem Gesetz der Zweckmäßigkeit entstanden, so auch die Motoryacht. Sie stellt einen Typ dar, den man nicht entstellen sollte.

Für Personenverkehr werden gedeckte Kajütsboote selten verwendet. Als Frachtfahrzeuge werden meistens gedeckte Boote verwendet, um den Waren genügenden Schutz zu gewähren. Bei diesen Fahrzeugen befindet sich der Motorraum fast stets im äußersten Hinterschiff und der Mannschaftsraum im Vorschiff.

Auf Kajütsyachten findet man Motoren von 20—100 PS, je nach der Yachtgröße. Eine Geschwindigkeit von 16—19 km pro Stunde ist im allgemeinen genügend. Große Motoranlagen machen den Betrieb teuer.

Rennboote.

Die reinen Rennboote bilden einen Typ für sich. Ihre Haupteigenschaft ist eine große Geschwindigkeit und ihr werden Bequemlichkeit und Sicherheit so weit geopfert, als dadurch ein Geschwindigkeitsvorteil erreichbar erscheint.

— 70 —

Fig. 30. Rennboot in der Fahrt.

Diese Boote werden bis auf ein oder mehrere kleine Cockpitöffnungen fest eingedeckt. Ein hoher Setzbord schützt diese Decksöffnungen, welche man zum größten Teile durch eine Schutzkappe aus Holz, Metall oder Segeltuch auf Gasrohrbügeln oben so abschließen kann, daß nur noch offene Plätze für Steuermann und Maschinist verbleiben. Auf dem Vorschiff wird oft ein sogenannter Wellenbrecher aus Holz oder Metall angeordnet. Das Innere des Rennbootes ist gewöhnlich nicht durch Schotten geteilt, sondern stellt einen Hohlraum dar, der den Motor, den Betriebsmaterialtank und den Werkzeugkasten enthält.

Der Motor steht meistens im vorderen Teile, der Tank im hinteren Teile des Bootes.

Die für die Hauptrennen der Motorboote in Europa geltenden Bestimmungen haben mit der Zeit allgemein zwei Hauptklassen geschaffen, denen die Rennboote entsprechend ihrer Form (Kielboote und Gleitboote) zugeteilt werden. Ferner wurden, besonders für internationale Rennen, offene schnelle Boote geschaffen, Rennkreuzer genannt, deren Länge zwischen 6,5 und 18 m liegt und deren Klasseneinteilung sowohl von der Bootslänge als auch von dem Zylinderdurchmesser ihrer Motoren abhängt.[1]

Die auf den Rennbooten zur Verwendung gelangenden Motoren leisten manchmal mehrere 100 PS. Die größte Gesamtleistung auf einem Boote beträgt zurzeit etwa 800 PS. Sie verteilt sich auf 16 Zylinder und zwei Propeller. Die mit solchen Booten erreichten Geschwindigkeiten sind auch verhältnismäßig groß.

---

[1] Näheres hierüber enthält das Jahrbuch des Deutschen Motoryacht-Verbandes, Berlin SW 48, Friedrichstr. 233.

Die größte bisher mit einem Motorrennboote erzielte Geschwindigkeit beträgt etwa 84 km pro Stunde und ist zugleich die größte auf dem Wasser überhaupt erreichte Geschwindigkeit.

Gleitboote.

In den letzten Jahren hat man in Frankreich, England und Nordamerika einen eigenartigen Bootstyp, das Gleitboot (Hydroplan), der von der gebräuchlichen Bootsform in jeder Beziehung abweicht, zu einer hohen Vollendung gebracht. Man hat kastenförmige, ganz flache Fahrzeuge mit sehr geringem Tiefgange geschaffen und sie so gestaltet, daß sie in der Fahrt nicht infolge ihrer Wasserverdrängung (ihres sogenannten statischen Auftriebes) schwimmen, sondern durch aufwärts gerichtete Kräfte schwimmend erhalten werden, welche erst während der Fahrt entstehen, und die man dynamische Kräfte nennt. Bei diesen Booten wirkt das Wasser genau so wie die Luft beim Flugzeug (Aeroplan). Durch diesen erzwungenen Wechsel der Auftriebsart werden Bewegungswiderstände erzeugt, welche im Verhältnis zum Gewicht der Fahrzeuge geringer sind als bei der gebräuchlichen Bootsform.

Man erzielt deshalb mit den Gleitbooten mit der gleichen Motorleistung eine größere Geschwindigkeit als mit einem Kielboot gleicher Größe.

Die Gleitboote verhalten sich bei geringen Geschwindigkeiten ebenso wie die Kielboote. Vielfach haben sie dabei noch größeren Widerstand als diese zu überwinden. Erst bei größerer Geschwindigkeit zeigt sich die Überlegenheit ihrer eigenartigen Gestaltung.

Es genügt nicht, einem Boote etwa einen flachen Boden zu geben und dann zu verlangen, daß es die Eigentümlichkeiten eines Gleitbootes besitzt.

Um die Gleitwirkung zu erzielen, müssen Bootsgewicht und Motorleistung in einem bestimmten Verhältnis zueinander stehen, und auch sonst sind noch einflußreiche Bedingungen zu erfüllen.

Es gibt mehrere voneinander abweichende Gleitboottypen. Hauptsächlich unterscheidet man Boote ohne Stufen (Prahmtyp) und solche mit einer Stufe oder mehreren hintereinanderliegenden Stufen.

Die Fig. 31 zeigt drei verschiedene Typen von Gleitbooten, welche alle von französischen Konstrukteuren stammen und mit gleichem Erfolge angewendet werden.

Die in Deutschland geläufige Bezeichnung ,,Gleitboot" ist eigentlich nicht korrekt. Diese Boote gleiten nämlich nicht über das Wasser hinweg, sondern durchfurchen es genau so wie die Kielboote.

Segelfahrzeug mit Hilfsmotor.

Das Segelfahrzeug mit Hilfsmotor erfreut sich einer zunehmenden Beliebtheit und wird als Mittelding zwischen Motorboot und Segelboot als Lustyacht und besonders als Fischerfahrzeug vielfach gebaut. Der Motor soll diesen Fahrzeugen bei Windstille eine mäßige Geschwindigkeit verleihen, also gewissermaßen als ein Reserveantriebsmittel dienen. Da der für diesen Zweck vorhandene Raum in einem solchen Fahrzeug sehr beschränkt ist, können gewöhnlich nur Motoren geringerer Stärke Verwendung finden. Bei kleineren Fahrzeugen stehen die Motoren im offenen

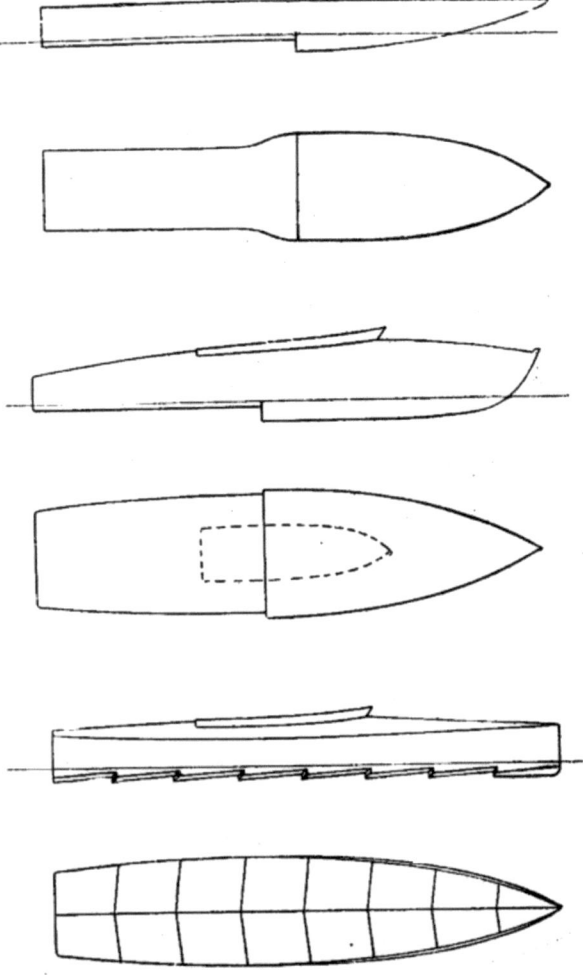

Fig. 31. Moderne Gleitboottypen.

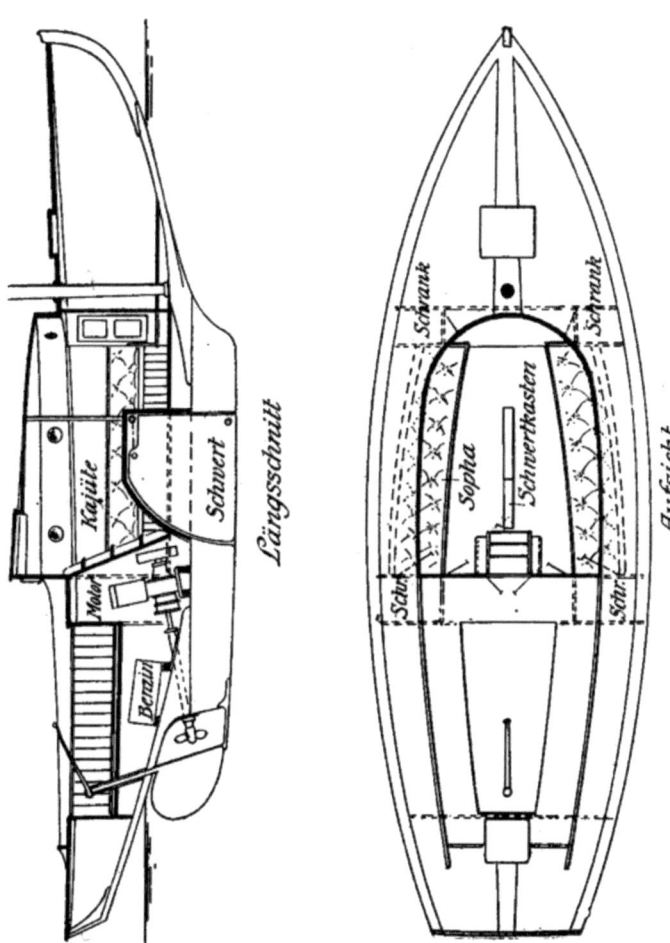

Sitzraume (hinter der Kajüte), bei größeren in einem besonderen, sehr gut zu ventilierenden Raume unter Deck (siehe Fig. 32).

Als Antriebsmittel für kleine Yachten eignet sich auch eine Motorschraube, eine Kombination aus Motor, Benzinbehälter und Schraubenpropeller, welche so konstruiert und am Heck der Yacht zu befestigen

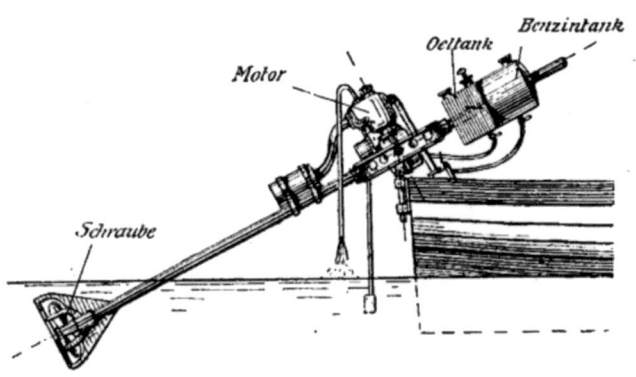

Fig. 33. Motorschraube.

ist, daß sich der Motor auf dem Deck und der Propeller im Wasser befindet (siehe Fig. 33).

In vorhandene Segelfahrzeuge lassen sich Hilfsmotoren meistens nur unter großen Schwierigkeiten und unangenehmen Platzopfern brauchbar einbauen, während es bei Neukonstruktionen möglich ist, Fischereifahrzeuge, Segelyachten aller Größen mit Motoren zu versehen, ohne daß sie dadurch eine große Einbuße an Raum und Geschwindigkeit gegenüber gleich großen reinen Segelfahrzeugen erleiden.

Baumaterial des Bootskörpers.

Der Hauptteil des Bootskörpers besteht in der Bootsschale, und diese wird aus Holz oder Stahl resp. Eisen, seltener aus anderem Material, wie Aluminium usw., hergestellt.

Für Motorboote zu Vergnügungs- und Rennzwecken wird vorzugsweise Holz als Hauptbaumaterial verwendet, da ein Holzboot, richtig konstruiert und von geübten Arbeitern zusammengefügt, für diese Zwecke brauchbarer und bei genügender Festigkeit wesentlich leichter als ein Metallboot hergestellt werden kann.

Die Länge des Bootes spielt bei der Entscheidung über das Baumaterial keine so wichtige Rolle als der Preis des Baues. Daher baut man im allgemeinen größere Motoryachten (von etwa 18 m ab) und Fahrzeuge für wirtschaftliche Zwecke, zu deren Erfüllung die Boote rücksichtslos behandelt werden, bei denen auch die Größe des Innenraumes eine Rolle spielt, wie z. B. bei Lastkähnen, aus Schiffbaustahl (Flußeisen).

Stahl hat den Vorzug, daß der Bau leichter dicht zu halten ist, während ein dichter Holzbau nur von geübten Arbeitern hergestellt werden kann.

Der Nachteil des Stahls ist besonders für Motoryachten, die stärkere Übertragung der Erschütterungen des Motors auf den ganzen Bootskörper, ferner die Notwendigkeit einer stärkeren Motoranlage bei gleicher Geschwindigkeit, falls man die Außenhautstärke nicht so sehr vermindern will, daß sie bald Beulen bekommt.

Als Bauholz findet Verwendung: Eiche für Kiel,

Spanten und Außenhaut; Fichte (Pitch-pine, Oregonpine) für Außenhaut, Fußböden, innere Verkleidung, Deck usw.; Mahagoni für Außenhaut, Kajütsbau, Inneneinrichtung; ferner Zedern-, Ulmen-, Buchen-, Zypressen-, Eschen- und und Teakholz; das letztere fast nur bei Seebooten zum Kajütsbau, seltener zur Außenhaut.

Hölzernes Boot.

Siehe Fig. 34: Der Kiel dient dem Boote gewissermaßen als Rückgrat. Er trägt an seinen Enden den Vorsteven und den Hintersteven und verbindet die beiden Hälften der Außenhaut miteinander. Zur Aussteifung der Außenhaut dienen die Längs- und Querspanten, die Bodenwrangen, die Balk- und die Kimmweger.

Die Außenhaut wird bei besseren Booten aus Mahagoni- oder Zedernholz, bei wohlfeileren hauptsächlich aus Zypressenholz und amerikanischem Föhrenholz (Pitch-pine), teilweise auch aus deutschem Föhren- und Eichenholz hergestellt.

Die einzelnen Planken der Außenhaut werden auf verschiedene Weise zusammengefügt. Die „Klinker-Bauart" eignet sich nur für kleine offene Boote. Die mittschiffs 10—12 cm breiten Planken liegen hierbei dachziegelartig übereinander, wie in Fig. 35a zu erkennen ist.

Für größere, schwerere Boote eignet sich der „Krawehlbau" (vom englischen Wort „carvel" abstammend), bei welchem die Längskanten der Planken stumpf aufeinander stoßen, also innen und außen eine glatte Oberfläche bilden (siehe Fig. 35b). Die

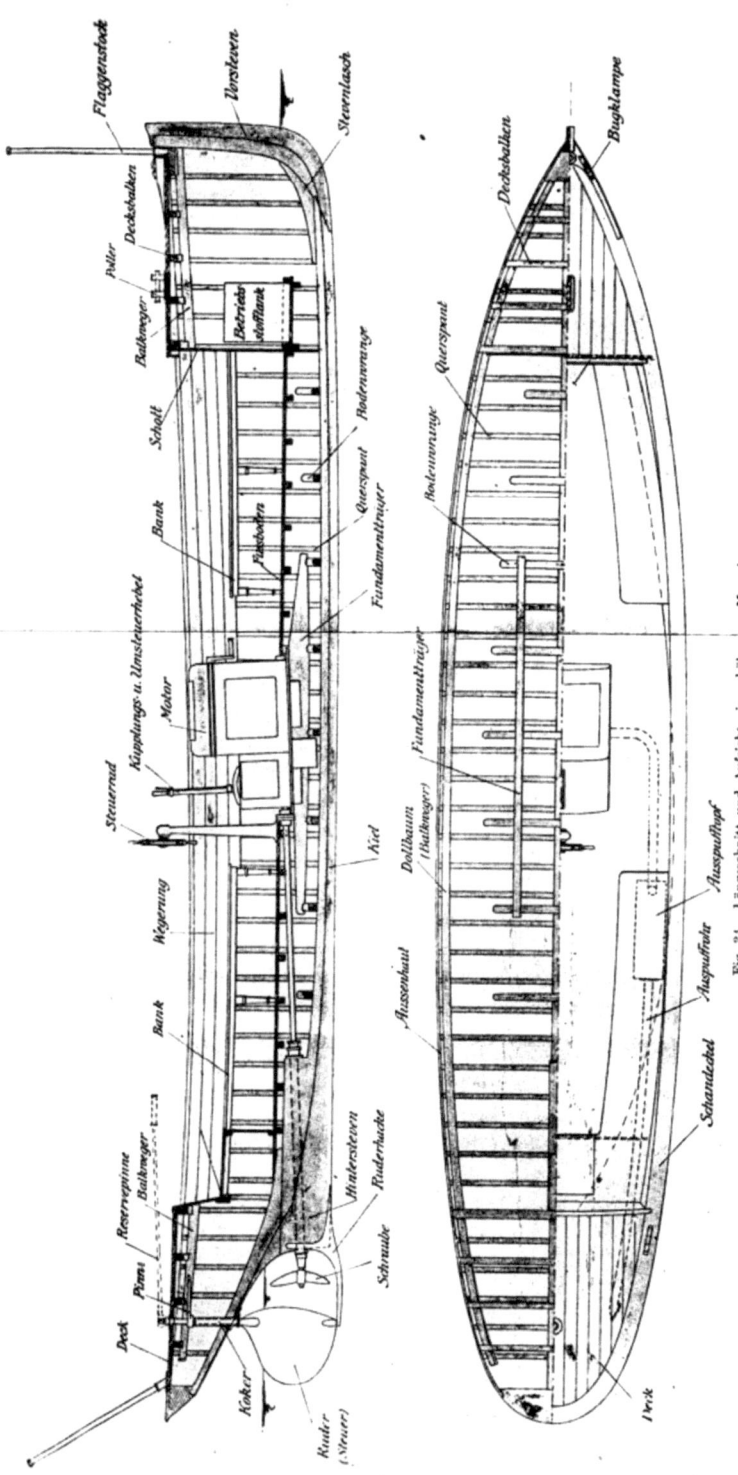

Fig. 34. Längsschnitt und Aufsicht eines hölzernen Motorbootes.

Fugen zwischen den einzelnen Planken werden kalfatert, d. h. es wird Baumwolle oder Hanf in die Nähte hineingetrieben.

Leichte Boote erhalten eine Außenhaut aus zwei und mehreren dünnen Holzlagen mit Zwischenlagen aus Leinwand, welche mit Ölfarbe, Marineleim oder anderem Material getränkt ist.

Die Planken der einzelnen Lagen können alle längsschiffs laufen oder sich unter Winkeln von 45 Grad („Diagonal-Krawehlbau") resp. 90 Grad (Diagonalbau) überschneiden.

Leichte Boote werden von einzelnen Werften auch im „Nahtspantenbau" ausgeführt (siehe Fig. 35c). Hierbei stoßen die einzelnen Planken, genau wie beim Krawehlbau, stumpf aufeinander. Die Fuge oder Naht wird jedoch im Bootsinnern durch eine hochkant stehende Latte, durch ein sogenanntes Nahtspant gedeckt, welches mit den Planken dicht verbunden ist. Diese Bauart ermöglicht die wasserdichte Herstellung einer dünnen Außenhaut und eignet sich für Boote, welche mit einer solchen Haut auskommen können. Für leichte Gebrauchsfahrzeuge wird der Diagonalbau dem Nahtspantenbau vorgezogen. Durch die beim Nahtspantenbau kreuzweise übereinanderliegenden Quer- und Nahtspanten wird die innere Oberfläche der Außenhaut in kleine Quadrate mit hohen Rändern geteilt, wodurch die besonders unter dem Motor oft notwendige Reinigung der Bilge erschwert wird.

Zur Versteifung der Außenhaut dienen die Spanten aus Eichen- oder Ulmenholz. Sie stehen quer zum Kiel und sind mit diesem und der Außenhaut fest vernietet. Zur besonderen Versteifung des unteren flachen

— 80 —

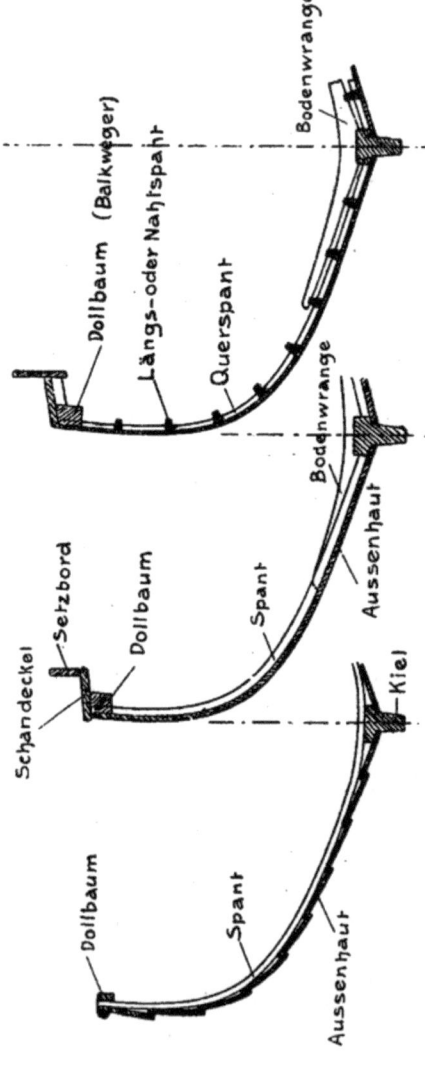

Fig. 35 a. Klinker-Bauart. Fig. 35 b. Krawehl-Bauart. Fig. 35 c. Nahtspanten-Bauart.

Teiles der Außenhaut, des sogenannten Bodens, werden zwischen den Spanten die Bodenwrangen aus Eichenholz oder auch aus Winkelstahl eingebaut. Auf diesen Bodenwrangen sind gewöhnlich die Träger des Motorfundamentes befestigt. Der Balkweger aus Eichen- oder Föhrenholz versteift den oberen Rand der Außenhaut und trägt das durch seine eichenen oder föhrenen Balken unterstützte Deck. Am äußeren Rande des Decks liegt der Schandeckel aus Teak-, Mahagoni- oder Eichenholz. Das Deck selbst wird aus schmalen Planken von leichtem, möglichst gleichfarbigem Föhrenholz (White-pine, Oregon-pine), manchmal auch aus Teak- oder Mahagoniholz gefertigt. Die Nähte werden mit Baumwolle kalfatert und ausgekittet oder mit Marineleim ausgegossen. Das Deck leichter Boote findet man auch aus breiten dünnen Planken aus Mahagoni-, Pappel- oder Föhrenholz hergestellt, die dann, auf Längslatten und Decksbalken befestigt, mit starkem Segeltuch überzogen und mit Farbe und Lack gestrichen werden.

Zur Befestigung der Bauteile miteinander verwendet man bei besseren Booten Bolzen und Schrauben aus Gelbmetall und Nieten aus Kupfer und bei gewöhnlichen Fahrzeugen eiserne verzinkte Bolzen und Nägel. Im ersteren Falle heißen die Boote „kupferfest", im zweiten Falle „eisenfest" gebaut.

Die Holzteile erhalten zur Konservierung einen mehrmaligen Lackanstrich und werden außen vielfach gespachtelt und mit Ölfarbe gemalt. Der Boden des Bootes erhält außen entweder einen Anstrich mit einer das Anwachsen von Pflanzen und Muscheln verhindernden Schiffsbodenpatentfarbe oder mit einer anderen Farbe. Größere Boote versieht man wohl auch mit einem Bodenbelag aus rotem Kupferblech, welches die Oberfläche der Außenhaut besonders glatt erhält und dadurch den Reibungswiderstand beim Fahren entsprechend vermindert. Ruder, Wellenböcke und Schutzbalken werden meistens aus Eisen,

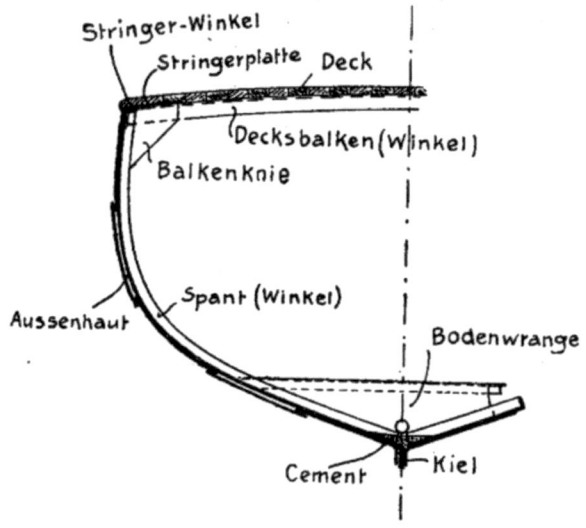

Fig. 36. Stählernes Boot.

seltener aus Bronze hergestellt. Bei gekupferten Booten und Seebooten ist Bronze für diese Bootsteile notwendig.

Stählernes Boot.

Als Material dient Siemens-Martins-Schiffsbaustahl (Flußeisen). Der Kiel des Bootes besteht gewöhnlich aus einem hochkant stehenden Flacheisen.

Die Außenhaut wird aus einzelnen Platten zusammengebaut, deren Längskanten klinkerartig überlappt miteinander verbunden sind, während die Querkanten meistens von innen gelascht und zweireihig vernietet werden (siehe Fig. 36). Die Bleche der Außenhaut besitzen aus praktischen Gründen mindestens eine Stärke von 2—3 mm, bei Gebrauchsbooten wenigstens eine solche von 3, 4, und 5 mm.

Querspanten aus Winkelstahl, in der Mitte durch Bodenwrangen aus Blech oder Winkelstahl verbunden, geben der Außenhaut die notwendige Versteifung. Die Spanten stehen gewöhnlich im Vorschiffe in geringerer Entfernung voneinander als im mittleren und hinteren Bootsteile, um den Bug gegen die Einwirkungen des Eisdruckes zu schützen. Die Ecken und sonstige durch die Konstruktionsteile im Boden gebildete Hohlräume werden mit Zement ausgefüllt. Der obere Rand der Außenhaut ist durch einen Winkel ausgesteift, während die Decksbalken mit den Spanten durch Knieplatten verbunden sind. Das Deck wird nur bei gewöhnlichen Gebrauchsbooten aus geriffeltem Blech, bei besseren Booten stets aus Föhrenholz mit einem Schandeckel aus Teak- oder Mahagoniholz hergestellt.

Zum Schutze gegen Rosten erhalten die stählernen Konstruktionsteile einen mehrfarbigen Anstrich mit roter Eisenmennige und außerdem einen Ölfarbenanstrich. Um das Anwachsen von Pflanzen und Muscheln möglichst zu verhindern, wird der Boden außen mit einer Schiffsbodenpatentfarbe gestrichen.

Größere Boote teilt man durch Schotten aus Stahl in mehrere für sich wasserdichte Einzelräume. Die Schotten reichen vom Kiel bis zum Deck, erfüllen aber nur dann ihren eigentlichen Zweck, wenn mit ihrer Hilfe wirklich möglich ist, das Boot sicher über Wasser zu halten, sobald einer der abgeteilten Räume bei Kollisionen leck gesprungen ist und seine Tragfähigkeit verloren hat. Im anderen Falle bilden die Schotten nur ein unangenehmes Verkehrshindernis.

Das Einschneiden von wasserdicht verschließbaren Öffnungen in die Schotten sollte nach Möglichkeit vermieden werden.

Ruder und Wellenböcke werden aus Eisen hergestellt.

Kajütseinrichtungen.

Die Größe des für Kajütszwecke zur Verfügung stehenden Bootsraumes, der Geschmack und die vom Besitzer an die Wohneinrichtung gestellten besonderen Bedingungen bestimmen die Art und Zahl der einzelnen Räume.

Von der einfachen, aus nur einem Raume mit gewöhnlichen hölzernen, mit Ölfarbe gestrichenen Bänken bestehenden Kajüte bis zu den aus Salons, Schlafkabinen, Pantry, Küche, Toilette, Bad usw. zusammengesetzten, aus teurem Material gefertigten, luxuriös ausgestatteten Wohnräumen gibt es unendlich viele Variationen in der Anlage und Einrichtung von Kajütseinrichtungen.

Bei der Anlage von Kajütseinrichtungen sollte man nie vergessen, daß ein Boot, besonders eine Yacht, nicht ein auf das Wasser gesetztes Wohnhaus ist.

Die gewisse notwendige Beschränkung der räumlichen Abmessungen gibt dem Innern einer Bootskajüte eine besondere Note, welche ihren Eindruck

Fig. 37. Blick in den Salon einer Motoryacht.

Fig. 38. Geschlossener Steuerstand auf einem Motorseekreuzer.

auf den Bewohner nicht verfehlt. Man sollte daher nicht versuchen, Salons, Speisezimmer, gute Stuben vom Lande auf das Wasser zu verpflanzen. Alles sei verschieden, wie es eben Land und Wasser auch sind, ohne unpraktisch und unbequem zu sein. Man vermeide Materialien und Stilarten, die nicht zum niedrigen Kajütsraume passen, umgehe zu dunkle Farben des Holzes, der Polster und der Dekorationen. Hell und freundlich, ohne kalt zu wirken, muß eine Kajütseinrichtung einer Motoryacht sein. Keine Riesenbüfetts mit großen Glastüren, keine schreienden Muster der Polsterbezüge, keine Nippesschränkchen, Bronzen und Ölgemälde.

Die Motoryacht soll die Brücke sein von der überladenen Alltäglichkeit zur einfachen freien Natur.

Die einzelnen Räume im Kajütsaufbau resp. unter Deck werden durch einfache gestäbte oder getäfelte Wände, welche mit Klapptüren, in beschränkten Räumen auch mit Schiebetüren ausgestattet sind, getrennt. Als Material dient das zur Einrichtung passende Holz, welches man entweder naturfarbig lackiert oder mit Ölfarbe entsprechend malt. Die Decken werden entweder einfach hell gemalt oder mit naturfarbig lackierten Täfelungen, gepreßter Kunstledertapete usw., dekoriert. Alle Beschläge und Schlösser an Türen, Fenstern und Möbeln fertigt man aus Messing oder auch aus Bronze, weil die eisernen Gegenstände, welche sich nicht immer verzinken oder anstreichen lassen, infolge der Feuchtigkeit der Luft stark rosten und dadurch bald zerstört sind. Kleinere Schlüssel fallen in Messingausführung meistens zu unstabil aus und werden vielfach aus vernickeltem Eisen gemacht.

Die Salons enthalten auf kleinen Booten zwei Längssofas an den Bordwänden mit Sitz- und Rückenkissen, deren Bezug aus Plüsch, Natur- oder Kunstleder besteht, und welche auf Stahlfederbögen liegen, da diese Sofas gewöhnlich auch zum Schlafen benutzt werden. Unter den Sofas sind Schub- oder Deckelkästen, an ihren Enden kleine Schränke für Bücher, Proviant, Wäsche und Kleider angeordnet und zwischen den Sofas steht ein fester oder loser Klapptisch. Der Fußboden ist mit Matten oder Teppichen belegt. Größere Salons enthalten außerdem mehrere einzelne Sessel, Schreibtisch, Büfett usw. bis zum Piano und dem Kamin mit Spiegelaufsatz und Pflanzenarrangement. Kissen, Zierdecken, Portièren und Fenstergardinen vervollständigen die Ausstattung.

In den Schlafkabinen findet man außer den Schlafsofas entsprechend große Kleiderschränke und Wäschekästen, kleine an den Wänden befestigte Klappsitze und Klapptische, sowie eine Waschtoilette nach der Art der Schiffswaschtische, mit eigenen Frischwasserkästen.

Die Toiletten sind mit Torfstreu- oder Spülwasserklosetts und einem Klappwaschtisch ausgestattet. Der Fußboden wird mit Linoleum belegt. Eine gut wirkende Ventilation durch Glasklappen in den Fensterscheiben oder durch Windhauben in der Decke ist Bedingung.

Die Geschirr- und Anrichteräume (Pantry) enthalten eine Anzahl Schränke für das Tafelgeschirr, für Eis, Getränke, Konserven usw., und sind vielfach mit einer entsprechenden Kocheinrichtung versehen, wodurch ein besonderer Küchenraum entbehrlich gemacht ist. Als sehr brauchbar für Bordzwecke haben sich die Petroleum- oder Spiritusgaskocher erwiesen. In gutem Zustande machen sie sich weder durch Rauch noch Geruch bemerkbar und werden, in kardanischer

Fig. 39. Klappwaschtisch.

Aufhängung montiert, auch durch die Bootsbewegungen im Betriebe wenig gestört. Auf größeren Fahrzeugen finden kleine Schiffsherde (für Holz- und Koksfeuerung eingerichtet) Verwendung.

Die Beleuchtung der Kajütsräume geschieht am Tage durch Seitenfenster und Oberlichte (Skylights), welche auch zur Ventilation der Räume benutzt werden und zu diesem Zwecke klapp- oder schiebbar eingerichtet sind. Zur künstlichen Beleuchtung wird nur auf größeren Kajütsbooten das elektrische Licht mit Vorteil verwendet. Gewöhnlich erfüllt die Petroleumlampe den Zweck vollständig, während für kleine Räume auch Kerzenbeleuchtung genügt.

Fig. 40. Wasserpumpklosett.

Eine Heizung der Wohnräume wird nur bei denjenigen Booten notwendig sein, die in der kalten Jahreszeit zum Befahren langer Strecken Verwendung finden.

Der elektrische Strom für die Speisung der gewöhnlich schwachkerzigen Glühlampen (10—16 Kerzen) wird entweder in aufgeladenen Batterien mitgeführt oder an Bord durch eine kleine Dynamo (Lichtmaschine) erzeugt. Diese Dynamos werden dann vom Bootsmotor angetrieben oder erhalten bei großer Lampenzahl einen eigenen Antriebsmotor.

Vielfach werden in neuerer Zeit Zündapparate für die Motoren angeboten, welche zur gleichen Zeit Lichtstrom für die Bootsbeleuchtung liefern. Bei kleinen Booten kann diese Einrichtung praktisch sein. Zur Erzeugung der Wärme kann ein kleiner Petroleumofen dienen oder auch die Abwärme des Motors in irgend einer Weise benutzt werden. Man kann die Auspuffgase oder das Motorkühlwasser durch kleine Rippenheizkörper leiten.

Fig. 41. Blick in eine Pantry.

Betriebseinrichtungen. Inventar.

Der Betrieb des Bootes als Wasserfahrzeug bedingt eine Reihe von Einrichtungen und Ausrüstungsstücken, welche teils auf allen Booten, teils nur auf Seefahrzeugen vorhanden sein müssen.

Die Steuereinrichtung besteht aus dem Ruder und seiner Bewegungseinrichtung. Das Ruder befindet sich im Hinterschiffe und meistens hinter dem Schraubenpropeller. Form und Aufstellung des Ruderblattes werden so gewählt, daß mit einer kleinen Ruderfläche ein schnelles Abweichen des Bootes von

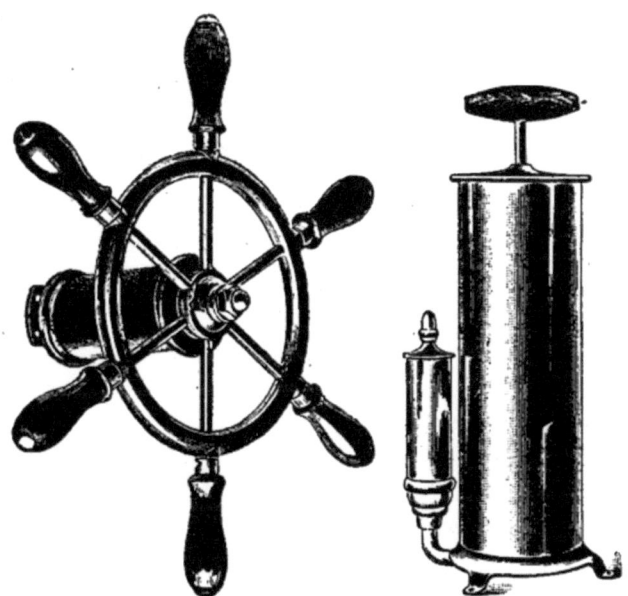

Fig. 42. Steuerrad.   Fig. 43. Signalhupe.

seiner Bewegungsrichtung sowohl bei der Vorwärts- als auch bei der Rückwärtsfahrt zu erreichen ist. Die Bewegung des Ruders wird bei kleinen Booten mittels der Handpinne, bei größeren mittels des Steuerrades bewirkt, über dessen Trommel ein Seil auf- und abgewickelt wird, welches die Ruderpinne von einer Bordseite auf die andere zieht. An Stelle des Seiles und der Trommel werden auch Ketten und Kettenräder verwendet. Auf eine sicher funktionierende

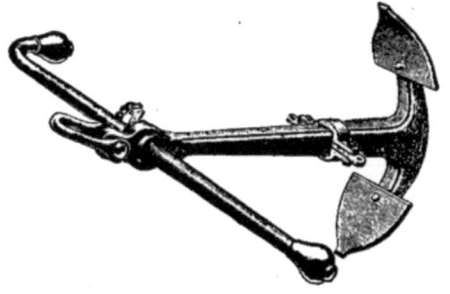

Fig. 44 a. Gewöhnlicher Anker.

Steuereinrichtung wird ein besonderer Wert gelegt, da die Motorboote wie die Dampfer allen Fahrzeugen, welche durch Segel, Ruder oder andere Mittel getrieben werden, und deren Bewegungsabsichten aus der Ferne nicht immer richtig zu taxieren sind, auszuweichen haben.

Fig. 44 b. Stockloser Anker.

Alle Motorboote sind mit einer kräftig tönenden Signalvorrichtung, Hupe oder Pfeife, zu versehen (Sirenen sind meistens nicht gestattet), mit der man die vorschriftsmäßigen akustischen Signale abgeben kann. Diese Signalvorrichtungen gibt es mit Hand, Druckluft und elektrischem Antriebe.

Zur Kenntlichmachung des Motorbootes und seiner Fahrrichtung nach Sonnenuntergang dienen die Positionslaternen, wie sie die Dampfer führen, über deren

Fig. 45. Handlenzpumpe.

Art der Ausführung und Aufstellung die Vorschriften des Deutschen Reiches über das Seestraßenrecht genaue Angaben enthalten.

Ferner erhalten alle Boote die notwendigen Vorrichtungen zur Befestigung am Lande oder im Wasser, wie Poller, Klampen, Ankerspille (auf größeren Fahrzeugen) und eine Reihe von Ausrüstungsgegenständen, welche zum ordnungsmäßigen Betriebe und zur Erhaltung des Bootes dienen, und die man gewöhnlich unter der Bezeichnung „Bootsinventar" vereinigt findet. Dazu gehören:

Anker, Ankerketten oder -trossen aus Manilla, Festmacheleinen, Lenzpumpe,. Flaggenstöcke, National-, Klub- und andere Flaggen, Fender, Eimer, Schrubber, Bootshaken, Riemen und Dollen, Fußmatten, Rettungsringe und eventuell Segeleinrichtung mit Masten, Segeln, stehendem und laufendem Gut, Fallreep (auf größeren Fahrzeugen), Presennigs über einzelne Bootsteile oder über das ganze Boot.

Seefahrzeuge sind außerdem noch mit den notwendigen Seekarten, Segelanweisungen, ein oder zwei sorgfältig aufgestellten und in ihrer Funktion kontrollierten kompensierten Kompassen moderner Konstruktion, deren Kompaßrose in Alkohol schwimmt (Fluid-Kompasse), Signalflaggen, Nebelsignalen, etwas Zimmermannswerkzeug usw. zu versehen.

Ferner gehört zur Ausrüstung eines größeren Motorbootes ein sogenanntes Beiboot mit Riemen und eventuell kleiner Segeleinrichtung. Da an Bord eines Motorbootes gewöhnlich kein großer Platz vorhanden ist, erhalten die Beiboote nur bescheidene Abmessungen. Ihre Länge beträgt 3—4 m und ihre Breite ca. 1,20 m. Es können in solchen Booten vier bis fünf Personen transportiert werden. Während der Fahrt des Motorbootes liegt das Beiboot entweder auf dem Deck des Kajütenaufbaues, oder es wird an einer Leine nachgeschleppt. Bei größeren Fahrzeugen hängt das Beiboot in kleinen Kränen, Davits genannt, an der Bordseite.

II. Die Motoranlage.

Wärme und Arbeit.

Wenn 1 kg Betriebsstoff (Benzin, Petroleum, Benzol usw.) verbrennt, dann entsteht eine nach der Art des Betriebsstoffes verschieden große Wärmemenge.

Diese Wärmemenge nennt man in der Technik die kalorische Energie des verbrannten Stoffes. Ihre Maßeinheit heißt Kalorie oder Wärmeeinheit, und die bei der Verbrennung von 1 kg Betriebsstoff erzielte Zahl der Kalorien nennt man den Heizwert des Betriebsstoffes. Siehe Tabelle S. 100.

Einer bestimmten Wärmemenge entspricht eine bestimmte Arbeitsleistung, deren Maßeinheit das Meterkilogramm ist.

Die Größe der in einem Kilogramm Betriebsstoff aufgespeicherten Arbeit ist also vom Heizwerte des Stoffes abhängig. Danach ist 1 kg Benzin (Heizwert = ca. 11000 Kal.) imstande, erheblich mehr Arbeit zu leisten als 1 kg Spiritus (Heizwert = ca. 5900 Kal.).

Durch den Motor wird die bei der Verbrennung des Betriebsstoffes entstehende Wärme in Arbeit umgewandelt und für den Betrieb von Booten nutzbar gemacht. Das in den Motorzylinder eingeführte Gasgemisch (Gemisch aus gasförmigem Betriebsstoff und atmosphärischer Luft) dehnt sich bei der schneller

Verbrennung (Explosion) aus, treibt den Kolben vorwärts und setzt dadurch den Motor in Bewegung, leistet also „mechanische Arbeit".

Es wird jedoch nur ein kleiner Teil der im Betriebsstoff dem Motor zugeführten Wärmemenge in Arbeit umgewandelt (ca. 20—25%), der größere Teil geht durch verschiedene Ursachen, besonders Wärmeableitung durch Motorteile und Kühlwasser, sowie durch die auspuffenden Gase verloren.

Das Verhältnis der im Betriebsstoff dem Motor zugeführten Wärmemenge, vermindert um die nach außen abgeführte, also verlorene, zu der gesamten im Betriebsstoff enthaltenen Wärmemenge nennt man den „thermischen Wirkungsgrad".

Die im Motorzylinder freigewordene Arbeit kann man mit geeigneten Apparaten, Indikatoren genannt, messen, und man heißt sie die „indizierte Arbeit".

Ein Teil der indizierten Arbeit dient zur Überwindung der Widerstände, welche sich innerhalb des Motors der Bewegung desselben entgegensetzen. Der größere Teil (80—85%) stellt die nutzbare Arbeit, die „effektive Leistung" dar, die man am äußeren Wellenende durch Bremsen messen kann.

Das Verhältnis der effektiven (gebremsten) Leistung zur indizierten nennt man den „mechanischen Wirkungsgrad" des Motors. Je vollkommener ein Motor durchdacht und gebaut ist, desto höher werden sowohl der thermische als auch der mechanische Wirkungsgrad sein, desto weniger Betriebsstoff wird der Motor pro Stunde und Arbeitseinheit verbrauchen, desto wirtschaftlicher muß er genannt werden.

Die vom Motor sekundlich geleistete Arbeitsmenge

drückt man durch die Zahl der in dieser Zeiteinheit geleisteten Meterkilogramme aus, von denen 75 zusammen eine Pferdestärke (nicht Pferdekraft!) heißen. Die technische Abkürzung für Pferdestärke ist PS. — Die in England und Amerika übliche Abkürzung HP bedeutet „horse-power" und kommt einer sekundlichen Arbeitsleistung von 76,04 m/kg gleich.

Betriebsstoff.

Für den Betrieb von Ölmotoren kommen schwere und leichte Öle zur Verwendung, wie Petroleumäther, Gasolin, Benzin, Schwerbenzin, Autonapht usw., welche alle aus dem Erdöl oder Rohpetroleum gewonnen werden, das die Natur in vielen Ländern der Erde, hauptsächlich aber in Südrußland und in Nordamerika, aufgespeichert hat. Dieses Rohpetroleum setzt sich aus verschiedenen Substanzen zusammen. Die Destillation scheidet zuerst die leichtflüchtigen Öle in Dampfform aus, dann folgt das Benzin, in England Petrol genannt, welches hauptsächlich zum Betriebe der modernen Ölmotoren für Bootszwecke dient. Die weitere Destillation scheidet das Petroleum aus, welches man in Amerika Kerosine und in England Paraffin nennt, und welches wir als Lampenpetroleum kennen, und zuletzt die schweren Schmieröle, wie wir sie für die Zylinder der Ölmotoren verwenden, um die Reibung zwischen Kolben und Zylinderwand zu vermindern.

Das Benzin hat eine ungefähre Dichtigkeit von 0,68—0,73 (d. h. 1 Liter Benzin wiegt nur 0,68 resp. 0,73 mal so viel als 1 Liter Wasser) und kann ein entflammbares Gas bei jeder Temperatur über dem Gefrierpunkt bilden. Diese Eigenschaft ist sehr wissenswert, denn offenstehendes Benzin wird immer in die nächstliegende Luftschicht zu verdampfen suchen und muß daher stets gut verschlossen gehalten werden. Ein entzündetes Streichholz oder ein heißer elektrischer Funken entflammen die sich besonders unter dem Fußboden und in sonstigen geschlossenen Bootsräumen leicht ansammelnden Gase und können folgenschwere Explosionen herbeiführen. Doch darf die Gefahr nicht überschätzt werden, denn es befinden sich Hunderte von Booten mit Benzinmotoren im Betriebe, und Unfälle gehören zu den Seltenheiten. Eine richtig konstruierte Motoranlage und eine vorsichtige Handhabung des Betriebes schließen jeden Unfall aus. Wo eine solche Handhabung nicht gewährleistet ist, wie z. B. in Fischerbooten oder bei geschlossenen Fahrzeugen, mit Ölbehältern unter Deck, empfiehlt sich die Verwendung von gewöhnlichem Petroleum, welches erst bei ungefähr 22 Grad verdampft, daher für gewöhnlich keine explosiblen Gase bildet. Doch für gewöhnliche offene Boote mit und ohne Kajüte und unter Behandlung durch vorsichtige Personen wird man heute noch am besten Benzinmotoren verwenden, da sie große Vorteile gegenüber den Petroleummotoren besitzen. Kurz erwähnt sei hier die geringere Verschmutzung und der weniger unangenehme Geruch der Benzinmotoren, die einfachere Inbetriebsetzung derselben und die größere Arbeitsleistung des Benzins gegenüber dem Petroleum bei gleichen Zylinderabmessungen.

Es gibt aber auch unter den Petroleummotoren wirtschaftliche und brauchbare Maschinen, welche mit

Recht immer mehr vervollkommnet werden, denn Petroleum ist billiger und außerdem leichter überall erhältlich. Boote, welche für größere Fahrten an der Küste Verwendung finden sollen, erhalten daher am besten Motoren, die für Benzin- und Petroleumbetrieb eingerichtet sind.

Außer Petroleum und Benzin finden noch andere Brennstoffe zum Betriebe von Bootsmotoren Verwendung. Genannt seien die Produkte unseres Landes, der Spiritus, welcher jedoch zur Verwendung in Schiffsmotoren mit einem erheblichen Zusatze von Benzol (25 Teile Benzol auf 75 Teile Spiritus von 90 Vol.%) versehen wird, und das Benzol, dessen gute Brauchbarkeit zum Betriebe von Motoren man neuerdings festgestellt hat. Das Benzol ist ein Nebenprodukt der in Deutschland zahlreichen Kokereien und besitzt ein spezifisches Gewicht von 0,86—0,88.

Benzol ist in seinem Verhalten und in seinen physikalischen Eigenschaften dem Benzin ziemlich ähnlich. Seine Verwendung kann jedoch in der kalten Jahreszeit zu Betriebsstörungen führen, da Benzol bereits bei einer Temperatur von 0 Grad erstarrt. Nach neueren Versuchen macht ein Zusatz von 10 bis 20 Teilen Schwefeläther zum Benzol, welches von Toluol befreit ist, das Benzol kältebeständig. Reines Benzol ist farblos und riecht stark ätherisch, oft unangenehm teerartig. Es hinterläßt bei der Verbrennung starken Ruß. Im allgemeinen wird sich Benzol nur in besonders dafür konstruierten Vergasern vergasen lassen, die nach neueren Erfahrungen dann allerdings auch mit Benzin und Petroleum arbeiten können.

Von andern Betriebsstoffen für Motoren kommen zurzeit vielleicht noch in Frage: das Ergin, welches bei der Destillation von Stein- und Braunkohlenteerölen gewonnen und manchmal auch mit Spiritus vermischt zur Verwendung gelangt, und das Autonapht, das dem leichten Motorenbenzin gleichwertig zu erachten sein soll, und über dessen Herstellung im allgemeinen nichts bekannt ist.

Nachstehende Tabelle enthält einige Angaben über den Preis der einzelnen Betriebsstoffe, ihren Verbrauch pro Pferdekraft und ihren Heizwert in Kalorien. Die Preise werden in den einzelnen Ländern und in den verschiedenen Gegenden Deutschlands verschieden hoch sein und sind während des Krieges bedeutend höher.

Betriebsstofftabelle.

Betriebsstoff	Preis pro 100 kg in Mark	Ungefährer Heizwert in Kalorien	Verbrauch pro Pferdekraft und Stunde in Grammen	Betriebskosten pro Pferdekraftstunde in Pfennig
Benzin . . .	41	11000	250—320	10—13
Petroleum .	17	10000	360—400	6—7
Spiritus (90%)	28	5900	450—500	13—14
Benzolspiritus	30	7500	300—450	9—13
Benzol . . .	25	10000	250—350	6—9
Ergin . . .	25	10500	250—300	6—8
Autonapht .	36	—	—	—

Für den Betrieb von Lastfahrzeugen, Fischerbooten, Schleppern und großen Motoryachten kommt auch Rohöl zur Verwendung. Das ist eine Art wenig gereinigtes Erdöl. Es dient zum Betriebe von Glühhauben- und Dieselmotoren.

Schmiermittel.

Zu den Betriebsstoffen der Motoren gehören auch die Schmieröle, durch deren Verwendung die Reibung zwischen den sich bewegenden Motorteilen vermindert wird.

Die gebräuchlichsten Schmierstoffe sind Mineralöle, also Destillate des Rohöls, aus welchem auch Benzin und Petroleum gewonnen werden.

Pflanzen- und tierische Fette eignen sich weniger zur Schmierung von Motoren, da sie Säuren enthalten und daher Rostbildungen hervorrufen.

Neben den Ölen werden noch Fette beim Motorbetrieb dort verwendet, wo eine größere Beständigkeit und eine geringe Schmierstoffmenge verlangt wird, wie bei Stopfbüchsen usw. Unter diesen Fetten nimmt das Vaseline (Staufferfett) eine bevorzugte Stellung ein. Es wird aus Paraffin hergestellt.

Wichtig für den Motorbootsbesitzer ist die Wahl des richtigen Schmieröls. Leider bietet sich ihm keine andere Gelegenheit zur Feststellung des richtigen Öles, als die praktische Verwendung.

Eine zuverlässige Beurteilung des Öles nach äußeren Beschaffenheiten (Farbe, Flüssigkeitsgrad usw.) ist nicht gut angängig. Die Höhe des Preises ist ebenfalls kein Beweis für die Brauchbarkeit. Es empfiehlt sich daher nur Schmieröl zu verwenden, dessen Leistungsfähigkeit und Zweckmäßigkeit für Bootsmotoren praktisch erwiesen ist.

Zu den erprobten Ölen zählen z. B. Veloxol (Petroleumraffinerie vorm. August Korff, Bremen), Vakuumöl usw. — Die guten Fabriken führen Öle von verschiedenem Flüssigkeitsgrad.

Der Verbrauch an Schmiermitteln richtet sich nach der Motorleistung und dem Betriebszustande des Motors. Als Höchstverbrauch kann man etwa 10% des Brennstoffverbrauchs annehmen, normal beträgt er etwa 5% derselben.

Motortypen.

Ölmotoren besitzen folgende Hauptteile und Einrichtungen: Vergaser, welcher aus Betriebsstoff (Benzin, Petroleum, Spiritus usw.) und atmosphärischer Luft ein entzündbares Gasgemisch vorbereitet. Arbeitszylinder, in welchem dieses Gemisch durch die Zündung zum Entflammen gebracht wird, wodurch es eine innere Spannung erhält, die gleichmäßig auf alle Wände des Verbrennungsraumes im Zylinder, also auch auf den Kolben, wirkt und diesen in Bewegung setzt. Der Kolben überträgt seine Bewegung mittels der Pleuelstange auf die Kurbel, welche ihrerseits die Welle in eine stets in der gleichen Richtung drehende Bewegung versetzt, deren Gleichförmigkeit durch das Schwungrad annähernd erhalten wird.

Zur Einleitung und wirtschaftlichen Durchführung dieses arbeitsleistenden Vorganges dienen noch einige andere wichtige Teile, wie die Steuerung mit Regelung, die Kühlung und die Schmierung, welche bei der späteren eingehenden Besprechung der Einzelteile des Motors ihre Erklärung finden.

Die am meisten verbreitete Bauart der Bootsmotoren ist die stehende, d. h. der Kolben liegt über der Kurbelwelle und bewegt sich senkrecht auf und nieder.

Unabhängig vom Betriebsmaterial gibt es zwei Hauptsysteme von Ölmotoren, deren innere Arbeitsvorgänge voneinander verschieden sind, nämlich den Viertaktmotor und den Zweitaktmotor. Unter einem Takt versteht man die einfache Bewegung des Kolbens von seiner obersten Stellung bis zu seiner untersten im Zylinder resp. von der untersten bis zu seiner obersten. Unter den Viertakt- und Zweitaktmotoren gibt es verschiedene Typen, welche sich in der Hauptsache durch die Art der Vergasung des Betriebsstoffes und die Art der Entzündung derselben unterscheiden. Man teilt deshalb die Motoren noch ein in solche mit Selbstzündung und solche mit Hilfszündung.

Zu den ersteren zählen die Dieselmotoren und ihre Abarten (Brons usw.), zu den letzteren die Glühkopfmotoren und Motoren mit elektrischer Zündung. Die letzteren sind zurzeit noch die am weitesten verbreiteten Maschinen für Motorboote, am besten geeignet für den Betrieb von Privatbooten und ähnlichen Fahrzeugen. Sie stehen den Automobilmotoren am nächsten.

In den folgenden Kapiteln werden daher in der Hauptsache die Motoren mit elektrischer Zündung behandelt. Man nennt sie zur Kennzeichnung gewöhnlich Benzin-, Benzol- und Petroleummotoren, während die Dieselmotoren (und auch die Glühkopfmotoren) mit Rohölmotoren bezeichnet werden.

Der Viertaktmotor.

Das Viertaktsystem wird als eine Erfindung des Ingenieurs Otto, dem Begründer der heutigen Motorenfabrik „Deutz" bezeichnet, und seine Eigenart besteht darin, daß im Zylinder nur eine Einführung und Entflammung der Gase während vierer Kolbentakte erfolgt, das Schwungrad (der Arbeitsaufspeicherer) also zwei volle Umdrehungen ausführen muß, bis der Welle aus demselben Zylinder neue Arbeit zugeführt wird. Dieses erklärt, warum man nicht die gleiche Leistung aus einem Zylinder eines Ölmotors erhält, wie aus dem gleichgroßen eines Dampfmotors, welcher mit hochgespanntem Dampfe arbeitet. In dem Dampfmotor hat man vier Impulse pro Zylinder, in dem Ölmotor nur einen während zweier Umdrehungen. Dieser Nachteil des Ölmotors ist jedoch nur ein scheinbarer, da er durch die vielen Vorzüge dieser Maschine vollständig ausgeglichen wird.

Wird das Schwungrad und damit die Kurbelwelle des Motors in drehende Bewegung versetzt, so daß der Kolben von seiner obersten Stellung im Zylinder nach unten gezogen wird, so bildet sich im Zylinder ein luftverdünnter Raum (Vakuum). In diesen Raum tritt nun, nachdem das durch eine Schraubenfeder geschlossen gehaltene Einlaßventil automatisch oder besser durch die Einwirkung der vom Gang des Motors direkt betätigten Steuerung geöffnet ist, eine gewisse Menge atmosphärischer Luft ein, welche den Vergaser durchstrichen hat und in diesem mit Ölstäubchen (Benzin-, Petroleum- usw. -teilchen) gemischt worden ist. Erster Takt! (Siehe Fig. 46.)

Durch weiteres Drehen der Kurbelwelle erfolgt die Aufwärtsbewegung des Kolbens. Das Einlaßventil schließt sich durch den Druck der Ventilfeder, und das eingesogene Gasgemisch wird durch Zusammendrücken (Komprimieren) verdichtet, bis der Kolben

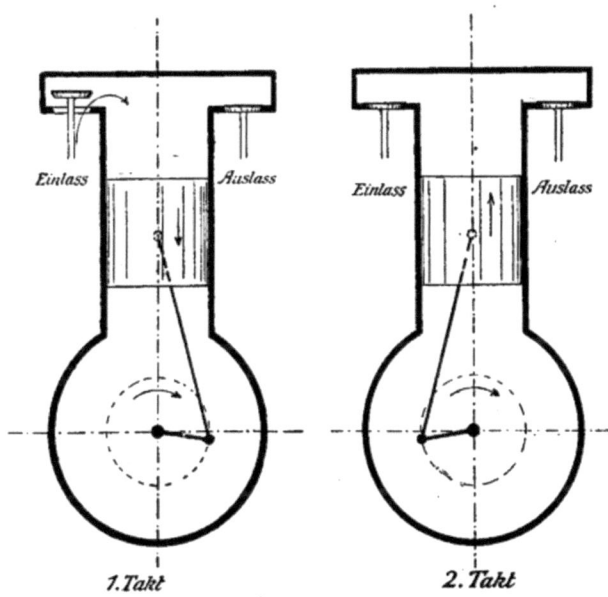

Fig. 46. Ansaugetakt.   Fig. 47. Kompressionstakt.

seine oberste Stellung wieder erreicht hat. Zweiter Takt! (Siehe Fig. 47.)

Jetzt besitzt das Gasgemisch eine gewisse hohe Temperatur und ist so für eine rasche, explosionsartige Entflammung vorbereitet. Durch weitere momentane Zuführung von Wärme, welchen Vorgang man „Zündung"*) nennt und welcher auf verschiedenartige Weise eingeleitet wird, wird das Gasgemisch zum Entflammen gebracht. Der dadurch entstehende innere Druck steigt fast augenblicklich auf das Dreieinhalb- bis Vierfache, und da das Gas vermöge seiner

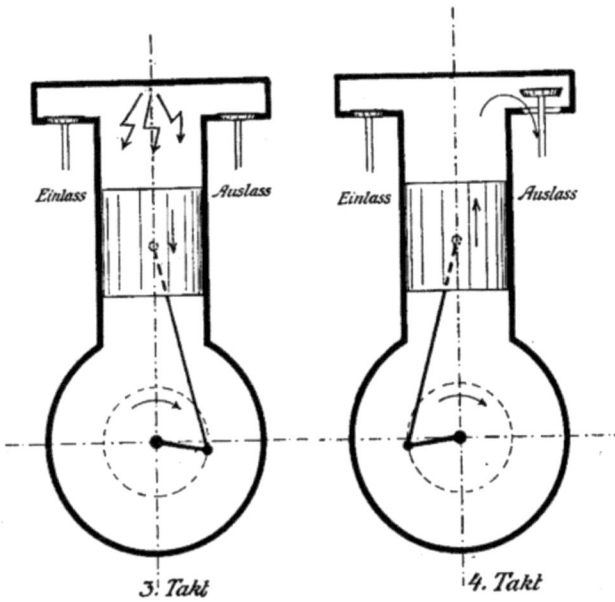

Fig. 48. Explosionstakt.   Fig. 49. Auspufftakt.

hohen inneren Spannung das Bestreben hat, einen größeren Raum einzunehmen, treibt es den Kolben

---

*) Diese Zündung wird meistens bereits vor Beendigung des 2. Taktes eingeleitet, da das Gemisch eine gewisse Zeit zum Entflammen braucht. Der Motor arbeitet dann mit „Früh-" oder „Vorzündung".

kräftig nach unten, leistet also Arbeit. Dritter Takt! (Siehe Fig. 48.)

Kurz bevor der Kolben seine unterste Stellung erreicht hat, wird das durch Federdruck geschlossen gehaltene Auslaßventil durch die Steuerung geöffnet, und während nun der Kolben durch die im Schwungrade aufgespeicherte Energie wieder nach oben bewegt wird, werden hierdurch die verbrannten Gase aus dem Zylinder hinausgeschoben. Sie treten durch das Auspuffrohr in den Schalldämpfer und, nachdem ihnen hier durch Volumenvergrößerung der Rest ihrer inneren Spannung ziemlich vollständig genommen ist, in die atmosphärische Luft hinaus. Vierter Takt! (Siehe Fig. 49.)

Die im Schwungrade noch vorhandene Energie bewegt den Kolben dann wieder nach unten, und die geschilderten Arbeitsperioden: das Ansaugen, die Kompression, das Entflammen (Explosion) und der Auspuff wiederholen sich in der gleichen Reihenfolge so lange, bis der Zufluß des Betriebsmaterials zum Vergaser aufhört oder die Arbeitsvorgänge durch irgend einen anderen äußeren Einfluß gestört werden.

Der Zweitaktmotor.

Der Zweitaktmotor unterscheidet sich von dem Viertaktmotor im wesentlichen durch die doppelt so große Zahl der arbeitleistenden Takte bei der gleichen Umlaufszahl des Schwungrades. So oft der Kolben seine oberste Stellung erreicht hat, erfolgt eine Entzündung des Gasgemisches.

Die Figuren 50 und 51 zeigen einen Zweitaktmotor im Schnitt und in der Ansicht. Der Kasten, in welchem

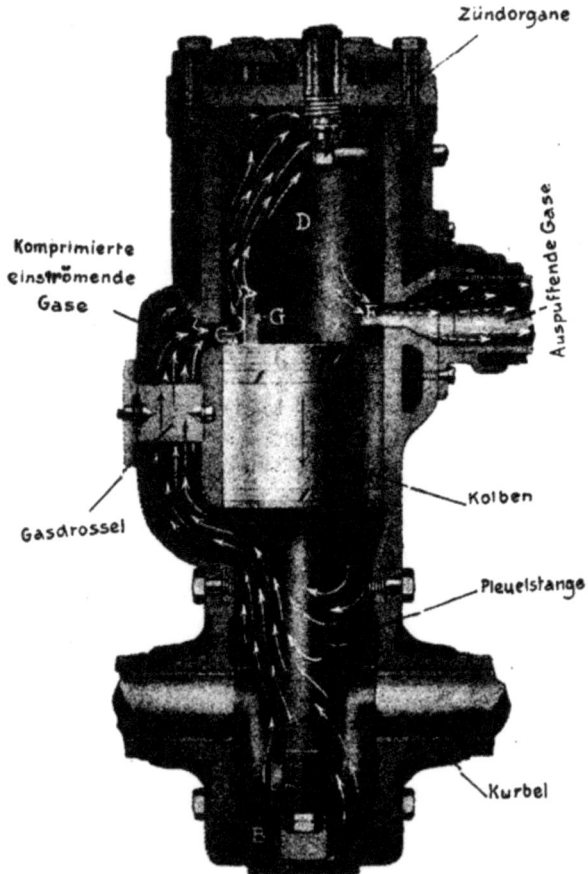

Fig. 50. Zweitaktmotor im Schnitt.

sich die Kurbeln wie beim Viertaktmotor bewegen, ist gasdicht geschlossen und bildet zusammen mit dem unteren Ende des Kolbens einen Raum, in welchen bei Aufwärtsbewegung des Kolbens eine gewisse Menge Gasgemisch von der Art, wie beim Viertakt mitgeteilt, eintritt, welches vorher den Vergaser

Fig. 51.
Einzylinder-Zweitaktmotor in der Ansicht.

passiert hat. Wird der Kolben herunter bewegt, so öffnet er, kurz bevor er seine unterste Stellung erreicht hat, durch seine obere Kante in der Zylinderwand einen Kanal, welcher mit dem Kurbelkasten in Verbindung steht. Das im Kurbelkasten etwas komprimierte Gas strömt in den Zylinder, und während der Kolben wieder nach oben bewegt wird, erfolgt durch seine obere Kante der Abschluß des Kanals, dann über dem Kolben eine weitere Kompression des Gasgemisches und unter demselben, also in dem Kurbelkasten, das Einsaugen eines neuen Gasgemisches. Kurz bevor der Kolben seine oberste Stellung erreicht hat, wird das Gas über dem Kolben gezündet und treibt diesen nach unten, die Welle in dem bisherigen Sinne weiterdrehend. Während der Kolben sich seiner unteren Stellung nähert, öffnet er mit seiner oberen Kante den Auslaßkanal, der dem vorher erwähnten Einlaßkanal diametral gegenüberliegt, und es beginnt das verbrannte Gas vermöge seiner ihm noch innewohnenden Spannung, durch den Schalltopf in die freie Luft zu strömen. Währenddessen ist der Kolben weiter nach unten gegangen und hat mit seiner Kolbenkante den Einlaßkanal geöffnet, durch welchen nun das durch den unter dem Explosionsdruck niedergegangenen Kolben in dem Kurbelkasten etwas komprimierte neue Gasgemisch über den Kolben strömt, hier mittels einer kleinen auf dem Kolben stehenden Wand über die verbrannten auspuffenden Gase gelagert wird und vermöge seiner größeren inneren Spannung die verbrannten Gase aus dem Zylinder in den Auspuffkanal schiebt. Geht der Kolben, getrieben durch die im Schwungrade aufgespeicherte Energie, jetzt wieder hoch, so schließt er die Kanäle und die Arbeitsperioden folgen weiter aufeinander, wie mitgeteilt. Die stärkeren Zweitaktmotoren besitzen besondere Pumpen zum Komprimieren des Gasgemisches und zum Fortschaffen der verbrannten Gase aus dem Zylinder. Bei diesen schon komplizierteren Motoren ist das Gasgemisch weniger mit Ölstaub durchsetzt, als bei den gewöhnlichen Zweitaktmotoren und daher leistungsfähiger.

Viertakt oder Zweitakt?

Sowohl der Viertaktmotor als auch der Zweitaktmotor haben Vor- und Nachteile gegeneinander. Da das einfachere Aussehen der Zweitaktmaschine den Laien sehr besticht, und ihm dieser Motor oft als praktischer und sogar leistungsfähiger erscheint und geschildert wird, so folgen hier kurz einige Vergleiche der beiden Motorensysteme:

a) Bei gleicher Größe des Zylinderdurchmessers seines Hubes (d. h. Länge eines einfachen ganzen Kolbenweges, hinauf oder hinunter) und der minutlichen Umlaufzahl würde der Zweitaktmotor mehr Arbeit als der Viertaktmotor, und zwar das Doppelte entwickeln, wenn das Gasgemisch in beiden Motoren gleichgut ausgenützt werden könnte. Die Gasausnützung ist jedoch im Zweitaktmotor eine schlechtere, und man kann trotz des geringeren Arbeitsverlustes im Motor, also trotz des besseren mechanischen Wirkungsgrades, nicht mit einer zweifachen, sondern nur mit einer 1,75- bis 1,85 fachen, bei großen Motoren mit noch geringerer Arbeitsleistung gegenüber dem gleichgroßen Viertaktmotor mit derselben Umlaufszahl rechnen. Wenn man bedenkt, daß die beim Zweitaktmotor doppelt so große Zahl von Arbeitstakten auch das doppelte Quantum an Gasgemisch verzehren, dafür aber höchstens die 1,85 fache Arbeit des Viertaktmotors mit dem einfachen Quantum an Gasgemisch leisten, so ergibt sich daraus für den Zweitaktmotor eine Arbeitsleistung pro Kilogramm

Betriebsmaterial, welche höchstens nur 0,92 so groß ist als beim Viertaktmotor. Um wenigstens 8% arbeitet der Viertaktmotor also besser! Der Fehler des gewöhnlichen Zweitaktmotors liegt in der schlechteren Kontrolle des Gasgemisches im Zylinder. Der thermische Wirkungsgrad ist schlechter als beim Viertakt. Die doppelt so große Zahl von Arbeitshüben bringt jedoch etwas Gewichts- und Raumersparnis.

b) Die Umlaufszahlen können beim Viertakt in erheblich weiter auseinander liegenden Grenzen variiert werden als bei dem Zweitakt, was wieder seinen Grund in der besseren Beherrschung der Gasmenge im Viertaktmotor hat.

c) Ein gleichförmigeres Drehmoment und eine bessere Ausbalancierung kann bei derselben Zylinderzahl erreicht werden, wenn ein langsam laufender Motor im Zweitakt arbeitet, daher braucht dieser Motor ein kleineres Schwungrad als ein entsprechender Viertaktmotor.

d) Für hohe Umlaufszahlen eignet sich der Viertaktmotor wegen seiner präzise arbeitenden Steuerung erheblich besser als der Zweitaktmotor. Der Viertaktmotor leistet bei hohen Kolbengeschwindigkeiten (im Verhältnis) erheblich mehr als der Zweitaktmotor. Außerdem bereitet die Kühlung der Zweitaktmotoren bei hohen Umlaufszahlen große Schwierigkeiten, da infolge der doppelt so großen Zahl der Explosionen erheblich mehr überschüssige Wärme abzuleiten ist.

Alles zusammengenommen, erscheint der Viertaktmotor wohl als die geeignetere Maschine, besonders wenn es sich darum handelt, hohe Umlaufszahlen zu haben, und auf Haltbarkeit, Wirtschaftlichkeit, Elastizität in der Arbeit und gleichmäßige Tätigkeit Wert gelegt wird. Der Zweitaktmotor ist in der Fabrikation billiger und in kleinen Typen auch etwas leichter. Trotzdem wird er in Deutschland im Bootsbetriebe selten verwendet, da sein größerer Materialverbrauch und seine unregelmäßige Arbeit ihn als Bootsmaschine dann weniger geeignet erscheinen lassen, wenn es sich um größere Leistungen handelt. —

Bei beiden geschilderten Motortypen expandiert das Gas nur auf einer Kolbenseite, diese Motoren sind also einfachwirkende Maschinen.

Vier- und Zweitaktmotoren werden mit ein, zwei, vier und auch sechs Zylindern gebaut. Gewöhnlich nimmt die Zylinderzahl mit der Stärke des Motors zu. Leichte und schnellaufende Motoren erhalten meistens eine größere Zylinderzahl bei der gleichen PS-Zahl als schwere und langsam laufende, und so findet man je nach dem Verwendungsgebiete der Boote:

Einzylindermotoren von 1 bis 25 PS (Pferdestärken),
Zweizylindermotoren von 4 bis 50 PS,
Vierzylindermotoren von 12 bis 100 PS und darüber,
Sechszylindermotoren von 50 PS und darüber.

Die Umlaufszahlen der Bootsmotoren schwanken je nach Stärke und Art der Verwendung im allgemeinen zwischen 400 und 1200 per Minute.

Da bei einer gewissen Stärke des Motors das Gewicht desselben innerhalb gewisser Grenzen ungefähr gleichmäßig mit der Umlaufszahl veränderlich ist, und zwar mit steigender Umlaufszahl abnimmt, so ist für leichte und schnelle Boote (nicht nur für reine Rennboote) aus diesem und manchem anderen Grunde auch ein schnellaufender Motor die passende Maschine. Daher findet man bei den meisten Motoren für normale Boote, Passagier-, Luxus-, Post-, Marineboote usw. Umlaufszahlen zwischen 600 und 1000, seltener bis 1200 per Minute. Auf langsamen, schweren Booten (Lastbooten, Schlepper, Fähren, Fischereifahrzeugen usw.) sind dagegen Motoren mit 350 bis 400 Umläufen pro Minute am Platze.

Einzelheiten des Motors.
Motorteile.

Siehe die Fig. 52. — Der **Kurbelkasten**, meistens aus Gußeisen und bei sehr leichten Motoren auch aus Aluminiumguß gefertigt, dient zugleich als **Fundament** des Motors, und enthält die **Kurbelwelle**, welche aus sehr festem und zähem Stahl geschmiedet ist und sich in besonders langen Lagern dreht, deren Schalen aus Phosphorbronze (mit Weißmetall ausgegossen) hergestellt sind.

Die Kurbelwelle trägt an einem äußeren Ende das **Schwungrad**, welches vielfach als Kuppelung ausgebildet ist. Den Kurbelkasten findet man bei einigen Motoren in der Mitte der Wellenachse getrennt (siehe Fig. 53), bei anderen wieder aus einem Stücke. Im letzteren Falle sind dann die Lager für die Kurbelwelle in Scheiben befestigt, welche mit dem Kurbelkasten verbolzt werden. Diese Konstruktion hat ihre Vorteile, sie verbilligt die Fabrikation. Es ist zwar nicht absolut notwendig, jedoch zweckmäßig, wenn in den

Erklärung der Zahlen in Fig. 52:

1. Kurbelkasten,
2. Trägerarm des Kurbelkastens,
3. Kurbelwelle, — 4 Kurbelwellenlager,
5. Kurbelzapfen, — 6 Kurbelzapfenlager,
7. Kurbelgegengewicht,
8. Schwungrad,
9. Zylinder, — 10 Zylinder im Schnitt,
11. Kolben, — 12 Kolben im Schnitt,
13. Kolbenbolzen, — 14 Kolbenkranz im Schnitt,
15. Pleuelstange (Kolbenstange),
16. Pleuelkopf im Schnitt,
17. Pleuelkopflager,
18. Kolbenkopfstangenlager,
19. Saugkasten,
20. Steuerventilkasten,
21. Ventilkörper, — 22 Ventileder,
23. Ventilfeder im Schnitt,
24. Federteller im Schnitt,
25. Ventilkastendeckel,
26. Ventilkastendeckel im Schnitt,
27. Steuernocken, — 28 Steuerwelle,
28. Antriebsrad der Steuerwelle,
29. Einlasventilseite des Zylinders,
30. Auslasventilseite des Zylinders,
31. Saugrohrleitung,
32. Vergaser,
33. Auspuffleitung,
34. Wasserzuleitung des Auspuffrohrs,
35. Magnetapparat,
36. Antriebsrad des Magnetapparates,
37. Anlasskurbel,
38. Zündkerze,
39. Kühlwasserpumpe,
40. Antriebsrad der Pumpe,
41. Saugleitung der Pumpe,
42. Druckleitung der Pumpe,
43. Kühlwassereintritt in den Zylinder,
44. Kühlwasserkasten,
45. Kühlwasseraustritt aus dem Zylinder,
46. Kühlwasseraustritt vom Zylinder zum Auspuffrohr,
47. Kühlwasseraustritt aus dem Auspuffrohr,
48. Zentrifugalregulator.

Seitenwänden des Kurbelkastens verschließbare Öffnungen vorhanden sind, durch welche man sich ohne große Demontage vom Zustande der Lager überzeugen und die Pleuelstangen von den Kurbeln losmachen kann. Bei größeren Motoren werden die Kurbelkästen so ausgebildet, daß die Kolben mit den Pleuelstangen durch die Öffnungen entfernt werden können.

Auf dem Kurbelkasten sind die gußeisernen **Zylinder** mit starken Bolzen befestigt. Man findet bei mehrzylindrigen Motoren die Zylinder teils einzeln, teils in Paaren zusammengegossen, was insofern praktisch ist, als Material, also auch Gewicht, ohne große Nachteile gespart werden kann.

In den Zylindern arbeiten, wie bereits beschrieben, die **Kolben**, durch die **Pleuelstangen** (auch Kolbenstangen genannt) mit den Kurbeln verbunden. Die Pleuelstangen werden durchweg aus vorzüglichem Material hergestellt und besitzen Kurbelzapfenlager von großer Länge.

Die Kolben werden nach dem Trunkprinzip gebaut, d. h. der obere Drehpunkt der Pleuelstange liegt im Kolben und diese führen sich im Zylinder selbst. Sie sind daher ziemlich lang gebaut und besitzen am oberen Ende drei bis vier, oftmals auch am unteren Ende ein bis zwei Kolbenringe, welche im Kolben selbst einige Bewegungsfreiheit haben und zur Abdichtung des Kolbens gegen die Zylinderwandung dienen.

Der obere Teil des Zylinders wird Verbrennungsraum genannt und steht bei den Viertaktmotoren in direkter Verbindung mit den Ventilkästen, welche die **Ein- und Auslaßventile** enthalten. Die Steuerung der Gase durch Ventile ist die übliche. Neuerdings macht man jedoch auch wieder Versuche mit Schiebern. Die Zweitaktmotoren werden meistens ganz ventillos ausgeführt. Die Lage der Ventile zum Verbrennungsraum wird verschieden gewählt. Man

Fig. 53.
Vierzylinder-Motor mit nebeneinanderliegenden Steuerventilen.

findet beide Ventile auf einer Seite des Zylinders nebeneinander (Fig. 53) und auch übereinander angeordnet, oder ein Ventil auf einer Seite und das zweite auf der Mitte des Zylinderkopfes, ferner beide Ventile in dem Zylinderkopfe (Fig. 54), und endlich je ein Ventil auf jeder Zylinderseite (Fig. 53 und 55). Diese letztere Anordnung findet man bei Schiffs-

Fig. 54. Moderner Schiffsmotor mit im Zylinderkopf liegenden Steuerventilen.

motoren sehr häufig, denn sie bietet der Fabrikation und der Wirkungsweise des Motors schätzenswerte Vorteile; ferner erleichtert sie Montage und Wartung des Motors. In neuerer Zeit wird die Anordnung der Ventile im Zylinderkopf von einzelnen Fabriken bevorzugt, um hohe Leistungen zu erzielen. Die Ventile sollen stets so angeordnet sein, daß man sie ohne große

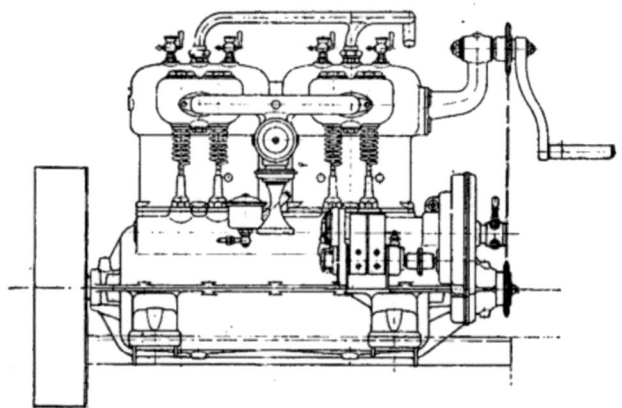

Fig. 55. Bootsmotor mit seitlich liegenden Steuerventilen.

Schwierigkeit herausnehmen und einschleifen kann. Zu diesem Zwecke werden die Deckel der Ventilkästen leicht entfernbar angeordnet.

Petroleummotoren, welche sehr viel in Tätigkeit sind, und bei denen es auf große Leichtigkeit nicht ankommt, erhalten Zylinder mit leicht losnehmbarem Deckel, damit man die Kolben und die Verbrennungsräume bequem und ohne großen Zeitaufwand von dem bei Petroleumbetrieb verhältnismäßig starken Ruße befreien kann.

Der eigentliche Arbeitszylinder ist von einem zweiten Zylinder, dem Kühlmantel, umgeben, welcher entweder an dem Arbeitszylinder angegossen ist oder aus einem mit diesem dicht verbundenen Blechmantel besteht. Zwischen Zylinder und Kühlmantel und um die Ventilsitze herum zirkuliert kaltes Wasser, das mittels einer vom Motor angetriebenen Pumpe durch die Kühlräume bewegt wird. (Näheres siehe unter „Kühlung".) Als sehr vorteilhaft ist eine gute Zugänglichkeit der Kühlräume zu bezeichnen, da das zum Kühlen benutzte Fluß- oder Seewasser mancherlei Unreinlichkeiten, Seesalz usw. in den unvermeidlichen Ecken der Räume absetzt und sich die Zylinderwände dann mit einer kesselsteinartigen Schicht bedecken, welche die Wirkung des Kühlwassers beeinträchtigt. Aus diesem Grunde erhalten die Zylinderkühlmäntel am besten wasserdichte Deckel auf den Zylinderköpfen oder in den Seitenwänden.

Alle Ventile sind pilzartig gestaltet und müssen, Teller und Stange aus einem Stück, aus vorzüglichem Stahl hergestellt werden, da sie sehr hohen Temperaturen ausgesetzt und fortgesetzt mit ziemlicher Kraft auf ihren Sitz geschlagen werden. Die Ventile öffnen sich nach dem Verbrennungsraum hin, nach innen, wie man sagt, und werden durch außenliegende starke Federn auf ihren Ventilsitz gepreßt, auf den sie aufgeschliffen sind, damit sie gasdicht halten. Die Ein- und Auslaßventile erhalten meistens den gleichen Durchmesser des Tellers, die sonstigen Teile der Auslaßventile werden jedoch stärker gemacht. Denn diese letzteren Ventile sind gegen den Gasdruck im Zylinder zu öffnen, werden also durch die Steuerorgane stärker beansprucht. Die Einlaßventile öffnen sich, wenn verlangt, von selbst, da während des Ansaugetaktes im Zylinder ein luftverdünnter Raum, also ein Unterdruck, entsteht. Man findet sie jedoch bei allen neueren Motoren nicht automatisch, sondern durch die Steuerung beeinflußt und zwangläufig arbeitend.

Je nach der Lage der Ventile findet man je eine Steuerwelle für Ein- und Auslaßventile oder nur eine Steuerwelle für alle Ventile zusammen. Die Steuerwellen liegen meistens in einem gesonderten Teile des Kurbelkastens, bei einigen Konstruktionen auch auf oder neben den Zylinderköpfen, offen oder in geschlossenen Kästen.

Die Ventile werden durch unrunde Scheiben, Nocken genannt, gehoben, welche auf den Steuerwellen sitzen und mittels Zahnrädern so angetrieben werden, daß sie genau die halbe Umlaufszahl der Kurbelwelle besitzen, was durch den Viertakt des Motors bedingt ist. Der Nocken hebt meistens das Ventil nicht direkt, sondern wirkt auf den Stößel, der in einer zylindrischen Führung sitzt und am untern Ende eine Rolle hat, welche die Reibung des Nockens vermindern soll. Bei anderen Konstruktionen findet man eine indirekte Bewegung des Stößels durch einen kleinen Hebel (Hammer), der vom Nocken gehoben wird. Alle Steuerungsteile werden aus bestem harten Stahl gefertigt und an den Stellen, welche erfahrungsgemäß einer großen Abnutzung unterliegen, besonders gehärtet.

Die zum Antriebe der Steuerwellen dienenden Zahnräder liegen vielfach außerhalb des Kurbelkastens, manchmal auch in demselben oder extra eingeschlossen. Bei offenliegenden Rädern erhalten einige der sonst ganz aus Bronze oder Stahl gefertigten Räder Zahnkränze aus roter Fiber, wodurch das Geräusch bei ihrer Tätigkeit vermindert wird.

Vergaser.

Die meisten der zum Schiffsbetriebe verwendeten Ölmotoren sind Gasmaschinen, welche sich das zu ihrem Betriebe notwendige Gasgemisch aus dem flüssigen Betriebsstoff und der atmosphärischen Luft selbst bereiten. Der Betriebsstoff wird dem Motor in flüssigem Zustande zugeführt und ist von ihm schnell und ökonomisch mit der atmosphärischen Luft zu einem Gasgemisch zu verwandeln, wie es der Motor zu einem wirtschaftlichen Betriebe brauchen kann. Diese vorbereitende Arbeit hat der Vergaser (Karburator) zu leisten, und daher gehört er zu den wichtigsten Teilen eines Ölmotors.

Um das Gas brennbar zu machen, muß der vom Vergaser zerstäubte Betriebsstoff mit atmosphärischer Luft vermischt werden. Das Verhältnis von Raumteilen Luft und Betriebsstoff ist für die verschiedenen Betriebsstoffe sehr verschieden. Das ökonomische Mischungsverhältnis muß durch den Vergaser bei allen Umlaufszahlen möglichst konstant erhalten werden, damit der Motor stets gleichmäßig arbeitet. Der Vergaser hat also 1. flüssigen Betriebsstoff zu zerstäuben und möglichst zu vergasen, 2. eine Mischung aus zerstäubtem Betriebsstoff und atmosphärischer Luft herzustellen, 3. dafür zu sorgen, daß die Qualität dieser Mischung unabhängig von der Geschwindigkeit des Motors und der Temperatur der atmosphärischen Außenluft bleibt.

Das Vergasen einer Flüssigkeit erfolgt, wenn ihre Oberfläche mit atmosphärischer Luft von bestimmter Temperatur in Berührung tritt. Daher besteht die Tätigkeit des Vergasers teilweise in dem Zusammenbringen großer Oberflächen des Betriebsstoffes mit der Luft unter Temperaturverhältnissen, welche die Gasbildung vorteilhaft ermöglichen.

Es existieren unzählige Ausführungsformen von Vergasern, während man eigentlich nur zwei verschiedene Typen, nämlich den Oberflächen- und den Spritzvergaser, unterscheiden kann.

Der Oberflächenvergaser stellt die ältere und verhältnismäßig einfache Form dar und wird seltener verwendet. Prinzipiell wird bei ihm erwärmte atmosphärische Luft durch einen Betriebsstoff oder über dessen Oberfläche gesogen und dann dem Motor zugeführt. Naturgemäß vermischten sich zuerst die leichtflüchtigen Teile des Betriebsstoffes mit der Luft und die schwereren bleiben länger im Vergaser zurück. Dadurch wird das Gemisch und damit der Gang des Motors allmählich ungleichmäßig.

Am allermeisten findet der Spritzvergaser Verwendung, in welchem Betriebsstoff in feinen Strahlen in vorbeiströmende Luft spritzt. Durch diese Methode kann der Betriebsstoff fast vollständig vergast und ein Gas von gleichbleibender Qualität geschaffen werden.

Das Verspritzen der Flüssigkeit erfolgt durch den Sog des Kolbens in dem Arbeitszylinder des Motors während des Saugtaktes. Beim Niedergehen des Kolbens wird, wie vorher beschrieben, im Zylinder und in der Rohrleitung vom Vergaser zum Zylinder eine Luftverdünnung geschaffen, und als Folge davon strömt frische Luft von außen durch das Luftrohr, und ein Strahl von Betriebsstoff durch die Düse des Vergasers zusammen, wirbelt durcheinander und tritt durch das Einlaßventil in den Zylinder.

Die Einrichtung eines Vergasers sei an einer bewährten und für die meisten Vergaser als Grundlage dienenden Konstruktion, an der von „Longuemare" erklärt (siehe Fig. 56 und 57).

Der Betriebsstoff tritt durch ein Rohr, dessen Öffnung mittels eines spitzen Stiftes geschlossen werden kann, in einen Zylinder und füllt diesen bis zu einer bestimmten Höhe. In dem Zylinder befindet sich ein Schwimmer aus dünnem Blech, dessen Gewicht entsprechend dem spezifischen Gewicht des Betriebsstoffes gewählt ist. Der in den Zylinder bei A eintretende Betriebsstoff hebt, wenn die Flüssigkeit eine gewisse Höhe erreicht hat, den Schwimmer B, welcher die Hebel C auslöst, so daß der Stift nach unten fallen und die Einlaßöffnung verschließen kann. Verringert sich die Flüssigkeitshöhe, so sinkt natürlich der Schwimmer wieder, drückt die Hebel herunter und macht somit die Einlaßöffnung wieder frei. Durch dieses Spiel des Schwimmers wird eine annähernd konstante Flüssigkeitshöhe erreicht. Durch ein feines Rohr D fließt der Betriebsstoff zu der Düse E und steigt bis zu deren oberen Öffnungen. An Stelle der hier abgebildeten Ringdüse besitzen die modernen Vergaser eine Spitzdüse mit nur einer Öffnung von ca. $3/4$ bis 1 mm Durchmesser. Saugt der Kolben eines Arbeitszylinders Gemisch an, so wird auch im Vergaser ein Unterdruck erzeugt, es spritzen feine Strahlen Betriebsstoff in die durch die Öffnung F einströmende angewärmte atmosphärische Luft, verflüchtigen sich im Raume L und strömen durch die Öffnung K zum Motor.

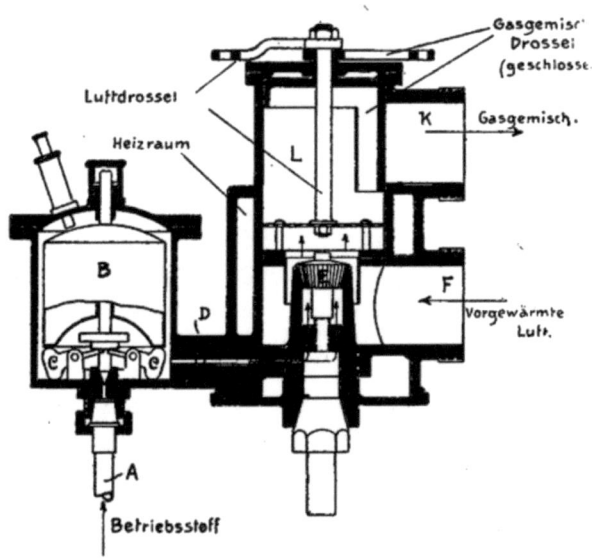

Fig. 56. Vergaser (System Longuemare) im Schnitt.

Es wird also nur dann Gas bereitet, wenn der Motor solches braucht. Doch kann es vorkommen, daß zuviel Betriebsstoff angesaugt resp. das Gasgemisch zu reich wird, d. h. zuviel Betriebsstoff im Verhältnis zum Luftquantum enthält.

Da sich die Größe der Spritzlöcher in der Düse sehr schwer verändern läßt, variiert man die durch das Saugen des Arbeitskolbens erzeugte Luftvordünnung, um die Kraft für das Ansaugen des Betriebsstoffes und damit dessen eingesogenes Quantum zu vermindern. Zu diesem Zwecke läßt man durch ein zweites Luftrohr, welches mittels eines Hahnes, eines

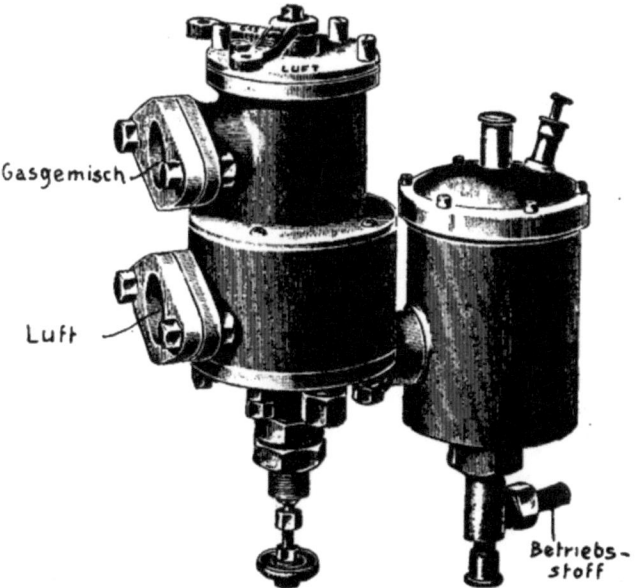

Fig. 57. Vergaser (System Longuemare) in der Ansicht.

Ventils oder eines Kolbenschiebers verschlossen gehalten wird, extra atmosphärische Luft in die Saugleitung einströmen, wodurch der Unterdruck in der Saugleitung geringer und damit das Gasgemisch ärmer an Betriebsstoff wird. Auf diese Weise kann man somit die Qualität des Gemisches sehr gut regeln. Man findet aus diesem Grunde bei vielen Motoren den Regulator außer mit der Drosselung mit der Zusatzluftregulierung verbunden. Läuft der Motor aus irgend einem Grunde schneller als er soll, so schließt der vom Motor direkt angetriebene Regulator selbsttätig die Drosselvorrichtung und die Zusatzluftöffnungen mehr oder weniger, und die Umlaufszahl des Motors geht zurück. Sodann öffnet der Regulator aber wieder Drosselung und Zusatzluft bis zu einem gewissen Grade, und der Motor erhält wieder seine normale Umlaufszahl.

Da es nicht vorteilhaft erscheint, die Art des aus Betriebsstoff und Luft bestehenden Gasgemisches, d. h. das Mischungsverhältnis desselben zu ändern, so sucht man das Quantum der vom Motor angesaugten Gasmenge durch teilweises Absperren des Rohres zwischen Vergaser und Motor zu verändern, indem man dieses Rohr mit einer Drosselung ausstattet. Diese Drosselung steht dann, wie oben bereits erwähnt, unter dem Einflusse des Regulators, kann aber auch von Hand eingestellt werden. Damit nun das Gasgemisch bei höheren Umlaufszahlen nicht zu reich wird, ist oft ein Zusatzluftventil vorgesehen, welches sich bei hohen Geschwindigkeiten automatisch öffnet und so das Verhältnis zwischen Luft und Betriebsstoff für alle Motorgeschwindigkeiten annähernd konstant erhält. Neuere Vergaser besitzen meistens nur ein sich automatisch einstellendes Zusatzluftventil, dessen Öffnungen für die verschiedenen Umlaufszahlen einreguliert sind.

Da die Kolbengeschwindigkeiten der Motoren und ihre Tourenzahlen in den letzten Jahren größer geworden sind, mußten die Vergaserkonstruktionen entsprechend abgeändert werden. Wenn man mit Vergasern älterer Konstruktionen auf hohe Tourenzahlen geht, findet infolge unruhiger Vergaserarbeit ein Nachspritzen des Betriebsstoffes statt, welches ein zu reiches Gemisch zur Folge hat. Um diesen Übelstand zu beseitigen, hat man mit Erfolg Vergaser mit zwei Düsen versucht, soweit die Zusatzluft nicht ausreichte.

Die in den letzten Jahren ständig zunehmende Verteuerung des Benzins ist der Anlaß zu einer Steigerung der Verwendung anderer Betriebsstoffe, wie Schwerbenzin, Benzol usw. gewesen. Diesen Stoffen sind natürlich die Vergaser angepaßt worden und die jetzt angebotenen Vergaser eignen sich daher fast alle mehr oder weniger für alle marktgängigen Betriebsstoffe.

Aus der großen Zahl der neuen Vergaserkonstruktionen, welche bei Bootsmotoren Verwendung finden, sind die nachfolgenden zwei kurz beschrieben.

Ein charakteristischer Vertreter der Vergaser mit automatischer Zusatzluftregelung ist der G. A. Vergaser (Cudell).

Die Frischluft tritt bei E (Fig. 58) in ein sich nach oben zu stark verengendes Rohr und streicht an der engsten Stelle an der Betriebsstoffdüse G vorbei nach oben, passiert die Drossel D und tritt dann in die Motorzylinder. Ist der Unterdruck im Zylinder nun sehr groß, so daß der den Vergaser durchstreichende Luftstrom eine hohe Geschwindigkeit erreicht, dann würde zu viel Betriebsstoff der Düse G entrissen und das Gemisch zu reich, wenn in diesem Falle nicht Zusatzluft zum Gemisch gelangen könnte. Das geschieht beim G. A. Vergaser, indem sich im Gehäuse B kleine Kugelventile automatisch öffnen und Frischluft eintreten lassen. *F* ist der Schwimmer, *C* das Zuleitungsrohr des Betriebsstoffes. Die Drosselkammer wird durch abfließendes Kühlwasser usw. erwärmt.

Von anderer Art ist der Zenith-Vergaser, welcher zwei Düsen *I* und *H* (Fig. 59) besitzt, die beide mit einem Schwimmer in Verbindung stehen.

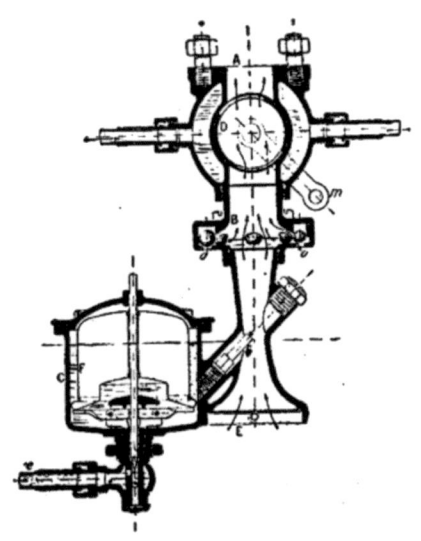

Fig. 58. G. A. Vergaser (Cudell).

Bei normalem Betriebe findet die Gemischbildung mit Hilfe der Spritzdüse *H* statt und der mit der Außenluft in Verbindung stehende Kanal *J* ist leer. Die Frischluft tritt bei *E* in den Vergaser, passiert die Drosselklappe *P* und geht dann als Gemisch weiter nach den Motorzylindern.

Wird der Motor mit Hilfe der Drossel auf geringe

Tourenzahl gebracht, dann füllt sich der Kanal *J* allmählich mit Betriebsstoff bis zum Röhrchen *O* und wird dann durch die Öffnung *U* bei der Drossel-

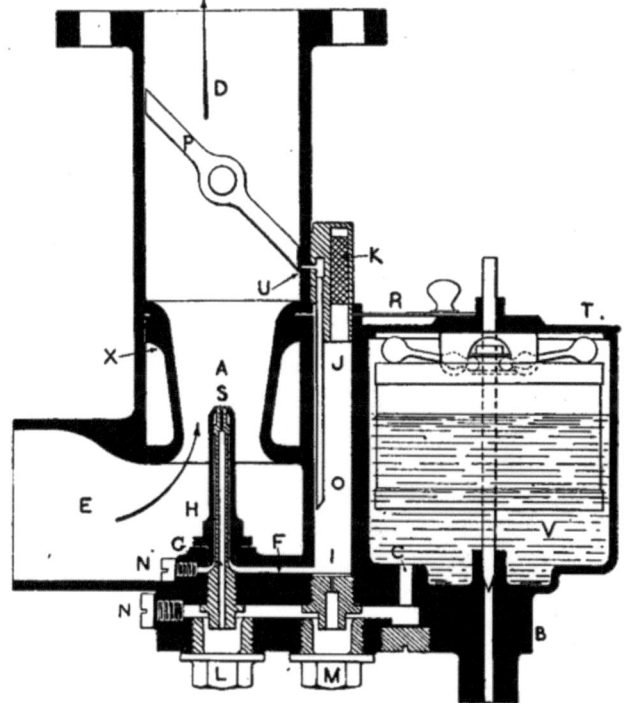

Fig. 59. Zenith-Vergaser.

klappe angesaugt und zerstäubt, wobei sich ein für den langsamen Gang des Motors passendes Gemisch bildet.

Wird der Motor angehalten, so füllt sich der Kanal *J* mit Betriebsstoff bis zur Höhe im Schwimmergehäuse und der Motor springt bei einer Umdrehung der Kurbel wieder an.

Um das Vergasen des Betriebsstoffes zu erleichtern, wird dem Vergaser gewöhnlich Luft zugeführt, welche am Auspuffrohr des Motors vorbeigestrichen und auf diese Weise erwärmt ist. Manche Vergaser sind außerdem mit einer Heizung des Schwimmgefäßes durch Auspuffgase ausgestattet.

Von den für den Motorbetrieb verwendeten Betriebsstoffen vergasen unter gewöhnlichen Temperaturverhältnissen nur das Benzin, während Petroleum erst auf eine gewisse höhere Temperatur gebracht werden muß, damit es in den gasförmigen Zustand übergeht und zündfähig wird. Zu diesem Zwecke wird entweder der Vergaser und ein Teil des Arbeitszylinders durch eine Lampe stark erwärmt oder der Motor wird erst eine Zeitlang mit Benzin getrieben, bis er im Innern heiß geworden ist.

Das Mitführen von zweierlei Betriebsstoff ist jedoch sehr unbequem, daher das Anwärmen durch eine Stichflamme unter Benutzung des Betriebsstoffes das einfachere Mittel, solange ein alle Betriebsstoffe ohne Vorwärmung einwandfrei verarbeitender Vergaser noch nicht zu haben ist. Die in den Spritzvergasern vorhandenen Schwimmer dienen dazu, das Niveau des im Schwimmergehäuse befindlichen Betriebsstoffes zu regulieren, und ihr Gewicht und ihr Auftrieb sind aus diesem Grunde dem spezifischen Gewichte des Betriebsstoffes entsprechend gewählt. Es müssen daher bei der Verwendung verschiedener Betriebsstoffe mehrere Vergaser oder auch nur Schwimmergehäuse vorhanden sein.

Der Vergaser liegt aus praktischen Gründen bei Schiffsmotoren im allgemeinen höher als bei Wagenmotoren. —

Die Gemischbildung in den Diesel- und Glühkopfmotoren erfolgt nach ähnlichen Prinzipien, jedoch auf andere Weise, wie sie im Kapitel V (Verschiedenes) beschrieben ist.

Zündvorrichtungen.

Das in den Motorzylinder eingesogene und dann verdichtete (komprimierte) Gas wird durch Zuführung vom Wärme zum Entflammen und damit zur plötzlichen arbeitleistenden Ausdehnung gebracht. Das Gas wird gezündet.

Die Zündung des Gasgemisches erfolgt bei Bootsmotoren heute fast allgemein durch einen heißen elektrischen Funken, während man bei älteren Motoren noch die Glührohrzündung in der Anwendung findet. Die letztere besteht aus einem aus dem Verbrennungsraum herausreichenden, außen geschlossenen Platinröhrchen, welches durch eine Flamme stark erhitzt wird und die Wärme dann auf das komprimierte Gasgemisch überträgt. Zu den Nachteilen dieser Zündung gehört die dauernd vorhandene offene Flamme und die Unmöglichkeit, den Zündpunkt zu regulieren.

Da beim Ölmotor die Zündung am meisten Betriebsstörungen verursacht und durch ganz kleine, oft schwer entdeckbare Ursachen außer Tätigkeit gesetzt werden kann, so sind der Beschreibung der Zündvorrichtungen in diesem Kapitel einige kurze Erklärungen über das Wesen der Elektrizität beigefügt.

— 132 —

Die bekanntesten Quellen elektrischer Energie sind die Dynamo und die elektrischen Elemente, in welchen Elektrizität durch chemische Vorgänge erzeugt wird. Damit ein elektrischer Strom fließen kann, muß eine ununterbrochene Reihe von Leitern der Elektrizität, z. B. Kupferdraht, von einem Pol der Elektrizitätsquelle zum andern und durch diese selbst führen. Der Strom fließt dann ununterbrochen und gleichmäßig von einem Pole a, der Quelle der elektrischen Energie, durch die Drahtleitung a, b, c (Fig. 60) zum andern Pole c zurück. Sowohl die Elektrizitätsquelle, als auch die äußere Leitung zwischen den Polen, setzen dem Strome einen gewissen Widerstand entgegen.

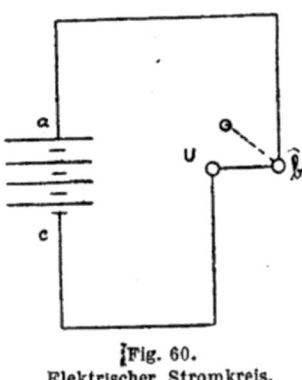

Fig. 60.
Elektrischer Stromkreis.

Eine Vergrößerung des Widerstandes würde die Stärke des Stromes vermindern und deshalb die Vergrößerung der Spannung in der Energiequelle nötig machen, damit der Strom nicht geschwächt wird. Derartige Widerstände in einem elektrischen Kreislauf können entstehen durch eine Querschnittsverminderung des Drahtes oder durch Einschalten eines Materials, welches das Durchfließen des Stromes erschwert. Eine Vergrößerung des Widerstandes in der Leitung hat das Entstehen von Wärme an jenem Punkte zur Folge, an dem sich der Widerstand befindet. Die atmosphärische Luft setzt bekanntlich der Fortpflanzung des elektrischen Stromes erheblichen Widerstand entgegen. Unterbricht man eine elektrische Leitung bei U (Fig. 60), so ist gewissermaßen die Luft als Widerstand zwischen die beiden Enden der Leitung geschaltet. Der Strom erzeugt an dieser Widerstandsstelle eine so hohe Wärme, wie sie dem großen Widerstande der Luft entspricht, und ein überspringender Funken ist die Folgeerscheinung.

Wenn ein Teil des Leitungsdrahtes um einen eisernen Kern gewickelt ist, wird durch die sogenannte Selbstinduktion der Funken beim Öffnen des Stromkreises verstärkt.

Soll ein solcher Funken zur Zündung eines Gemisches von Gas und Luft in einem Motor verwendet werden, so ist ein Strom von einer gewissen Stärke und Spannung notwendig. Die Spannung wird bekanntlich in Volt und die Stärke in Ampère ausgedrückt und mittels geeigneter Apparate: Voltmeter und Ampèremeter gemessen.

Als Stromquelle für die elektrische Zündung des Ölmotors dient der vom Motor angetriebene Magnetapparat, welcher den notwendigen Strom selbst erzeugt, oder auch der Akkumulator, der an einer anderen Stromquelle aufgeladen ist und allmählich seine elektrische Energie wieder abgibt.

Der Magnetapparat (siehe Fig. 66 und 67) besteht aus einem drehbar gelagerten Eisenkern, Anker genannt, der mit isoliertem Kupferdraht umwickelt ist und aus einem Satz von gewöhnlichen hufeisenförmigen Magneten, zwischen deren Polen der Anker in Umdrehungen versetzt wird. Durch diese Umdrehungen werden magnet-elektrische Ströme erzeugt, welche durch die Windungen des Ankers fließen, und zwar ergibt jede Umdrehung zwei Ströme in entgegengesetzter Richtung. Der Kommutator kehrt die beiden letzteren Ströme um, so daß man eine schnelle Folge von Strömen in einer Richtung hat, die zur Zündung verwendet werden können. Mit zunehmender Umlaufszahl des Ankers steigt die Spannung und damit die Stromstärke. Der Magnetapparat wird für die normale Geschwindigkeit des Motors eingestellt und gibt dann nur so viel Strom als notwendig. Bei geringeren Umdrehungszahlen, wie z. B. beim Andrehen des Motors, gibt uns dieser Apparat jedoch zu wenig Strom. Man muß aus genanntem Grunde den Motor ziemlich schnell andrehen, was bei etwas stärkeren Motoren erhebliche Schwierigkeiten verursacht. Daher gibt man größeren Anlagen außer dem Magnetapparat eine Batterie (wie mehrere Akkumulatorzellen zusammengeschlossen genannt werden), deren konstanter Strom für die Zündungen des Gasgemisches beim Andrehen verwendet wird. Sobald der Motor läuft, wird die Batterie ausgeschaltet.

Mit der Zeit erschöpfen sich die Hufeisenmagnete und müssen dann wieder aufgefrischt werden. Erschütterungen und große Wärme sind den Magneten schädlich, und da diese beiden unangenehmen Eigenschaften des Motors nicht voll beseitigt werden können, wird der Magnetapparat so aufgestellt und geschützt, daß die genannten Einwirkungen auf ein Minimum reduziert sind.

Der Akkumulator (sekundäre galvanische Batterie) ist ein Apparat, in welchem ein hindurchgeleiteter Strom chemische Veränderungen hervorruft und auf diese Weise im Apparate aufgespeichert wird. Aus dem geladenen Akkumulator läßt sich der Strom in gewünschter Weise wieder ableiten. Hierbei entladet sich der Akkumulator, kehrt in seinen ursprünglichen chemischen Zustand zurück und kann von neuem geladen werden.

Mehrere Akkumulatoren zusammen nennt man eine Batterie (daher Batteriezündung). Die elektrische Spannung in derselben beträgt für eine Doppelzelle anfangs ungefähr 4,2 Volt. Sie fällt dann während des Gebrauchs auf ca. 4 Volt und kurz vor der gänzlichen Erschöpfung auf 3,6 Volt.

Eine Erschöpfung der Batterie soll stets vermieden werden. Die Elektrizitätsmenge in der Batterie wird nach Amperestunden gemessen. Man sagt, die Batterie enthält Strom für z. B. 30 Ampèrestunden und meint damit, daß sie einen Strom von einem Ampère für die Dauer von 30 Stunden, von zwei Ampère für die Dauer von 15 Stunden abgibt usw. Damit ist jedoch nicht gesagt, daß der Motor nur 30 resp. 15 Stunden mit einer Batterieaufladung laufen kann. Da der Motor nur während eines geringen Teiles einer Umdrehung Strom verlangt, so hält die Batterie viel länger aus. Die Zeit hängt von der Zylinderzahl des Motors und dem Stromverbrauche ab.

Bei der elektrischen Zündung wird der Strom auf zwei verschiedene Weisen zur Verwendung gebracht. Man unterscheidet Abreißzündung und Kerzenzündung und — je nach der Stromquelle — Magnet- und Batteriezündung.

Abreißzündung. Wie oben erklärt, muß, wenn ein elektrischer Strom fließen soll, eine geschlossene

Leitung vorhanden sein. Wird diese Leitung an einer Stelle schnell unterbrochen, so entsteht an dieser Stelle ein Funken. Der Strom wird im Magnetapparat erzeugt oder der Batterie entnommen und zu der isolierten Elektrode aus Stahl oder Nickel geführt, welche durch die Wandung des Motorzylinders in den Verbrennungsraum hineinragt. Neben dieser isolierten Elektrode ist eine zweite daneben durch die Zylinderwand, jedoch nicht isoliert, geführt. Diese zweite Elektrode ist drehbar und berührt im Zylinder mit einem kleinen Arme die isolierte Elektrode, durch welche der Strom in die Zylinderwand und die anderen leitenden Teile des Motors geht und von hier durch einen Draht (Masseanschluß!) der Stromquelle wieder zufließt. Mit der beweglichen Elektrode wird der elektrische Strom durch Entfernen des Armes U von der isolierten festen Elektrode unterbrochen und durch Auflegen wieder geschlossen. Dieses Entfernen (Abreißen) wird vom Motor automatisch, mittels eines Gestänges (Abreißer) ausgeführt, das gewöhnlich von der Steuerwelle aus betätigt wird. Eine durch die Abreißbewegung gespannte Feder dreht den Arm der Elektrode wieder in seine Ruhestellung zurück. (Siehe Fig. 61.)

Neuerdings sind vereinzelt elektrische Abreißvorrichtungen zur Anwendung gebracht worden, in denen der Unterbrecher mit Hilfe des elektrischen Stromes bewegt wird.

In Fig. 62 ist die Anordnung einer Abreißzündung, System Bosch (Anker und Magnete feststehend, dazwischen schwingende Hülse aus Eisen), schematisch dargestellt.

Kerzenzündung. Der Hauptunterschied zwischen dieser und der vorher beschriebenen Zündung besteht in den Elektroden, welche hier unbeweglich sind, und deren Spitzen stets ca. 0,5—1 mm voneinander entfernt stehen. Zwischen diesen Spitzen muß der elektrische Funken überspringen, was einen hochgespannten Strom voraussetzt. Dieser Strom von mehreren tausend Volt Spannung wird aus dem niedrig gespannten der beschriebenen Stromquellen mittels eines Induktionsapparates (siehe Fig. 65) erzeugt, welcher bekanntlich in der Hauptsache aus zwei ineinandergesteckten Drahtspulen besteht. Die Spule mit wenig Windungen aus starkem Draht heißt Primärspule, die mit vielen Windungen aus schwachem Draht gefertigte wird Sekundärspule genannt. Die Stromquelle (Magnetapparat oder Batterie) steht mit der Primärspule in Verbindung. Der Draht der Sekundärspule leitet den Strom zur Zündkerze (Fig. 64), welche in den Verbrennungsraum gasdicht hineingeschraubt ist und die beiden Elektroden trägt. Die

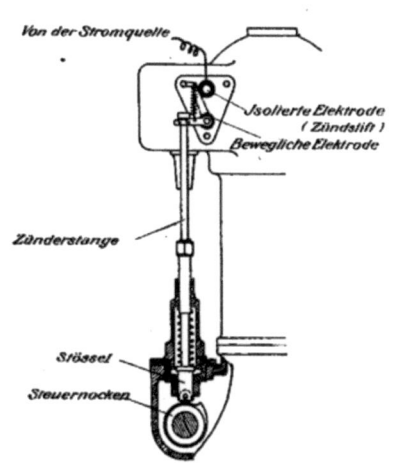

Fig. 61. Abreißeinrichtung.

Masse des Motors ist natürlich wieder mit der Stromquelle verbunden. Die Zündkerze besteht prinzipiell aus einem Porzellan- und Glimmerkern, durch welchen die mit der Spule verbundene Elektrode geht. Der Kern wird von einer Metallfassung umschlossen, mittels welcher die Kerze in der Zylinderwand befestigt ist. Diese Fassung trägt die zweite Elektrode

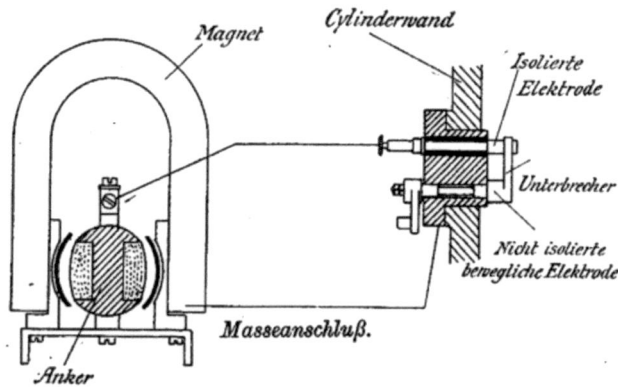

Fig. 62. Anordnung einer Abreißzündung.

und leitet den Strom auf die Masse des Motors über. Die in Fig. 63 und 64 abgebildete Zündkerze zeigt prinzipielle Ausführungen solcher Kerzen. Es sind im Handel mehr als hundert verschiedene Ausführungsarten erschienen, die alle ihre kleinen Vor- und Nachteile haben.

Jedesmal, wenn der Primärstrom in der Induktionsrolle geschlossen und unterbrochen wird, erscheint in der Sekundärspule ein viele 1000 Volt starker Strom, welcher hoch genug gespannt ist, um den Luftraum zwischen den beiden Elektrodenspitzen zu überspringen. Man läßt bei jeder Zündung eine Reihe von Funken dicht hintereinander erscheinen, um die Zündung des Gasgemisches auf jeden Fall zu erzielen.

Das bei Batteriezündung meistens elektro-magnetisch betriebene Schließen und Unterbrechen des Stromes in der Primärspule wird durch eine metallene Zunge mit einem Eisenstückchen am Ende, einem sogenannten Wagnerschen oder Neefschen Hammer, ausgeführt, welcher, sobald der Strom eingeschaltet wird, eine große Anzahl Schwingungen pro Sekunde ausführt und dadurch Serien von kleinen Funken an den Polen der Zündkerze zur Erscheinung bringt. Zum Einschalten des Stromes dient ein vom Motor bewegter rotierender Kontakt (Stromverteiler), der auf der Steuerwelle sitzt und den Strom in die Primärspule jedes einzelnen Zylinders in dem Augenblicke schickt, in welchem die Zündung durch den an der Kerze überspringenden Funken des Sekundärstromes erfolgen soll. Ein weiterer Unterbrecher, ein sogenannter Ausschalter, befindet sich bei Batteriezündung meistens in der Nähe des Steuerstandes des Bootes.

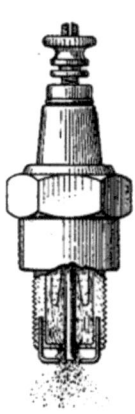

Fig. 63.
Zündkerze.

Fig. 65 zeigt das Schaltungsschema für einen Zweizylindermotor mit Batteriezündung und Fig. 66 ein solches für einen Vierzylindermotor mit Magnetkerzenzündung, System Eisemann (umlaufender Anker; feststehende Magnete). Hier wird der vom

Magnetapparat kommende Strom durch einen mit dem Anker des Magnetapparats umlaufenden Unterbrecher abwechselnd unterbrochen und geschlossen, und dann in eine Induktionsspule geschickt, deren

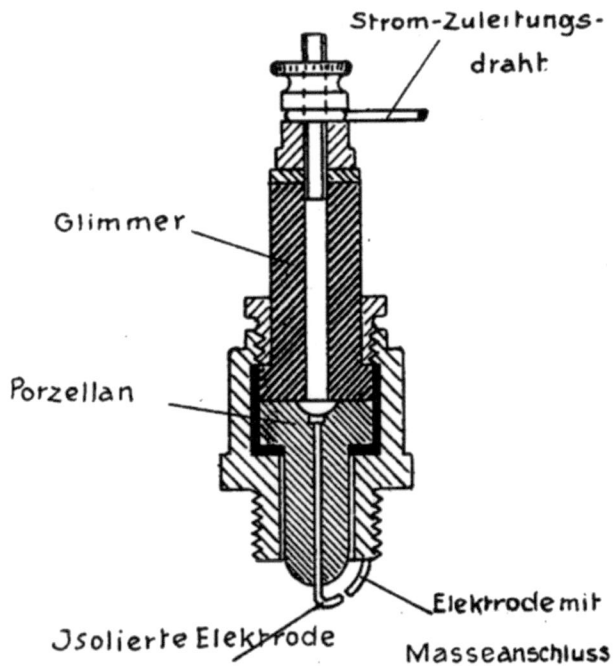

Fig. 64. Zündkerze im Schnitt.

Sekundärspule mittels des halb so schnell umlaufenden Verteilers an die Kerze desjenigen Zylinders angeschlossen wird, in welchem eine Zündung des Gasgemisches erfolgen soll.

Zu den Kerzenzündungen gehört auch die „Licht-

bogenzündung", System Bosch. Schaltungsschema
im Fig. 67. Der hochgespannte Strom wird in der

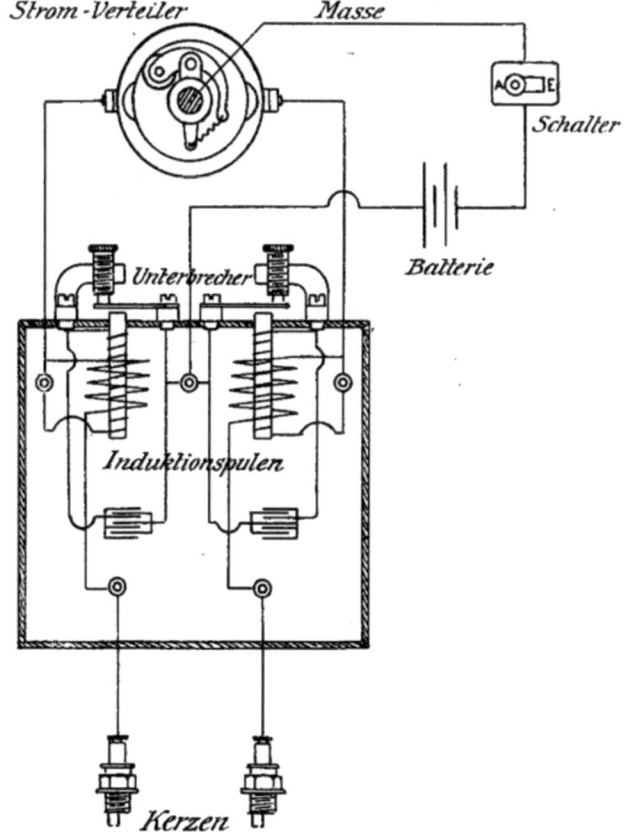

Fig. 65. Batterie-Kerzenzündung für Zweizylindermotoren.

Wicklung des Ankers selbst, ohne Verwendung einer
besonderen Induktionsspule, erzeugt.

Zwischen den Polschuhen von zwei starken Stahlmagneten, die ein kräftiges magnetisches Feld bilden, dreht sich ein Doppel-T-Anker. Dadurch wird in der Wicklung dieses Ankers ein Wechselstrom erzeugt. Die Ankerwicklung besteht aus zwei Teilen, von welchen der eine — primäre — aus wenigen Windungen dicken Drahtes besteht, während der andere — sekun-

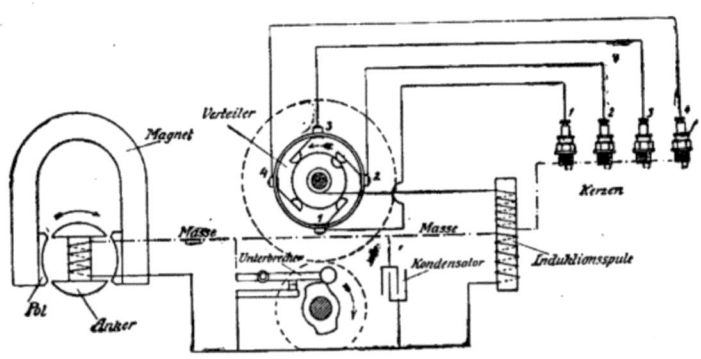

Fig. 66. Magnet-Kerzenzündung für Vierzylindermotoren. System Eisemann.

däre — sich aus vielen Windungen dünnen Drahtes zusammensetzt. Die Spannung des durch Drehung des Ankers erzeugten Stroms wird dadurch gesteigert, daß man den durch den Unterbrecher geschlossenen Primärstrom im geeigneten Zeitpunkt unterbricht. Nach jeder halben Umdrehung des Ankers wird eine solche Unterbrechung hervorgerufen und dadurch in der sekundären Wicklung des Ankers der hochgespannte Strom erzeugt. Durch den am Apparat befindlichen Hochspannungsverteiler wird der Zündstrom den einzelnen Zündkerzen des Motors zugeführt, an deren Elektroden er in Form eines Lichtbogens überspringt.

Die Verstellung des Zündzeitpunkts (falls erwünscht) erfolgt am Apparat selbst, und zwar in der Weise, daß durch einen Verstellhebel die zum Öffnen des Unterbrechers dienenden Stahlnocken in geeig-

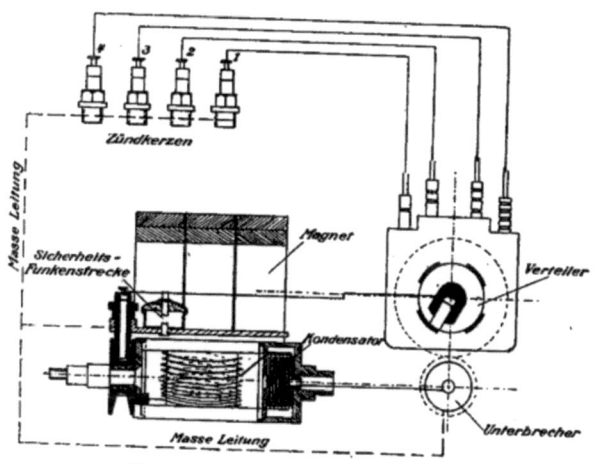

Fig. 67. Bosch-Lichtbogenzündung.

neter Weise verdreht werden, so daß die Unterbrechung des primären Stroms früher oder später stattfindet.

Allgemeines zur Zündung. Den Gang eines Motors kann man durch Verlegung des Zündzeitpunktes in ziemlich weiten Grenzen beeinflussen. Erfolgt die Zündung erst, wenn der Kolben nach der Kompression der Gase seinen höchsten Stand überschritten und damit seinen Niedergang begonnen hat, so arbeitet der Motor mit Nach- oder Spätzündung. Erfolgt die Zündung schon während des letzten Teiles der Kompressionsperiode, so arbeitet der Motor mit Vorzündung, was im normalen Betriebe schnellaufender Motoren stets der Fall ist. Innerhalb gewisser Grenzen ist es nun möglich, je nach dem Zeitpunkte der Zündung, den Motor schneller oder langsamer laufen zu lassen und damit seine Leistung zu variieren. Die Verstellung des Zündzeitpunktes erfolgt bei Abreißzündung durch teils recht komplizierte Veränderungen der Tätigkeit des Abreißmechanismus, bei der Kerzenzündung durch Verdrehung der Verteilerscheibe, von Hand oder bei einigen Magnetapparaten auch automatisch, und zwar so, daß der geringeren Motorumlaufszahl auch eine kleinere Vorzündung entspricht.

Der Magnetapparat wird vom Motor zwangläufig angetrieben. Die Umlaufszahl des Ankers des Magnetapparats richtet sich gewöhnlich nach der Zahl der Motorzylinder und ist manchmal bei den verschiedenen Fabriken verschieden. Im allgemeinen bestehen folgende Verhältnisse:

Zylinderzahl	Umlaufszahl des Ankers:
1	$\frac{1}{2}$ mal
2	$\frac{1}{2}$ mal bei gleichlaufenden Kurbeln, 1 mal bei Kurbeln unter 180 Grad
4	1 mal
6	$1\frac{1}{2}$ mal der Motorumlaufszahl

Der Anker des Magnetapparats ist bei den Motoren mit unveränderlichem Zündzeitpunkte so eingestellt, daß der Motor (ungefähr 10 mm) Vorzündung besitzt, also die Zündung bereits eingeleitet wird, wenn der

Kolben noch um dieses Maß von seiner höchsten Stellung im Kompressionstakte entfernt steht.

Der zur Leitung des elektrischen Stromes zur Verwendung kommende Draht muß von entsprechendem Querschnitte, ganz vorzüglich isoliert und vor Öl möglichst geschützt sein, damit keine unerwünschten Ableitungen des Stromes, also Stromverluste, entstehen. Vorsicht ist besonders bei der Hochspannungsleitung der Kerzenzündung geboten. Diese Leitung muß in besonderen Röhren so verlegt werden, daß sie von Wasserdampf und Bilgewasser unerreichbar ist.

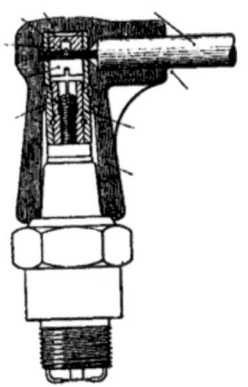

Fig. 68.
Wasserdichter Kabelanschluß.

In neuerer Zeit werden wasserdicht abgeschlossene Magnetapparate gebaut und auch die Kabelanschlüsse am Apparat und an den Kerzen so eingerichtet, daß die Isolierung des hochgespannten Stromes nicht durch Feuchtigkeit aufgehoben werden kann.

Die Induktionsrolle ist meistens von einem ziemlich wasserdichten Holzkasten umgeben und dicht unter dem Deck des Bootes oder an anderer voraussichtlich stets trockener Stelle des Bootes, jedoch möglichst nahe dem Motor, aufgestellt. Lange Leitungen verzehren Strom. Manche Motoren sind mit zwei Zündungen versehen, die voneinander vollständig unabhängig, dabei zu gleicher Zeit arbeiten können. Man sollte als zweite Zündung eine Batterie-Kerzenzündung wählen, um das Andrehen des Motors zu erleichtern.

Moderne Zündungsanlagen sind mit mancherlei Bequemlichkeiten ausgestattet, welche den Motorenbetrieb angenehmer machen.

Es gibt z. B. vorzügliche wasserdichte Schalter, bei denen man durch einen Einsteckschlüssel jede einzelne Zündung für sich einschalten, beide Zündungen zugleich schalten und unterbrechen kann. Ohne den Schlüssel ist die Benutzung des Motors unmöglich.

Ferner gibt es Anlaßspulen, um bei Andrehen mit Batteriestrom den Zündfunken zu verstärken und Anlaßmagnete, welche im Motorzylinder vorhandenes zündfähiges Gemisch ohne Drehen des Motors zünden und ihn dadurch zum Anspringen bringen. Näheres hierüber ist im Abschnitt „Andrehvorrichtung" mitgeteilt.

Kühlung.

Bei der Verbrennung der Arbeitsgase in den Zylindern entwickelt sich eine sehr starke Hitze, die sich allen Teilen des Motors mitteilt und Materialdeformationen herbeiführt, Frühzündungen des Gasgemisches erzeugt, das Schmieröl im Zylinder verbrennt und durch die daraus folgende große Reibung der Kolben an den Zylinderwänden diese und die Kolbenringe angreift und den Motor schließlich zum Stillstand bringen kann, wenn man diese Wärme nicht bis zu einem gewissen Maße ableitet. Das geschieht im Boote am einfachsten durch Kühlen mit Wasser, welches hier ja in großen Mengen zur Verfügung steht. Das Wasser wird durch eine Öffnung in der Außenhaut des Bootes von der Pumpe angesogen, durch die Kühlmäntel gedrückt und dann wieder durch die Außenhaut abgeführt.

Die Ansaugeöffnung liegt so tief unter der Wasserlinie des Bootes, daß sie bei normalen Bootsbewegungen stets mit Wasser bedeckt ist, und erhält eine Metallfassung, den Bordanschluß, welcher gut wasserdicht mit der Außenhaut verbunden sein muß. Daran schließt sich ein Absperrhahn, der Bodenhahn, und

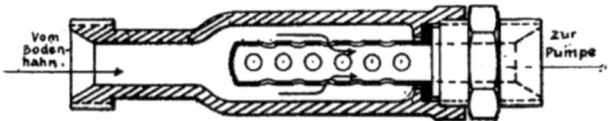

Fig. 69. Kühlwasserreiniger.

an diesen ein kleiner Filter, in welchem grobe Schmutzteile, wie Sand, kleine Holz- und Pflanzenstücke, abgeschieden werden. Fig. 69 zeigt eine praktische Ausführung. Siebe mit größeren Löchern außenbords (von der Wasserseite!) anzubringen, um so das Wasser vor dem Eintritte in das Boot zu reinigen, ist wohl einfacher, jedoch nicht zu empfehlen, da ein verschmutztes und versandetes außenliegendes Sieb nur von außen zugänglich ist, weshalb man das Boot bei solchen Störungen meistens auf Land holen oder jedenfalls für Stunden außer Betrieb stellen muß, während der im Boote befindliche Filter nach Abschluß des Bodenventils leicht auseinander zu nehmen und in kurzer Zeit zu reinigen ist.

Der Filter ist durch ein kupfernes, möglichst in einer S-Windung gebogenes Rohr mit einer Wasserpumpe verbunden, welche mittels eines Zahnrades oder eines Exzenters von einer Steuerwelle oder manchmal auch mittels eines Reibrades vom Schwungrad des Motors angetrieben wird. Da man im Boote aus Gründen der Betriebssicherheit nicht mit einem selbsttätigen Zulaufe des Wassers zur Pumpe rechnen darf, so muß diese das Wasser ansaugen können. Es ist eine nicht saugende, sondern nur drückende Pumpe für den Bootsbetrieb möglichst zu vermeiden. Kolbenpumpen, wie sie bei den Dampfmaschinen zur Wasserbeförderung angewendet werden, findet man bei Ölmotoren in neuerer Zeit häufiger als in früheren Jahren. Viele Bootsmotoren sind mit einer Zahnradpumpe oder einer Pumpe mit rotierendem Kolben, seltener mit einer Zentrifugalpumpe (Schleuderpumpe) versehen, weil diese Pumpen sehr schlecht ansaugen. Das Grundprinzip aller dieser Pumpen ist das gleiche: Bei jeder Pumpe ist ein Saug- und ein Druckrohr vorhanden. Durch Bewegungen von maschinellen Teilen wird im Saugrohr, in das das Wasser unter dem Druck der äußeren Atmosphäre eintritt, eine Luftverdünnung geschaffen. Dieses Wasser schaffen die betreffenden Pumpenteile weiter in das Druckrohr und stellen zu gleicher Zeit eine neue Luftverdünnung im Saugrohre her, in welches von neuem Wasser hineinströmt. In der Fig. 70 ist ein axialer Schnitt durch eine Kolbenpumpe mit hin und her gehendem sogenannten Tauch- oder Plungerkolben dargestellt.

Fig. 71 zeigt das Innere einer Zahnradpumpe. Die Pfeile auf den Rädern deuten die Drehrichtung der

— 149 —

Räder an, von denen das eine Pumpenrad durch den Motor angetrieben, das zweite durch das erste Pumpenrad getrieben wird. Bei *s* tritt das Wasser ein, bei *d* wird es herausgeschafft. Fig. 72 zeigt das Innere

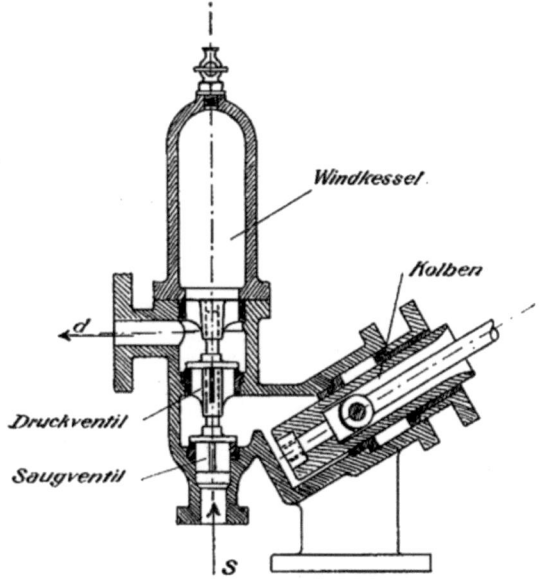

Fig. 70. Kolbenpumpe.

einer Exzenterpumpe. Der exzentrisch gelagerte, in der Pfeilrichtung rotierende Kolben saugt bei *s* das Wasser an und drückt es bei *d* weiter.

Von der Pumpe wird das Wasser nach dem Wassermantel des Motorzylinders geleitet und tritt an einem tiefen Punkte desselben, am besten beim Auslaßventil, ein, umspült dieses, die Zylinderwandungen und tritt an der höchsten Stelle wieder aus, damit der ganze Kühlraum vom Wasser angefüllt ist und sich Luftsäcke nicht bilden können. Dann wird das Wasser durch eine Rohrleitung zur Außenhaut des Bootes geführt. Hier befindet sich wieder ein Bord-

Fig. 71. Zahnradpumpe.

anschluß (jedoch ohne Absperrhahn), welcher über der Wasseroberfläche mündet und dem Kühlwasser freien Austritt gewährt. Vielfach durchströmt das Kühlwasser, nachdem es die Zylinder passiert und bei manchen Motoren einen Teil der Auspuffleitung umspült hat, in besonderen Rohren oder in einem Blechmantel den Auspufftopf (Schalldämpfer), um denselben zu kühlen, und geht dann zum Boote hinaus.

Dabei ist auch hier darauf zu achten, daß der Eintritt des Wassers stets am tiefsten Punkte des Topfes erfolgt, also der Wasserraum stets gefüllt ist. Das Einspritzen von Wasser in den Teil des Schalltopfes, welchen die Auspuffgase passieren, erfüllt seinen

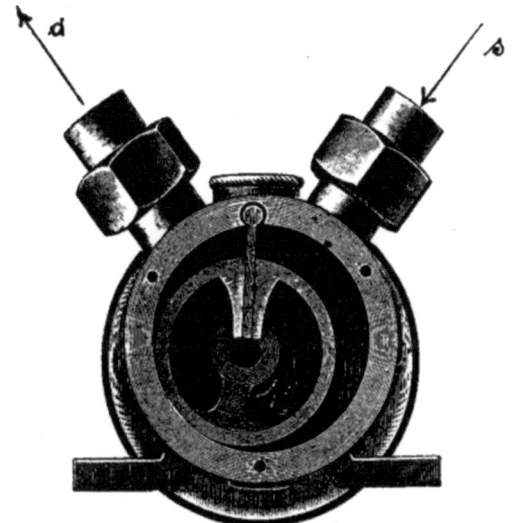

Fig. 72. Exzenterpumpe.

Zweck nur dann, wenn es an den richtigen Stellen und mit dem richtigen Quantum Wasser ausgeführt wird. Wenn das Kühlwasser zu nahe den Zylindern in die Auspuffleitung gebracht wird, dann bekommen die Ventil- und Zylinderwandungen Rostflecke.

Da von einer gut funktionierenden Kühlung Arbeit und Lebensdauer des Motors abhängen, muß das Ablaufen des Kühlwassers bequem beobachtet werden können. Man legt die Öffnung für den Ablauf durch die Bordwand des Bootes daher über die Oberfläche des äußeren Wassers und dann möglichst so, daß der Bootsführer den ablaufenden Wasserstrahl von seinem Stande aus beachten kann.

Die Pumpe, die Wasserleitungen und die Kühlmäntel der Zylinder sind an ihren tiefsten Stellen mit kleinen Hähnen versehen, durch welche das in diesen Teilen befindliche Wasser abgelassen werden kann. Dieses Entwässern ist an kalten Tagen und besonders im Winter durchaus notwendig, damit sich innerhalb der ganzen motorischen Anlage nicht Eis bildet. Dieses sprengt Zylinder und Rohrleitungen auseinander.

Regulierung des Motorganges.

Wenn die Vergasung und die Zündung richtig eingestellt sind, behält der Motor dauernd die gleiche Umlaufszahl pro Zeiteinheit bei, solange nicht äußere Störungen eintreten, welche die Geschwindigkeit des Motors vergrößern oder vermindern. Diese Störungen können verschiedene Ursachen haben. Sie werden durch die Bewegungen des Bootes hervorgerufen, welche bei Anlagen mit freiem Betriebsmaterialzufluß die Gleichmäßigkeit dieses Zuflusses zum Vergaser unterbrechen oder durch das verschiedenartige Eintauchen des Propellers, sowie durch andere Folgen des Seeganges, den Motor ungleichmäßig belasten, d. h. ihm einmal mehr, einmal weniger Arbeit abverlangen. Dementsprechend ändert sich die Umlaufszahl des Motors in größeren Grenzen.

Um den Motor in solchen Fällen wieder auf einen

gleichmäßig schnellen Gang zu bringen, wird das vom Motor angesaugte Gasgemischquantum und manchmal auch die Zündfolge verändert, wie es in den Kapiteln „Vergaser" und „Zündung" erläutert ist. Diese Veränderung erfolgt automatisch durch die Einwirkung des Regulators, welchen der Motor direkt antreibt und der meistens in einem Zahnrade einer Steuerwelle sitzt. Der Regulator besteht aus zwei kugelförmigen oder ähnlich geformten Schwungmassen, die, wenn sie in Umdrehung versetzt werden, infolge der Zentrifugalbeschleunigung bestrebt sind, sich voneinander zu entfernen. Ihre Bewegung wird durch kleine federbelastete Hebel auf eine verschiebbare Muffe übertragen, die ihrerseits wieder den Drosselschieber resp. den Luftschieber des Vergasers oder die Zündung beeinflußt. Meistens ist eine Vorrichtung zum Ausschalten der Regulatorwirkung vorhanden. Einzelne Motoren besitzen eine sogenannte Aussetzerregulierung. Bei dieser bewegt der Regulator indirekt ein Zwischenstück zwischen Stößel und Ventilstange der Einlaßventile, und zwar so, daß bei eintretendem zu schnellen Laufe des Motors die Einlaßventile weniger oder überhaupt nicht gehoben werden, also wenig resp. gar kein frisches Gas in die Zylinder gelangen kann, bis der Motor seine normale Umlaufszahl erreicht hat.

Auspuffleitung.

Die im Zylinder verbrannten Gase werden von dem Kolben durch das geöffnete Auslaßventil in die Auspuffleitung geschoben, dehnen sich, da sie anfangs noch eine innere Spannung von ca. $1\frac{1}{2}$ Atmosphäre besitzen, weiter aus und treten in die freie Luft. Um das Geräusch des Auspuffens zu vermindern, werden die abziehenden Gase durch den Auspuff- oder Schalltopf geleitet. Dieses ist ein geschlossener Zylinder aus Eisen- oder Stahlblech und im Innern sehr verschiedenartig mit durchlöcherten Blechen oder sogenannten Prallplatten oder mit gebogenen Rohren ausgestattet. Im Innern des Schalltopfes soll dem auspuffenden Gas der Rest der ihm innewohnenden Energie genommen werden, damit es diese nicht zum Hervorrufen von stark puffendem, knallendem Geräusch verwendet. Der Zweck wird selten ganz erreicht, ohne im Motorzylinder einen schädlichen Gegendruck zu erzeugen.

Das Auspuffrohr mündet meistens an der Bordseite oder am Heck des Bootes und möglichst so, daß die Fahrgäste durch den fast unvermeidlichen Geruch der Auspuffgase nicht belästigt werden. Manchmal werden die Gase auch direkt durch einen über dem Motor stehenden kleinen Schornstein, ähnlich wie bei den Dampfern, abgeleitet. Auch findet man die Mündung der Auspuffleitung unter Wasser angebracht. Durch diese Anordnung wird der Geruch der Auspuffgase nicht, wie gewünscht, beseitigt. Der Geruch der abziehenden Gase deutet immer auf eine schlechte, unvollkommene Verbrennung der Gase im Motor hin, sofern er nicht durch zu starke Schmierung entstanden ist.

Werden die Auspuffgase unter Wasser abgeleitet, so erhält das Auspuffrohr ein kleines Luftventil, denn wenn der Motor beim Andrehen zurückschlägt und das Auslaßventil dabei offen steht, oder wenn sich die

Rohrleitung nach Stillstand des Motors abkühlt, so steigt manchmal das Wasser von außen in die Auspuffleitung und in die Zylinder des Motors.

Für die Auspuffleitung verwendet man gewöhnlich schmiedeeiserne Rohre und umwickelt sie in der Nähe des Motors, wo sie freiliegen und durch Kajüten usw. führen, mit Asbestschnur und Drahtgaze, da die Auspuffgase, auch wenn sie bereits wassergekühlte Rohrleitungen und Auspufftöpfe passiert haben, noch eine erhebliche Temperatur besitzen, welche sich der Rohrleitung und ohne Wärmeschutz auch in erheblichem Maße deren Umgebung mitteilt. In hölzernen Booten und dort, wo der Schalltopf in geschlossenen, schlecht ventilierten Räumen aufgestellt ist, darf eine Kühlung des Topfes durch Wasser nicht fehlen (siehe Kühlung). Die Abwärme der Auspuffleitung kann dadurch sehr vermindert werden. Ferner verhütet die Abkühlung des Auspufftopfes Gasexplosionen innerhalb desselben, welche sich durch Knallen und starken Geruch bemerkbar machen. Wenn nämlich der Motor schlecht arbeitet und Zündungen ausläßt, werden die unverbrannten Gase in die Auspuffleitung geschoben und hier durch die heißen Wände des Auspufftopfes, unterstützt durch Stichflammen aus den Zylindern, entzündet. Mit Rücksicht auf die möglichen Explosionen in der Auspuffleitung fertigt man besonders den Schalltopf aus starkem Material an.

Schmierung.

Eine gute Schmierung des Ölmotors ist eine sehr wichtige Sache. Sowohl die ganze Einrichtung der Schmierung als auch das zur Verwendung kommende

Schmiermaterial muß den Bedürfnissen durchaus entsprechen. Bezüglich des Schmiermaterials geben die Motorenfabriken meistens die entsprechenden Anweisungen.

Für die Schmierung der Zylinder kommt nur solches Öl in Frage, welches bei der Petroleumdestillation gewonnen wird und als Gasmaschinenzylinderöl käuflich ist. Denn es läßt sich nicht vermeiden, daß das Öl in den Verbrennungsraum des Zylinders gelangt und hier mit verbrennt. Je stärker nun die Rußbildung des Öles ist, desto mehr wird die Bewegungsfreiheit der Kolbenringe und die Arbeit der Zündung beeinflußt. Ein mitteldick fließendes, von den bekannten Fabriken extra für Motorzwecke fabriziertes Öl ist das beste Schmiermittel für einen Bootsmotor. Zu dünnes Öl läuft unverbraucht aus den Lagern, hat also seinen Zweck verfehlt. Zu dickes Öl fließt (besonders an kalten Tagen) nicht überallhin und verursacht dadurch teilweises Warmlaufen. Das Öl muß absolut harz- und säurefrei sein, damit es nicht verschmiert und die Metalle angreift. Es muß ferner einen hohen Entflammungspunkt haben, damit es möglichst nicht verbrennt, weil sonst Frühzündungen des Gasgemisches eintreten können. (Siehe auch Abschnitt „Schmiermittel".)

Die Schmierung der Lager, der Kurbelwelle, der Steuerwellen und der Kolben, sowie der Gleitbahn der Kolben erfolgt auf verschiedene Art. Bei einigen Motoren wird das Schmieröl einfach in den Kurbelkasten gegossen. Beim Arbeiten des Motors tauchen die Kurbeln bei jedem Hub tief in das Ölbad und platschen es auf alle Lagerstellen und gegen die inneren

Zylinderwände, von wo aus es sich über die Kolbenringe verteilt. Zwischen den Kurbeln erhält der Kurbelkasten Scheidewände zur Bildung einzelner Ölkästen, damit bei axial geneigter Lage des Motors, wie sie bei Booten meistens der Fall ist, alle Kurbeln genügend viel Öl erreichen können.

Bei den meisten Motoren findet man außerdem eine Extraschmierung der Hauptlager.

Eine vollkommenere, aber veraltete Art der Schmierung ist die folgende:

Das Schmieröl wird in einem kleinen Tank mitgeführt, der sich in der Nähe des Motors, jedoch den Zylindern nicht zu nahe befinden soll, damit das Öl vor der vom Motor ausstrahlenden Hitze nach Möglichkeit geschützt ist. Vom Tank aus wird das Öl durch dünne Kupferrohre den Schmierstellen zugeführt. Diese Anordnung heißt Zentralschmierung. Das Öl läuft, je nach der vorgesehenen Einrichtung, entweder durch sein eigenes Gewicht zu den Schmierstellen oder wird mittels einer kleinen vom Motor angetriebenen Pumpe oder durch Verwendung des Druckes der Auspuffgase dorthin geführt. Gewöhnlich gelangt das Öl tropfenweise, durch kleine Nadelventile reguliert, in die einzelnen Leitungen und passiert dabei kleine Glasröhrchen, so daß man das Funktionieren der Schmierung hier beobachten kann (siehe Fig. 73). Die Stärke des Ölzuflusses ist für jedes Rohr einzeln einstellbar; die Ölpumpe wird meistens durch Schnur- oder Kettenantrieb vom Motor bewegt. Den Druck der Auspuffgase verwendet man für die Schmierung in der gleichen Weise, wie bei der Beförderung des Betriebsmaterials vom Tank zum Vergaser. In den geschlossenen Kurbelkästen der Motoren herrscht, besonders bei undichten Kolben, während des Ganges ein geringer Überdruck, der jedoch manchmal stark genug ist, um das Austreten des Öles aus den Röhren zu erschweren resp. es aus den Lagern zu drücken. Die Folge davon ist eine ungenügende Schmierung bei starkem Schmierölverbrauch. Diesem Übelstande

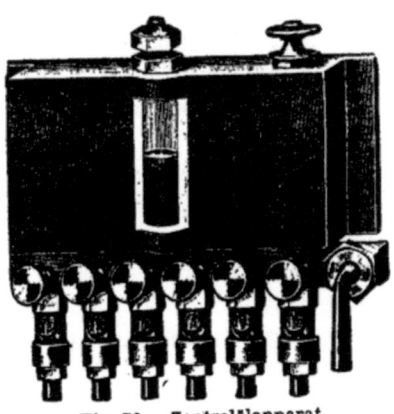

Fig. 73. Zentralölapparat.

wird durch das Anbringen von Entlüftungsrohren an den Kurbelkästen vorgebeugt.

Eine neuerdings vielfach verwendete Ölzuführungsmethode ist die sogenannte Umlaufsschmierung. Hierbei wird in einem im Kurbelkasten liegenden Ölbehälter durch eine kleine Pumpe Öl angesaugt und unter Druck den Kurbel- und Pleuellagern zugeführt. Das ablaufende Öl sammelt sich im tiefsten Punkte des Gehäuses an, ohne dort ein Ölbad zu bilden, läuft von dort durch Filter und über Kühlrohre dem Ölbehälter wieder zu.

In die Ölleitung ist ein Schauglas eingeschaltet, so daß der Ölstrom beobachtet werden kann.

Von Zeit zu Zeit (bei ständigem Fahren einmal am Tage) ist etwas Frischöl zuzugießen und alle Monat einmal der Filter zu reinigen.

Gewöhnlich findet man außer der automatisch betriebenen Schmierung noch eine Handölpumpe zur Extraversorgung des Kurbelkastens mit Öl. Im allgemeinen muß einem Bootsmotor mehr Schmieröl als einem Wagenmotor zugeführt werden.

Andrehvorrichtung.

Die meisten Motoren müssen mit der Hand angedreht werden. Die Vorrichtung dazu besteht aus einer Handkurbel, deren Bewegung mittels Kette und Kettenrad auf die Kurbelwelle übertragen wird. Sobald der Motor selbst läuft, schaltet sich die Andrehvorrichtung selbsttätig aus. Das Ingangsetzen größerer Motoren erfordert eine ziemliche Kraft, da die Kompression in den Zylindern schwer zu überwinden ist. Daher besitzen manche Motoren zum Vermindern des Kompressionsgrades eine Vorrichtung, durch welche die Auslaßventile, die während der Kompressionsperiode sonst geschlossen bleiben, während eines Teiles des Kolbenweges geöffnet gehalten werden. Andere Mittel zum Ingangsetzen des Motors, z. B. Preßluft oder in die Zylinder gepumptes fertiges Gasgemisch, sind erst sehr vereinzelt zu finden, dürften jedoch in der Zukunft mehr in Aufnahme kommen. Bei der Preßluftanlaßvorrichtung wird Luft von acht und mehr Atmosphären Spannung in einem Behälter mittels besonderer vom Motor angetriebener Pumpe erzeugt und bei Bedarf aus einer Druckluftflasche in die Motorzylinder gelassen, wo sie sich ausdehnen und so den Motor in Bewegung setzen kann.

Bei der Gemischanlaßvorrichtung wird durch eine kleine Handpumpe ein explosionsfähiges Benzin-Luftgemisch erzeugt und in die Motorzylinder gedrückt. Ein mit der Hand gedrehter kleiner Magnetapparat gibt den nötigen Zündstrom her und durch Zündung des Gemisches wird der Motor allerdings etwas plötzlich in Bewegung gesetzt. Das Anlaufen der Motoren wird, wie oben bereits ausgeführt, durch die Batteriezündung sehr erleichtert, weil der Zündstrom nicht erst durch schnelles Drehen des Magnetapparates erzeugt werden muß. Bei Vier- und Mehrzylindermotoren mit Batteriezündung genügt eine Umdrehung der Kurbel, oft auch das einfache Einschalten des Zündstromes, um den Motor in Gang zu bringen. Wenn eine Anlaßspule mit Batterie oder ein kleiner Anlasser-Hochspannungsmagnet vorhanden ist, so erreicht man das Anspringen auf folgende Weise. Der Motor wird ein paarmal herumgedreht und dann die Anlaßspule eingeschaltet bezw. der Magnet mit einer kleinen Handkurbel gedreht. Er erzeugt hochgespannten Strom, welcher dem Stromverteiler des eigentlichen Magnetzündapparates und von dort aus derjenigen Zündkerze zugeführt, welche gerade zum Zünden eingeschaltet ist.

Es ist dabei volle Spätzündung einzuschalten.

Tank und Zuleitung des Betriebsstoffes.

Der Betriebsstoff wird in einem geschlossenen Gefäß (Tank) mitgeführt und läuft aus diesem dem

Vergaser entweder durch seine eigene Schwere zu (dann muß der Tank höher als der Vergaser liegen) oder wird auf mechanische Weise dorthin befördert. Diese Förderung geschieht entweder mittels einer kleinen vom Motor angetriebenen Pumpe oder mittels Luftdruck, welcher durch die der Auspuffleitung des

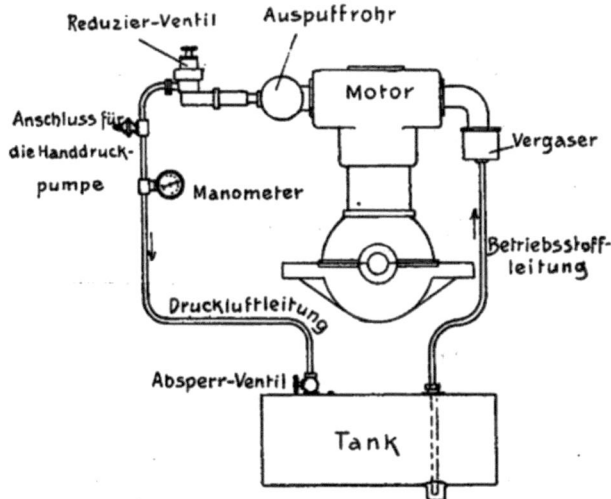

Fig. 74. Schema einer Druckluft- und Betriebsstoffleitung.

Motors entnommenen Gase erzeugt wird. Die letztere Methode findet sehr viel Anwendung und ist in Fig. 74 schematisch dargestellt. Die eine anfängliche Spannung von ca. 1½ Atmosphären besitzenden Auspuffgase werden dem Auspuffrohr entnommen, in einem rohrartigen, mit Sieben aus Drahtgaze versehenen Reiniger von Öl und Ruß befreit, passieren ein Reduzierventil, welches mit einem Sicherheitsventil kombiniert ist, und werden, nachdem der Druck auf ca. ½ Atmosphäre reduziert ist, in den Betriebstank geleitet. Hier pressen sie das Betriebsmaterial durch ein Rohr nach dem Vergaser. Zur Kontrolle des Druckes dient ein Manometer. Ferner ist eine kleine Handdruckpumpe an die Luftleitung angeschlossen, um auch bei stillstehen-

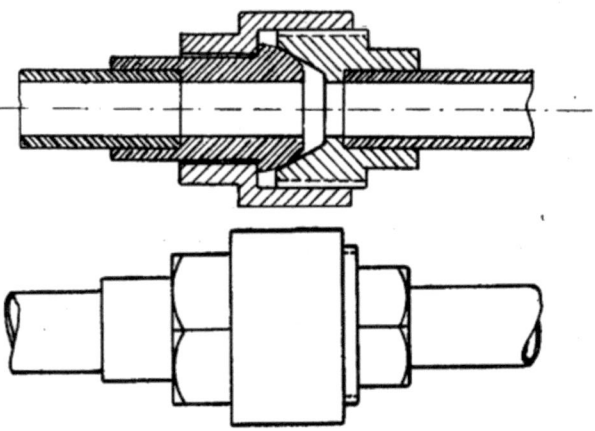

Fig. 75. Luftdichte Verbindung einer Betriebsstoffleitung.

dem Motor (vor dem Andrehen) den Tank unter Druck setzen zu können.

Die Rohrleitungen und der Tank sind besonders bei Benzinbetrieb sehr sauber und durchdacht herzustellen. Die Rohrleitungen sind aus nahtlosem gezogenen Kupferrohr gefertigt und müssen überall absolut dicht sein. An den Verbindungsstellen wird die Dichtung und Befestigung durch einen mit Silber aufgelöteten eingeschliffenen Konus und eine Überwurfmutter hergestellt (Fig. 75). Einfache Flanschenverbindungen sind unzweckmäßig. Der Tank ist aus 2 bis 3 mm starkem Kupfer oder verbleitem Eisenblech gefertigt. Alle Öffnungen im Tank befinden sich möglichst im oberen Teile desselben, damit beim Undichtwerden der Leitungsrohre und Anschlüsse der Betriebsstoff nicht von selbst auslaufen kann. Die Betriebsmaterialleitung geht im Tank bis auf 2—3 cm zum Boden desselben, damit möglichst der ganze Inhalt bis auf die unvermeidlichen nach unten gesunkenen Unreinlichkeiten (Schmutz, Wasser usw.) zum Vergaser gelangt. Diese Leitung wird am besten durch ein auf und nieder schraubbares Ventil mit kegelförmigem Sitz, nicht durch gewöhnliche Hähne abgeschlossen, denn diese Hähne sind (besonders bei Benzin) selten gut gangbar und dabei dauernd dicht zu erhalten. Beim Verlegen der Leitung vermeidet man nach oben zeigende Schleifen, da sich in diesen Luft ansammeln und dann den Betrieb stören kann. Wird das Betriebsmaterial mittels Pumpe aus dem Tank entnommen, so ist an höchster Stelle auf demselben ein Luftventil so angeordnet, daß ein Auslaufen von Betriebsmaterial aus dem Tank durch dieses Ventil bei den Bootsbewegungen nicht stattfinden kann. Das Entfernen des Betriebsmaterials aus dem Tank soll nach Möglichkeit nicht durch Öffnen eines Ventils oder Hahnes am unteren Teile des Tanks erfolgen, sondern der Tank wird zu dem Zwecke am besten entweder aus dem Boote herausgenommen oder mittels einer Handpumpe entleert. Die Füllöffnung des Tank ist durch eine Überwurfsmutter verschlossen und sie erhält, ebenso wie die andern Öffnungen des Tanks aus Gründen der Sicherheit einen oder mehrere ineinandergesteckte Zylinder aus Drahtgaze, einen sogenannten explosionssicheren Verschluß, um den Tankinhalt vor der Entzündung durch offenes Feuer zu schützen. Bei Anordnung der Tanks und der zugehörigen Rohrleitung muß besonders darauf Bedacht genommen werden, daß kein Betriebsstoff, vor allen Dingen nicht Benzin, aus dem Tank in das Boot fließen kann. Deshalb sind alle Einrichtungen, welche die Zuführung des Betriebsstoffs vom Tank zum Vergaser durch Druck (Auspuffgas, Kohlensäure usw.) bezwecken, allen anderen Einrichtungen vorzuziehen.

Die Betriebsstofförderung muß so eingerichtet sein, daß kein Betriebsstoff mehr den Tank verlassen kann, sobald eine Undichtigkeit in der Rohrleitung oder Armatur eintritt.

Vielfach sind die Tanks mit einem Inhaltsanzeiger versehen. Entweder dient ein einfaches, durch Ventile abschließbares Standglas diesem Zwecke oder ein mit dem Flüssigkeitsspiegel auf- und niedersteigender Schwimmer bewegt einen Zeiger über eine entsprechend eingeteilte Skala.

Lösbare Kupplung.

Die Wellenleitung dient zur Übertragung der Arbeit des Motors auf den Propeller und wird meistens durch eine lösbare Kupplung mit dem Motor verbunden. Für diesen Zweck eignen sich am besten die Reibungskupplungen, da sie bei richtiger Konstruktion und Handhabung eine allmähliche Übertragung der ganzen Motorarbeit auf die Welle gestatten. Plötzliches Einrücken verursacht Stöße und heftige Beanspruchungen des Motors, der Wellenleitung und des Bootes.

Von den bei Bootsmotoren zur Verwendung gelangenden Kupplungen sind die folgenden vier Aus-

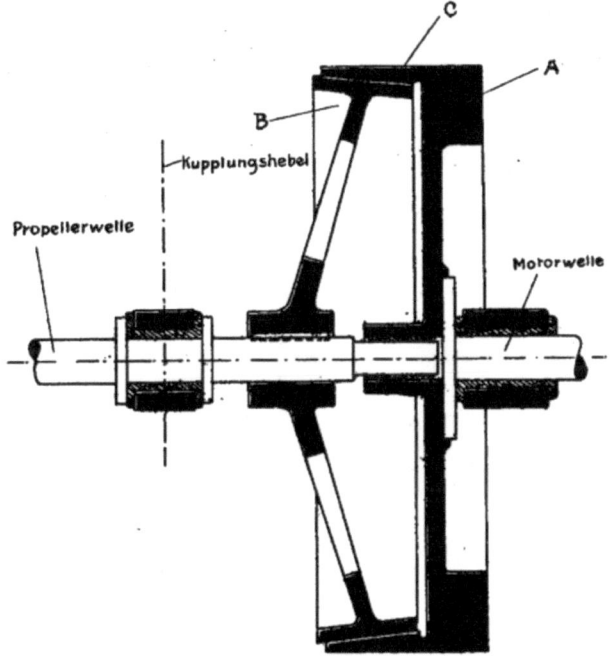

Fig. 76. Konuskupplung.

führungen als brauchbar durch den praktischen Betrieb erprobt und gestatten bei richtiger Handhabung ein mehr oder weniger stoßfreies Einkuppeln.

Die Konuskupplung (Fig. 76) besteht aus den beiden Scheiben A und B, von denen A auf der

Motorwelle, *B* auf der Wellenleitung befestigt ist. Der überstehende Rand *C* der Scheibe *A* ist konisch ausgedreht, also nach hinten zu weiter als nach vorne. Die peripheriale Fläche der Scheibe *B* ist in dem gleichen Maße konisch abgedreht, so daß, wenn die Scheiben *A* und *B* gegeneinander gedrückt werden, ihre konischen Flächen genau aufeinander passen. Durch die dabei entstehende Reibung zwischen diesen Flächen nimmt die vom Motor bewegte Scheibe *A* die Scheibe *B* mit, so lange ein Anpressungsdruck vorhanden ist. Dieser Druck wird anfangs durch den mit der Hand bewegten Kupplungshebel erzeugt, später meistens durch den Schub des Propellers oder auch durch Federdruck ersetzt (siehe Propeller). Die Scheibe *A* findet man vielfach mit dem Schwungrade vereinigt. Die Scheiben werden aus Gußeisen gefertigt und erhalten meistens eine Auflage von Leder, Steinholz oder einem anderen die Reibung vergrößernden Material.

Die Preß- oder Spannringkupplung wirkt in ganz ähnlicher Weise wie die Konuskupplung. Die Scheibe *A* ist jedoch nicht konisch, sondern zylindrisch ausgedreht. Der Rand der Scheibe *A* ist ebenso zylindrisch, jedoch auf einen etwas kleineren Durchmesser abgedreht. Sie ist an einer Stelle durchschnitten und an der gegenüberliegenden mit einem Scharnier versehen. Beim Kuppeln wird ein spitzer Keil in den Durchschnittsspalt gedrückt und dadurch der Umfang der Scheibe *B* so vergrößert, daß sie sich von innen fest gegen den Rand der Scheibe *A* preßt. Der Keil verharrt durch Eigenreibung in seiner Position und macht dadurch den Axialschub der Schraube zum Kuppeln entbehrlich. Diese Kupplung ist nach dem Prinzip der Innenbremse, wie man sie bei den Automobilwagen findet, konstruiert.

Die Federbandkupplung (Fig. 77). Bekannt ist die Zugwirkung eines Seiles oder Bandes, welches man mit ein paar Windungen um eine rotierende Trommel gelegt hat. Diese Wirkung wird bei der

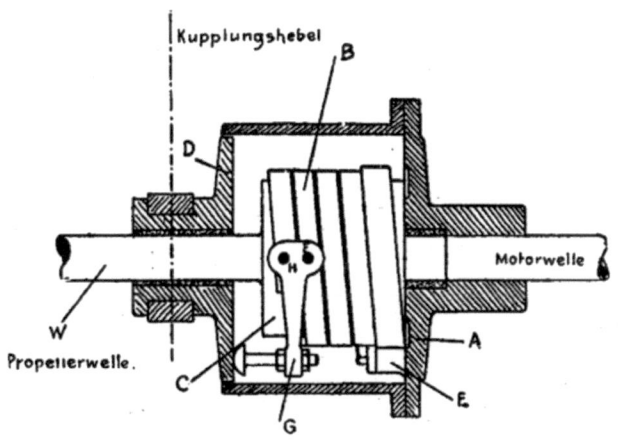

Fig. 77. Federbandkupplung.

Federbandkupplung verwendet. Die auf einem Wellenende befestigte eiserne Trommel C ist zylindrisch abgedreht. Über diese Trommel ist ein schmales Band B von Stahl zylindrisch spiralförmig so gewickelt, daß es die Trommel nicht berührt. Das Kopfende E der Spirale ist an der Treibscheibe A befestigt, das Schwanzende ist dagegen frei. Wenn sich die Welle W mit der aufgekeilten Trommel C innerhalb der Spiralfeder dreht, geschieht das Kuppeln durch Andrücken der auf der Welle *W* losen Scheibe *D* gegen den Hebel *G*, welcher bei *F* einen festen Drehpunkt auf der Spirale hat, während ein anderer vorn am Schwanzende der Spirale bei *H* eingreift. Die Federspirale wird dabei zusammengezogen und legt sich fest um die Trommel *C*, die sie dann mitnimmt.

Die Lamellen-Kupplung (Fig. 78). Dieser Konstruktion liegt die Idee zugrunde, eine große

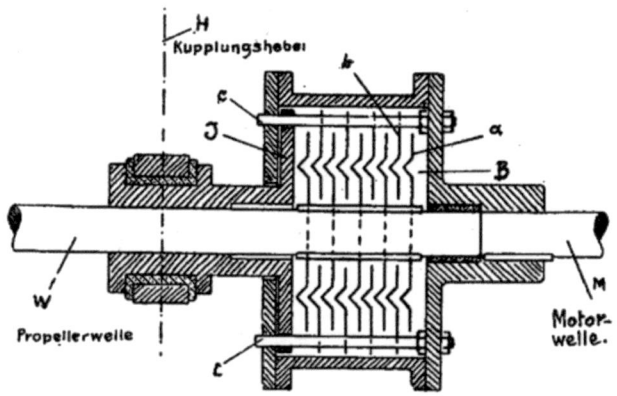

Fig. 78. Lamellenkupplung.

reibende Fläche bei geringem Gewichte und kleinen Abmessungen der Kupplung zu erzielen und zugleich eine gute Ableitung der (besonders beim Schleifen der Kupplung, das beim langsamen Einrücken unvermeidlich ist) entstehenden Reibungswärme zu erreichen.

Eine Anzahl 1 bis 3 mm starker und auch noch stärkerer Stahlblechscheiben *a*, in welche oft kreisförmige Vertiefungen eingepreßt sind, ist so über einen

Teil der Welle gesteckt, daß sie sich in Richtung der Achse in kleinen Grenzen frei bewegen können. Quer zur Achse werden sie durch Keile auf der Welle W festgehalten. Zwischen diesen Scheiben a befinden sich die ebenso gestalteten Scheiben b, welche jedoch nicht in ihrer Mitte, sondern an ihrem Rande durch axial gerichtete Führungsstangen c gehalten werden. Die Blechscheiben liegen alle im Gehäuse B, welches mit der Welle W fest verbunden ist. Beim Kuppeln drückt der Hebel H die Scheibe J gegen die Blechscheiben a und b, schiebt sie dicht zusammen, so daß alle Rillen ineinandergreifen und ein allmähliches Mitnehmen untereinander stattfindet. Werden die Scheiben fest aufeinandergepreßt, so ist eine vollständige Kupplung der beiden Wellenenden erzielt. Das Gehäuse B ist mit Öl oder einer anderen passenden Flüssigkeit gefüllt, um die Wärme aus den Blechscheiben abzuleiten. Die Scheiben sind manchmal mit einer Anzahl kleiner Blattfedern versehen, damit sich die Scheiben nach dem Aufhören des Anpressungsdruckes wieder voneinander freimachen. —

Die zurzeit fabrizierten Ölmotoren besitzen bis auf wenige, zurzeit noch nicht absolut betriebssichere Motoren, nur eine Umlaufrichtung, während es für den Bootsbetrieb notwendig ist, das Boot vorwärts und rückwärts zu bewegen. Das Rückwärtsfahren wird durch Einschalten eines Wendegetriebes in die Wellenleitung, durch Verwendung eines Propellers mit verstellbaren Flügeln, einer sogenannten Umsteuerschraube oder durch Anwendung einer elektrischen Bewegungsübertragung erreicht.

Umsteuerungsvorrichtungen.

Die Motoren haben im allgemeinen nur eine Umlaufsrichtung. Bei Zweitaktmotoren ist es ohne große Komplikation der Steuerung möglich, auch einen Rückwärtsgang des Motors zu erzielen. Dennoch verzichtet man, besonders bei kleineren Motoren, darauf, diese Möglichkeit zu benützen und verwendet besondere Einrichtungen außerhalb des Motors, um den Rückwärtsgang des Bootes zu erreichen.

Große Motoren erhalten eine direkte Umsteuerung ihrer Laufrichtung, so daß sie nach Belieben links- oder rechtsherum laufen können. Gewöhnlich wird das Anlaufen der Motoren durch Druckluftverwendung herbeigeführt.

Mechanisches Wendegetriebe.

Es ist die Aufgabe des Wendegetriebes, die Drehrichtung der Propellerwelle bei gleichbleibender Drehrichtung der Motorwelle in die entgegengesetzte zu verwandeln. Zu diesem Zwecke werden Zahn- und Reibrädergetriebe, wohl auch Riemengetriebe verwendet. Das Prinzip des Wendegetriebes ist aus den Figuren 79 und 80 leicht ersichtlich. Rad A dreht sich konstant nach einer Richtung, in der Fig. 79 links herum, und wird vom Motor getrieben. Beim Vorwärtsfahren ist die Propellerwelle P durch die Kupplung K mit der Welle verbunden. Die Räder B und C stehen dann weder mit A noch mit D in Berührung. Zum Reservieren der Propellerwelle wird die Welle P durch Lösen der Kupplung K von der Welle M getrennt, zugleich werden die Räder B und C mit den

Rädern *A* und *D* in Berührung gebracht und drehen sich in den durch Pfeile angegebenen Richtungen. Man erkennt aus der Figur 80, daß jetzt der Drehsinn des Rades *D* demjenigen des Rades *A* entgegengesetzt gerichtet ist.

Die vier Räder können Reibräder oder Kegelzahn-

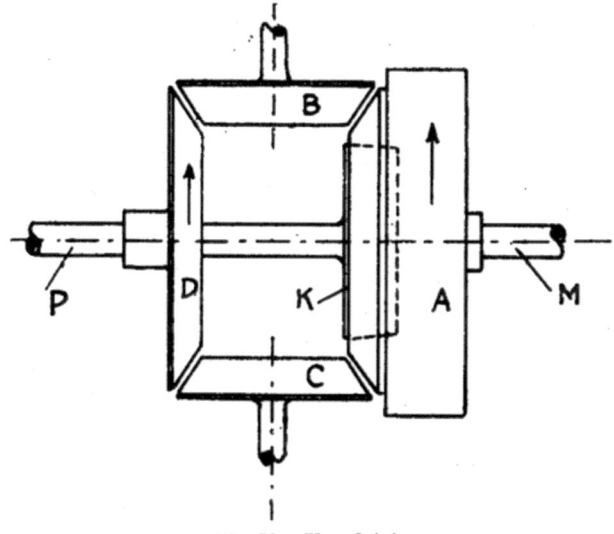

Fig. 79. Vorwärts!
(Kupplung *K* eingerückt, Wendegetriebe in Ruhe.)

räder sein. Bei Anwendung der letzteren ist es vorteilhaft, die Zähne der Räder dauernd im Eingriffe, also in arbeitsfähiger Berührung zu erhalten (siehe Fig. 81).

Zu diesem Zwecke läßt man bei Vorwärtsgang die Räder *B* und *C* und die Welle *P* mitrotieren und hält sie bei Rückwärtsgang durch eine Bremse fest. Bei

Vorwärtsgang ist der Hohlkörper G durch die Kupplung K mit der auf der Motorwelle sitzenden Scheibe E verbunden und wird in gleichem Sinne gedreht. Wird die Kupplung K gelöst und in den Bremsring F

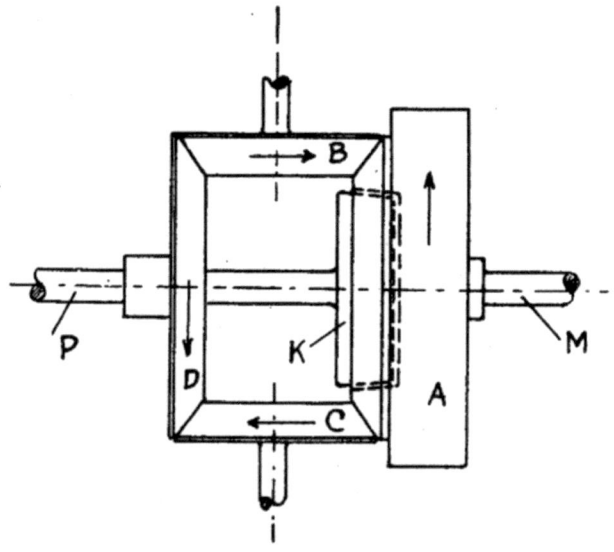

Fig. 80. Rückwärts!
(Kupplung K ausgerückt, Wendegetriebe in Tätigkeit.)

gezogen, so treibt das mit der Welle verbundene Zahnrad A, wie vorher, die Räder B und C an und damit das fest auf der Welle P sitzende Rad D im entgegengesetzten Sinne. Das Kegelradgetriebe findet man auch durch ein Stirnradgetriebe ersetzt, welches in entsprechender Weise die Umkehrung der Drehrichtung der Propellerwelle herbeiführt.

Riemengetriebe arbeiten in ganz ähnlicher Weise wie die beschriebenen Wendegetriebe. Die Bewegungsübertragung geschieht durch Riemen aus Leder.

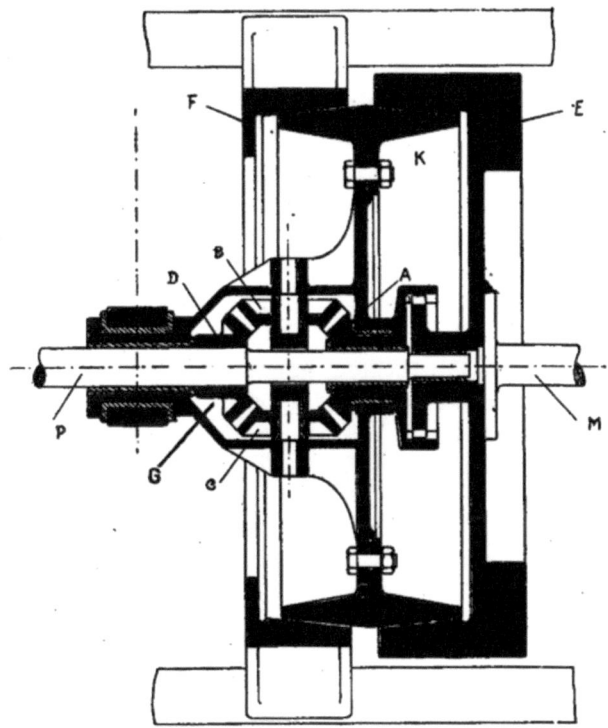

Fig. 81. Kegelräderwendegetriebe.

Die Wendegetriebe findet man, wie aus Figuren 79, 80, und 81 zu ersehen, meistens mit der Motorkupplung zu einem Komplex vereinigt.

Elektrische Umsteuerung.

Der Elektromotor kann durch einfache Bewegung eines Schalthebels aus einer Umlaufsrichtung in die entgegengesetzte gebracht werden. Als Bootsmotor macht er daher jedes Wendegetriebe überflüssig, verlangt jedoch eine ständige Stromquelle. Es muß also zu seinem Betriebe entweder eine Akkumulatorenbatterie oder ein von einem Ölmotor angetriebener Stromerzeuger (Dynamo) an Bord sein. Am einfachsten ist in solchen Fällen der benzin-elektrische Bootsantrieb, welcher aus einer Benzindynamo und einer kleinen Batterie besteht. Bei den Bootsmanövern arbeitet die Dynamo als Elektromotor mit dem Strom aus der Batterie und wird das Boot durch einfache Schalthebelbewegung umgesteuert.

Die Verwendung der elektrischen Umsteuerung empfiehlt sich nur in besonderen Fällen, da die Anlage und Unterhaltung nicht billig ist.

Umsteuerschraube.

Bei jedem Schraubenpropeller sind die einzelnen Flügel so zur Achse gestellt, daß sie einen gleichmäßigen Wasserstrom in der der Bootsbewegung entgegengesetzten Richtung erzeugen können. (Siehe „Propeller".) Werden bei gleichbleibender Drehrichtung der Propellerwelle die Flügel um ihre zur Wellenmitte senkrecht stehende Drehachse weit genug nach der entgegengesetzten Richtung gedreht, so ändert sich die Richtung des Wasserstromes und damit auch die Bewegungsrichtung des Bootes. Fig. 82a zeigt den Zustand bei der Vorwärtsbewegung, Fig. 82b

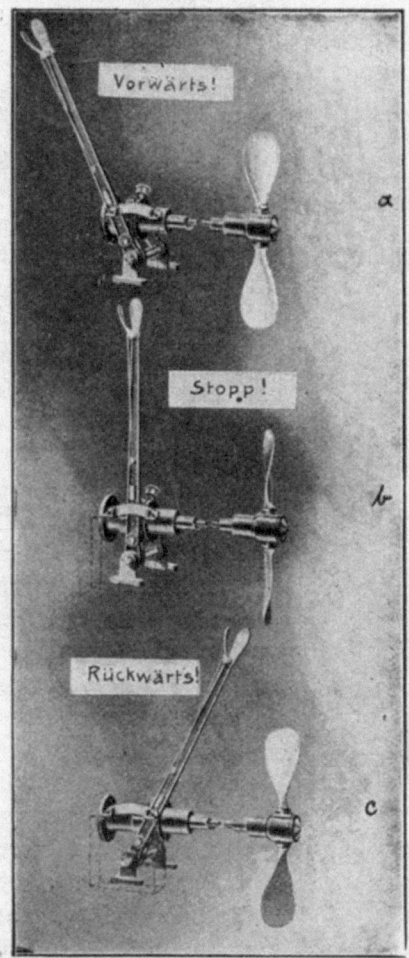

Fig. 82. Stellungen der Flügel bei einer Umsteuerschraube.

— 176 —

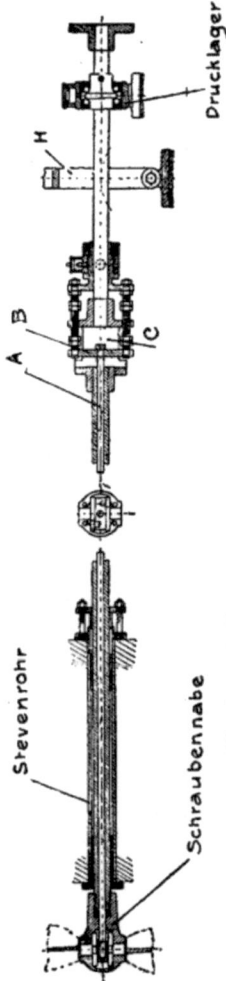

Fig. 83: Wellenanlage mit einer Umsteuerschraube.

beim theoretischen Stillstand, Fig. 82c bei der Rückwärtsbewegung des Bootes. Durch eine einfache Querstellung der Flügel kann in Wirklichkeit ein Stillstand des Bootes nicht erzielt werden, da selbst bei der mittleren Steigung der Flügel = Null eine, wenn auch kleine Schubarbeit in einer Richtung vorhanden bleibt, weil die einzelnen Flügel nicht alle absolut gleichmäßig sind und die vordere Flügelseite nicht ein Teil derselben Schraubenfläche ist. Eine Kupplung zwischen Motor und Propellerwelle ist daher auch hier nicht gut zu vermeiden.

Die Schraubenflügel sind gewöhnlich in einer teilbaren hohlen Nabe so befestigt, daß man sie mittels einer durch die hohle Propellerwelle geführten dünnen Stange um ihren Zapfen bewegen kann. Von den vielen vorhandenen Arten von Umsteuerschrauben und ihren Bewegungsmechanismen ist hier nur die Meißner-Schraube in ihren Einzelheiten gezeigt (siehe Fig. 83

Fig. 84. Einzelteile von Umsteuerschrauben.

und 84). Die Bewegung der Zugstange A erfolgt im Innern des Bootes durch einen Kreuzschieber B, welcher einen Hohlkörper C, der zugleich als feste Kupplung dient, durchquert und von außen durch einen Hebel H bewegt wird. Die Bewegung des Schiebers ist einstellbar, so daß die passende Steigung des Propellers in gewissem Umfange durch Veränderung der Schieberbewegungsgrenzen ermittelt werden kann.

Durch entsprechende Stellung des Schiebers zwischen diesen Grenzen ist es möglich, bei derselben Umlaufszahl des Motors eine geringere Steigung der Schraubenflügel und damit eine geringere Bootsgeschwindigkeit zu erzielen. Dem Motor wird dann bei konstanter Umlaufszahl weniger Arbeit abverlangt und drosselt er automatisch sein Gasgemisch entsprechend ab.

Wellenleitung.

Die Wellenleitung überträgt die Dreharbeit des Motors auf den Propeller und ist im Boote gewöhnlich ein- bis zweimal gelagert. In diesen Lagern wird die Welle mit nur ganz geringem Spielraume festgehalten. Bei der stets vorhandenen mehr oder minder großen Elastizität der Bootskörper wird durch die wechselnde Belastung des Bootes infolge der Beanspruchungen im Seegange und durch periodische Schwingungen, die ihren Ursprung in der Tätigkeit des Motors haben, die Welle aus ihrer geraden Richtung gebracht, die sie normal besitzen muß, um sich möglichst reibungslos in den Lagern zu drehen. Derartige vorübergehende Wellendurchbiegungen können selten ganz vermieden werden und sind auch bis zu einem gewissen Maße zulässig. Bei sehr elastischen Booten oder solchen Fahrzeugen, deren Motorarbeit möglichst verlustlos in den Propeller gelangen soll, schaltet man in die Welle Gelenkkupplungen (Universalgelenke oder Cardan-Kupplungen) ein, welche, wenn sie an richtiger Stelle vorgesehen sind, die Übertragung selbst erheblicher Deformationen des Bootskörpers auf die Wellenleitung verhindern.

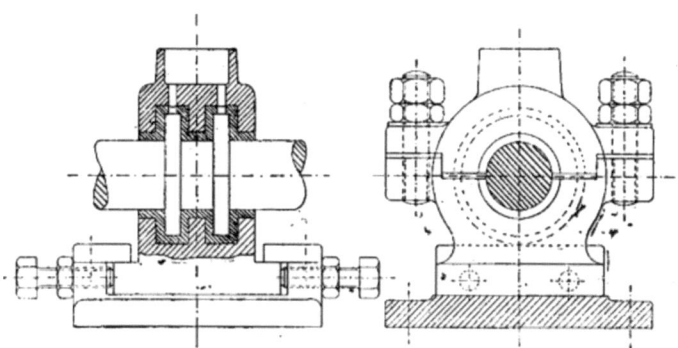

Fig. 85. Ringdrucklager.

Der vom Propeller erzeugte Axialschub muß durch die Wellenleitung auf den Bootskörper übertragen werden. Der Druck wird zu diesem Zwecke durch ein zwischen Propeller und Motor liegendes sogenanntes Drucklager aufgefangen, welches auf dem Fundament des Motors oder auf dem Kiel des Bootes gut befestigt ist (siehe Fig. 85 und 86).

Die Propellerwelle wird durch den Hintersteven des Bootes wasserdicht nach außen geführt und ist zu diesem Zwecke mit einem Eisen- oder Bronzerohr, dem Steven- oder Sternrohr (siehe Fig. 83), umgeben und in demselben an jedem Rohrende in Pockholz- oder Weißmetallschalen gelagert. Die Schmierung der Weißmetallager geschieht vom Innern des Bootes aus mit Fett. Das Stevenrohr selbst ist im Steven des Bootes gut wasserdicht befestigt. Fahrzeuge, welche viel im Seewasser fahren, erhalten Propellerwellen aus fester Bronze oder einen Bronzeüberzug über den

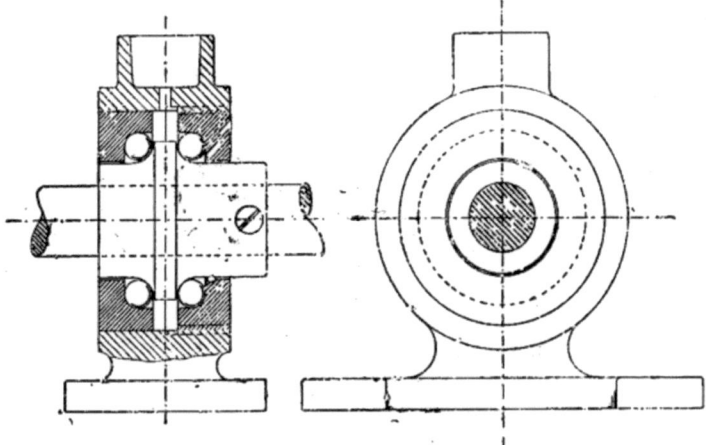

Fig. 86. Kugeldrucklager.

letzten Teil (Schwanzende) dieser Welle. In solchen Fällen sind die in der Nähe der Welle und des Propellers befindlichen Eisenteile, soweit sie mit dem Seewasser in Berührung kommen, durch Bronze- oder Gelbmetallteile ersetzt.

Das Schwanzende der Wellenleitung liegt oftmals außerhalb des Bootes noch eine gewisse Strecke frei und wird dann kurz vor dem Propeller in einem Wellenbocke noch einmal gelagert.

Schraubenpropeller.

Der Schraubenpropeller, auch Schiffsschraube genannt, findet im Motorbootsbetriebe von den drei bekannten Schiffspropellern Schraube, Turbine und Schaufelrad am allermeisten Verwendung. Er nimmt die vom Motor geleistete Dreharbeit in sich auf und verwandelt den größten Teil derselben in Schubarbeit, durch welche das Boot mit einer gewissen Geschwindigkeit vorwärts bewegt wird. Die vom Propeller gefaßten Wassermassen erhalten eine drehende und zugleich eine axiale nach rückwärts gerichtete Bewegung. Dabei muß die Geschwindigkeit dieser axialen Bewegung größer sein, als die des Wassers, welches sich vor dem Propeller befindet, wenn ein axialer Schub entstehen soll. Diese Schubwirkung des Propellers entsteht also, technisch-wissenschaftlich gesprochen, durch die Beschleunigung von Wassermassen in einer Richtung, welche der Bewegungsrichtung des Bootes entgegengesetzt ist. Diese beschleunigten Wassermassen finden in dem hinter dem Propeller liegenden Wasser einen Widerstand gegen ihre Bewegung, welcher normal ebenso groß ist als derjenige, der sich der Fortbewegung des Bootes entgegensetzt.

Der Schraubenpropeller besteht aus einer Anzahl Flügel, welche in einer Nabe vereinigt und durch diese auf der Welle befestigt sind. Die Schraubenflügel sind von der Nabe nach der Flügelspitze zu so gewunden, daß ihre hinteren Flächen gewöhnlich als Teile einer Schraubenfläche angesehen werden können, welche bis zur Achse der Welle eingeschnitten gedacht werden muß.

— 182 —

In Fig. 87 ist eine solche Schraubenfläche und ein Flügel als Teil derselben dargestellt. Fig. 87 zeigt die Schraubenfläche von der Seite gesehen. Eine solche Schraubenfläche entsteht, wenn eine gerade Linie a—b um die Achse x—x gleichmäßig gedreht und zu gleicher Zeit gleichmäßig in der Richtung c—d bewegt wird. Hat der Punkt b der Linie a—b einen ganzen Kreis beschrieben, so ist unterdessen der Punkt a von c

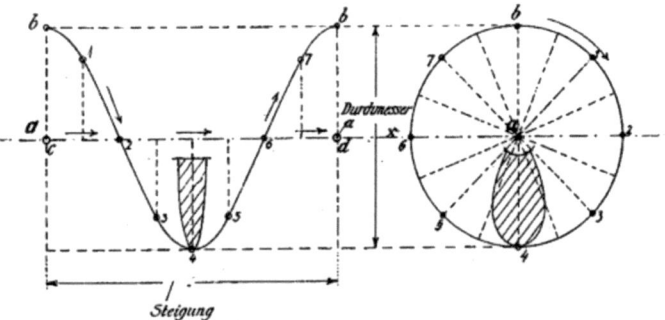

Fig. 87. Darstellung eines Schraubenganges.

nach d gelangt. Dreht sich die Schraube, wenn man nach dem vordern Bootsende blickt, im Sinne des Uhrzeigers, so heißt sie rechtsgängig, im andern Falle linksgängig. Den Durchmesser des von Punkt b beschriebenen Kreises nennt man den Schraubendurchmesser und die Strecke c—d die Schraubensteigung. Multipliziert man die Schraubensteigung mit der Umlaufszahl der Schraube pro Sekunde, welche gleich der Umlaufszahl des Motors ist, sofern nicht zwischen Motor und Schraube ein die Umlaufszahl veränderndes Getriebe geschaltet ist, so erhält man den Schraubenweg. Dieser Schraubenweg ist wohl stets etwas größer als die Strecke, welche das Boot in der gleichen Zeit zurückgelegt hat. Die Differenz zwischen Schraubenweg und Bootsweg nennt man den **scheinbaren Rücklauf** oder den **scheinbaren Slip** der Schraube (vielfach in Prozenten vom Schraubenweg ausgedrückt). Der **wirkliche Rücklauf** oder **Slip** stellt die Größe der Wasserbeschleunigung dar, von welcher der Schraubenschub abhängt. Wird dieser Slip = Null, so hört auch der Schraubenschub und damit die Bootsbewegung auf.

Unter Beschleunigung des Wassers ist der Unterschied zwischen den Geschwindigkeiten, mit welchen das Wasser in die Schraube hinein- und aus derselben heraustritt, zu verstehen. Da nun die Eintrittsgeschwindigkeit des Wassers in die Schraube oftmals merklich kleiner ist als die Bootsgeschwindigkeit (Gründe dafür sind unter Widerstand behandelt: Vorstrom), so kann es vorkommen, daß der aus Steigung und Umlaufszahl errechnete Schraubenweg sich als nur ebenso groß oder sogar kleiner als der Bootsweg ergibt. Man hört dann in solchen Fällen wohl sagen: der Slip ist Null bzw. negativ. Beide Bezeichnungen sind verwerflich, denn sie führen zu gänzlich falschen Vorstellungen von der Arbeitsweise des Propellers. Ergibt die rechnerische Ermittelung einen Slip = Null und das Boot läuft trotzdem, so hat man sich über die Größe der Geschwindigkeit des Wassers beim Eintritt in die Schraube ein unrichtiges Bild gemacht. Der **scheinbare** Slip kann wohl = Null oder negativ werden, der **wirkliche** Slip ist es niemals, denn Slip oder Wasserbeschleunigung ist für die Propellerwirkung durchaus notwendig. Der Schraubenschub steigt mit zunehmendem Slip, ohne daß jedoch in allen Fällen eine ebenso erhebliche Geschwindigkeitszunahme des Bootes daraus resultiert.

Die vom Propeller nach rückwärts bewegte Wassermasse ist in erster Linie von dem Durchmesser der Schraube und vom Schraubenweg und in zweiter Linie von der Größe der Flügelfläche abhängig.

Da der Schraubenschub, wie erwähnt, durch Beschleunigung von Wassermassen entsteht, so wird in solchen Fällen, in denen die Beschleunigung nicht groß sein kann, die Wassermasse groß werden müssen, während bei großen Beschleunigungen nur kleine Wassermassen notwendig sind, um einen gewissen Schraubenschub zu erzielen. Man findet daher bei langsamen, schweren Booten Schrauben mit großem Durchmesser, großer Flügelfläche und kleinem Schraubenweg. Es ist in einem solchen Falle das Richtigste, die Umlaufszahl, nicht die Steigung klein zu wählen. In dem Maße, in dem die Boote leichter und schneller werden, vermindern sich Schraubendurchmesser und Flügelfläche und vergrößert sich der Schraubenweg. Dann ist es richtiger, große Umlaufszahlen zu wählen, damit die Steigung eine gewisse Größe im Verhältnis zum Propellerdurchmesser nicht überschreitet.

Da die gewöhnlichen Motorboote meistens Fahrzeuge von verhältnismäßig geringem Gewichte und dabei mit günstigen Formen ausgestattet, außerdem im Vergleich mit ihrer Größe fast immer schnell zu nennende Boote sind, so findet man bei ihnen vielfach Propeller mit größeren Umlaufszahlen, kleinem Durchmesser und kleiner Flügelfläche. Diese Fläche ist über zwei oder drei, seltener über vier Flügel gleichmäßig verteilt (siehe Fig. 88). Die Zahl der Flügel hängt von Größe und Zweck des Bootes ab.

Die dem Propeller mitgeteilte Dreharbeit wird nicht vollständig in Schubarbeit umgewandelt. Ein Teil, und zwar 30% bei gut konstruierten und fabrizierten Schrauben und 40% und auch wohl noch mehr

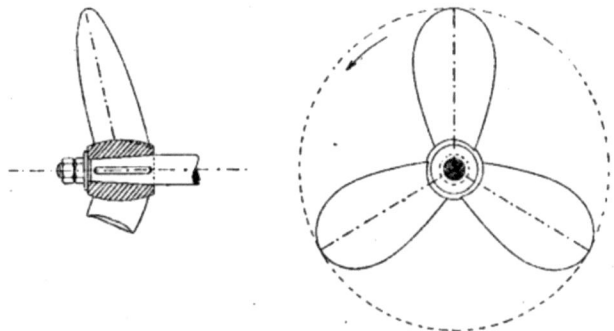

Seitenansicht mit Nabe im Schnitt.   Ansicht von hinten.

Fig. 88. Dreiflügeliger Schraubenpropeller.

bei minderwertigen, wird benötigt, um die Eigenwiderstände in der Schraube (Reibungs- und Verdrängungswiderstände des Wassers an den Flügeln und der Nabe usw.) zu überwinden. Dieser Teil der Dreharbeit geht für die Bewegung des Bootes verloren. Dieser Verlust wächst bei einer gegebenen Schraube mit der Zunahme der Umlaufszahl, also indirekt auch mit der Zunahme des Rücklaufs. Man nennt das Verhältnis der zur Wirkung auf Schub des

Bootes gelangenden Dreharbeit zur ganzen in den Propeller gelangenden Dreharbeit den **Wirkungsgrad der Schraube.**

Der Wirkungsgrad steigt im allgemeinen schnell mit zunehmendem Slip, bis derselbe die Größe von ca. 10—16% erreicht hat und fällt dann langsam wieder.

Die Flügel des Schraubenpropellers werden meistens so geformt, daß sie von hinten gesehen ovale Flächen zeigen. Gewöhnlich sind die Spitzen gut abgerundet. Die Kanten der Flügel werden zugeschärft und die ganzen Flächen gut geglättet.

Fig. 89. Dreiflügeliger Schraubenpropeller.

Um Erschütterungen durch das Arbeiten der Schraube möglichst zu vermindern, werden die Flügel bei besseren Schrauben gleichmäßig bearbeitet und ausbalanciert.

Als Material für die Propeller dienen Gußeisen und Bronze (letzteres für die Schrauben der Seefahrzeuge) von besonders guter Beschaffenheit. Geschmiedete Schrauben finden seltener Anwendung. Die Flügel sind gewöhnlich mit der Nabe aus einem Stück gegossen. Die Nabe ist konisch ausgebohrt und mittels Keil und Mutter auf dem konisch abgedrehten Ende der Schwanzwelle befestigt. Über Schrauben mit verstellbaren Flügeln ist näheres unter „Wendegetriebe" mitgeteilt.

Man findet außerordentlich viele Arten von Flügelformen, deren Gestalt mehr oder weniger berechtigt ist. Sehr groß sind die Vor- und Nachteile der einzelnen Konstruktionseigentümlichkeiten nicht. Die Wirkung der Schraube hängt zum allergrößten Teile von der richtigen Wahl der Hauptabmessungen, wie Durchmesser, Steigung, Fläche usw., ab.

Motorboote, welche nur einen ganz geringen Tiefgang haben dürfen, erhalten entweder eine Turbine als Propeller oder eine Bootsform, welche hinten einen Tunnel über eine gewöhnliche Schraube bildet. Der Durchmesser der Turbine resp. der Schraube ist in diesem Falle größer als der Tiefgang des Bootes und ragt bei Stillstand bis zu ca. $1/3$, in manchen Fällen sogar bis zu $1/2$ des Durchmessers über die Wasseroberfläche. Bei der Fahrt steigt dann das Wasser in den Tunnel resp. in die Turbine hinein und gestattet so eine mehr oder minder gute Ausnützung der Flügelfläche.

Rohöl-Motoren.

Infolge der fortgesetzten Steigerung der Betriebsstoffpreise ist man auf größeren Booten für wirtschaftliche Zwecke und vereinzelt auch auf Motoryachten zur Verwendung von Rohölmotoren übergegangen.

Die Natur des Rohöls bedingt besondere Konstruktionseigentümlichkeiten des Motors, welcher es benutzen soll. Aus diesen Eigentümlichkeiten resultieren große äußere Abmessungen des Motors, also auch große Gewichte. Deshalb und aus anderen Gründen können diese Rohölmotoren nicht immer auf Motorbooten verwendet werden. Die nachfolgenden Mitteilungen sollen zur allgemeinen Information dienen. Unter den Rohölmotoren kennt man zwei verschiedene Arten, nämlich die Glühhauben- und die Diesel-Motoren.

Glühhaubenmotoren.

Sie werden auch Glühkopfmotoren genannt und arbeiten stets im Zweitakt. Die Motoren besitzen keine elektrische Zündung. Im Kurbelgehäuse wird nur angesaugte Frischluft komprimiert. Sie tritt dann über den Kolben und wird dort weiter komprimiert, wodurch sie sich stark erwärmt. Vor Beendigung der Kompressionshubes wird durch eine Brennstoffpumpe Rohöl gegen die heißen Wandungen des Glühkopfes gespritzt, welcher das obere Zylinderende bildet und durch eine besondere Lampe von außen erhitzt wird. Das Rohöl vergast und bildet mit der komprimierten Luft ein explosibles Gemisch, welches sich dann von selbst entzündet und den Kolben vorwärts treibt.

Das Wesen dieser Motorart ist also der Glühkopf,

welcher bei Beginn des Betriebes durch die Lampe erhitzt wird und später durch die Explosionen heiß erhalten wird.

Diese Motoren brauchen etwa 20—25 Minuten zur Vorbereitung des Betriebes.

Diesel-Motoren.

Die Diesel-Motoren werden als Zwei- und Viertaktmaschinen gebaut. Sie besitzen keine elektrische Zündung und keine Glühhauben. Bei ihnen wird die Frischluft ebenfalls allein komprimiert und kurz vor dem Ende des Kompressionshubes Rohöl durch Preßluft eingespritzt. Das explosible Gemisch entzündet sich selbst durch hohe innere Wärme. Zu dem eigentlichen Motor gehören noch der besondere Kompressor zur Erzeugung der Einblaseluft und bei Zweitaktmotoren die Spülpumpe, welche Luft von niederer Spannung zum Ausspülen der Zylinder nach beendetem Explosionshub erzeugt. Die Kompressor-Luft ist von hoher Spannung und wird in Stahlflaschen aufgespeichert.

Zum Anlassen und Umsteuern der Diesel-Motoren wird ebenfalls Preßluft verwendet.

Die Inbetriebsetzung eines Diesel-Motors kann jederzeit erfolgen, solange Druckluft von genügender Spannung vorhanden ist.

Das Rohölquantum, welches jedem Zylinder vor jedem Explosionshub zugeführt werden muß, wird durch eine besondere Brennstoffpumpe gefördert, welche selbst bei stärkeren Motoren noch sehr klein ist. Die hierdurch entstehenden Schwierigkeiten halten vorläufig noch die untere Leistungsgrenze der Diesel-Motoren auf 50—60 PS.

III. Behandlung des Motorbootes.

Bootskörper.

Allgemeines.

Gute Behandlung und entsprechende Pflege verlängern die Lebensdauer des Bootes und erhalten das gute Aussehen desselben, auf welches wohl jeder Eigentümer Wert legen wird. Eine gewisse Fürsorge muß man dem Boote auch außerhalb der Zeit der Benutzung angedeihen lassen. Für das Boot ist ein Liegeplatz auszuwählen, an dem es möglichst vor Seegang, Schmutz und Rauch geschützt und so festgemacht liegt, da es sich nicht an Kaimauern, Stegen und Pfählen scheuern kann und Unberufenen nicht leicht zugänglich ist. „Piraten", welche Festmacheleinen abschneiden, Metallteile und Werkzeug auf Nimmerwiedersehen ausleihen, mit Vorliebe frische Farbe abtreten und sich ähnlich angenehm bemerkbar machen, gibt es überall. Auf größeren Booten befindet sich wohl meistens ein angestellter Bootsmann oder Mechaniker, auf dessen Hilfe man bei größeren Fahrzeugen nicht verzichten kann, und der neben der täglichen Pflege des Bootes auch die Aufsicht über dasselbe zu übernehmen hat.

Die emaillierten und lackierten Teile der Außenhaut, der Aufbauten und der Einrichtung sind täglich mit einem wenig feuchten Ledertuche abzureiben, der Anstrich der Außenhaut in der Nähe der Wasserlinie mit Wasser und Seife von dem sich fast in jedem Gewässer ansetzenden Schmutz zu reinigen. Das Deck ist zu spülen oder zu scheuern. Alle Messing- und Bronzeteile sind zu putzen. Das im Boote angesammelte Wasser und Öl ist zu entfernen. Nasse Kissen, Decken, Segel usw. sind zu trocknen. Und so gibt es noch eine ganze Reihe täglicher Arbeiten, zu welchen jeder echte Bootsmann auch ausgiebiges, oft übertriebenes Malen und Lackieren rechnet. Kleinere Boote bedeckt man mit einer der Bootsform angepaßten, aus grobem Segeltuch gefertigten Plane, Presennig genannt, welche mittels Schnüren und kleinen Ringen am Boote befestigt wird.

Ein gewisses Quantum Betriebsstoff (Benzin, Petroleum usw.) und Schmieröl ist stets an Bord zu halten, damit man ohne große Vorbereitungen zu jeder Zeit eine kurze Fahrt unternehmen kann.

Außerdienststellung.

In manchen Fällen wird das Motorboot nicht das ganze Jahr hindurch im Dienste bleiben. Vielfach bezieht es im Monat Oktober ein Winterlager, wo es während der Wintermonate, vor Eis und Schnee geschützt, aufbewahrt bleibt. Nachdem das Boot mit geeigneten Mitteln aus dem Wasser geholt und an seinen Winterplatz geschafft ist, beginnt man gewisse Außerdienststellungsarbeiten zu erledigen, welche im Interesse der Erhaltung und späteren leichteren Instandsetzung des Bootes ausgeführt werden müssen. Diese Arbeiten bestehen aus Reinigung, Revision und

Reparatur des Bootskörpers, seiner Einrichtung, seines Inventars und der ganzen Motoranlage, deren Außerdienststellung in einem besonderen Kapitel ausführlich behandelt ist. Das Herausholen der Boote aus dem Wasser wird oft in einer dem Boote wenig dienlichen Weise vorgenommen. Besonders sind hölzerne Boote sehr vorsichtig zu behandeln. Kleine offene Fahrzeuge kann man wohl ohne Schaden auf geschmierten Planken aufs Land ziehen, größere Boote muß man jedoch mit passenden Slipanlagen (Gleit- oder Rollslips) aus dem Wasser befördern. Der Kiel soll soweit als möglich, besonders aber unter dem Motor unterstützt werden und ist darauf zu achten, daß die Unterlagen weicher als das Holz des Kieles sind.

Die Außenseite des Bootes wird von den anhaftenden Schlammteilen, Muscheln und Wasserpflanzen durch Scheuern gut gereinigt. Alle Inventar- und die beweglichen Einrichtungsteile des Bootes werden herausgenommen und nach Durchsicht und Reinigung in einem besonderen Raume untergebracht. Dann nimmt man die Fußbodenbretter auf, öffnet alle Behältnisse der Einrichtung und führt eine ausgiebige Reinigung der Räume durch. Wenn es die Verhältnisse gestatten, so nimmt man auch den Motor aus dem Boote heraus, weil gerade der unter dem Motor befindliche Teil des Bodens schwer zugänglich ist und doch wohl am meisten der Reinigung bedarf. Binnenbords scheuert man zuerst mit heißem starken Sodawasser die Bilge, um das dort angesammelte verdickte Schmiermaterial zu entfernen. Darauf werden alle anderen Teile des Bootes mit heißem schwachem Sodawasser gewaschen und zum Schluß mit klarem Wasser reichlich nachgespült.

Alle Behältnisse läßt man offenstehen, damit sie gut auslüften. Nach der Reinigung unterzieht man das ganze Boot einer eingehenden Revision, untersucht beim Holzboot die Nähte und das Holz auf ihren Zustand und entscheidet über die eventuell notwendigen kleinen Reparaturen. Wenn sich während der Benutzung des Bootes größere Reparaturen und Änderungen als notwendig herausgestellt haben, so zögere man nicht, dieselben so frühzeitig als möglich vornehmen zu lassen. Zu diesem Zwecke gibt man das Boot am besten auf einer Bootswerft in das Winterlager und läßt die notwendigen Arbeiten möglichst sofort in Angriff nehmen. Sie werden dann bei Beginn der nächsten Saison erledigt sein und die Indienststellung nicht aufhalten.

Siehe auch ,,Außerdienststellung des Motors" S. 221 ff.

Indienststellung.

Wenn eine gründliche Reinigung des Bootes bei der Außerdienststellung stattgefunden hat, die Reparaturen ausgeführt sind und das Innere des Bootes gut gelüftet und getrocknet ist, beginnt man, nachdem alle eventuellen Arbeiten an der Motoranlage ausgeführt sind, die Instandsetzung der Boote für den kommenden Gebrauch mit den Maler- und Lackiererarbeiten. Die Außenfläche der Außenhaut ist über Wasser bei vielen Booten mit Ölfarbe gemalt, bei manchen Booten auch nur lackiert, wie es das ganze Holzwerk der Einrichtung und der Aufbauten fast aller Motorboote ist. Vor dem Malen und Lackieren ist das Holzwerk gut zu reinigen. Alle Nähte und Nagelstellen sind auszukitten resp. zu dichten. Der alte Lack ist durch Schaben oder durch Waschen mit warmem Sodawasser zu entfernen. Bei Anwendung des letzteren Mittels muß man mit reinem Flußwasser nachspülen, damit nicht Laugenrückstände den neuen Lacküberzug verderben. Flächen, welche mit Ölfarbe gemalt werden sollen, sind ebenfalls durch Waschen oder Abkratzen der alten Farbeschicht zu reinigen. Mit Bimsstein und Wasser oder mit feinem Glaspapier wird das herausgequollene Dichtungsmaterial der Nähte abgerieben und im ganzen eine möglichst gleichmäßige Fläche geschaffen. Wenn sich der alte Lack- oder Ölfarbenanstrich noch in gutem Zustande befindet, genügt oftmals ein Abreiben mit feinem Bimssteinpulver und Wasser, um die Flächen zu reinigen und zu glätten. Alten harten Ölfarbenanstrich, der sich in schlechtem Zustande befindet, muß man mit einer passenden Lötlampe abbrennen oder mit einem Schaber abkratzen. Beim Abkratzen ist das Holzwerk möglichst nicht anzugreifen, weil sonst Unebenheiten geschaffen werden, die man nur durch Hobeln wieder entfernen kann.

Das Auftragen der neuen Lackschicht ist eine durchaus nicht einfache Arbeit, wenn der Anstrich später tadellos erscheinen soll. Man verwende stets einen wasserhellen Lack von bester Qualität, da minderwertige Lacke unter der Einwirkung des Regen- und Seewassers eine milchige Färbung annehmen und dadurch das Aussehen des Bootes erheblich beeinträchtigen. Der Lack soll nicht zu dünn und nicht in der heißen Sonne aufgetragen werden, wenngleich eine warme Witterung oder ein warmer Arbeitsraum sehr vorteilhaft wirkt. Frost zerstört jeden trocknenden Lack- und Farbenanstrich.

Ein Ölfarbenanstrich ist leichter auszuführen. Die Farbe wird mehrmals dünn aufgetragen und zum Schluß mit einer Emaillefarbe überstrichen, welche in allen Farbentönungen streichfertig zu erhalten ist. Weiß ist eine sehr praktische und beliebte Farbe für elegante Motorboote. Schwarz ist mehr für Gebrauchsboote zu empfehlen. Das Aussehen eines Bootes wird durch eine weise eingeschränkte Vergoldung an passenden Stellen sehr gehoben. Gewöhnlich wird nur über oder unter der Scheuerleiste eine schmale Kehle vergoldet oder ein schmaler Goldstreifen aufgetragen. Ein Überladen der Boote mit vergoldeten und geschnitzten Ornamenten, die man womöglich wieder durch Drahtgitter vor Beschädigungen zu schützen hat, entspricht nicht dem Charakter des Luxus- oder Gebrauchsmotorbootes.

Von großer Wichtigkeit ist der Anstrich des Unterwasserteiles des Bootes, sofern derselbe nicht, wie es vielfach bei größeren hölzernen Booten der Fall ist, mit Kupferblech überzogen ist. Der Zustand des Bodenanstriches beeinflußt die Geschwindigkeit des Bootes bekanntlich ganz erheblich. Daher ist ein Bootsboden, gestrichen mit einem Präparat, welches eine glatte Oberfläche bildet und das Ansetzen von Wasserpflanzen und Muscheln verhindert, für jedes schnellere Motorboot eine Hauptbedingung. Alle Schiffsbodenfarben, denen man die erwünschten Eigenschaften nachsagt, verlieren diese jedoch im

Laufe einiger Monate, so daß dann ein frischer Anstrich notwendig wird.

Der Unterwasserteil des Bootes ist ebenfalls vor dem Anstreichen sorgfältig durch Abreiben, Schaben und Kitten zu glätten. Die Farbe ist in verschiedenen dünnen Lagen aufzutragen, wobei jede Farbeschicht für sich vollständig hart und trocken werden muß.

Der Kupferbeschlag der hölzernen Außenhaut gibt die beste Oberfläche. Er ist jedoch auch ein paarmal während der Saison zu scheuern und bewährt sich besser im Seewasser als im Flußwasser.

Die Bilge wird mit roter Mennigfarbe ausgestrichen. Nach Beendigung der Maler- und Lackiererarbeiten unterzieht man sämtliche Inventar- und Einrichtungsstücke einer genauen Durchsicht und Reinigung, klopft die Polsterkissen, wäscht das Sonnensegel und die Presennigs, mit welchen das Boot oder einzelne Teile desselben während der Nacht und der Nichtbenutzung des Bootes bezogen werden, probiert die Lenzpumpe, die Bootslaternen und die Rettungsgürtel und -ringe, putzt alle Messing- und Bronzeteile des Bootes und untersucht besonders gründlich auch die Rudereinrichtung, die Ankerkette und die Festmacheleinen. Nachdem auch die Instandsetzung des Motors erledigt ist, wird das Boot vorsichtig ins Wasser gebracht. Manche hölzerne Boote ziehen in den ersten Tagen etwas Wasser, wenn sie lange auf dem Lande gestanden haben. Sollte das Lecken jedoch nicht von selbst aufhören, so ist eine andere Ursache zu vermuten und nach dem Auffinden sofort zu beseitigen.

Siehe auch „Indienststellung des Motors".

Motoranlage.

Behandlung im Betriebe.

Vor der Inbetriebsetzung müssen einige Vorkehrungen getroffen werden, um Störungen während des Betriebes weitmöglichst vorzubeugen.

Der Tank ist mit Betriebsmaterial zu füllen und dann wieder dicht zu verschließen. Dabei achte man darauf, daß möglichst keine Unreinlichkeiten, Wasser usw. in den Tank gelangen und der Tank nicht überläuft, was besonders bei Benzin als Betriebsmaterial durchaus zu vermeiden ist. Will man besonders vorsichtig sein, so gieße man den Betriebsstoff durch ein Stück Rohseide in den Tank. Man fülle einen Tank niemals ganz voll, damit der Inhalt die Möglichkeit besitzt, sich frei auszudehnen. Gedenkt man längere Touren auszuführen, so ist es von Wichtigkeit, ein genügendes Quantum Betriebsmaterial im Boote mitzunehmen. Für jede Stunde Fahrt und jede Pferdekraft des Motors rechne man vorsichtshalber 0,35 bis 0,40 kg Betriebsstoff, also ca. 0,5 bis 0,6 l. Für einen zehnpferdigen Motor und zwölf Stunden Fahrt hätte man demnach ungefähr 60 bis 72 l Benzin oder Petroleum mitzunehmen. Sollten die Tanks das nötige Quantum nicht fassen, so nimmt man das übrige in großen Kannen mit.

Ferner versorge man den Motor mit Schmieröl, dessen mitzunehmende Menge ungefähr ein Achtel bis ein Zehntel des Betriebstoffquantums betragen wird, und untersuche die Spannung des elektrischen Stromes der Zündbatterie, falls eine solche Verwendung findet. Dann fülle man die kleinen Schalen der

Kompressionshähne auf den Zylindern mit Benzin, öffne die Hähne und lasse es in die Zylinder laufen und schließe die Hähne wieder. Diese kleinen Benzinquanten erleichtern das Anspringen des Motors. Während man dem Benzin in den Zylindern Zeit läßt, zu verdampfen, öffnet man das Ventil zwischen Betriebstank und Vergaser, pumpt mit der Handpumpe Luft in den Tank, bis das Manometer ca. 0,2 bis 0,3 Atm. Druck anzeigt und der Betriebsstoff in den Vergaser getreten ist. Hiervon überzeugt man sich durch Tippen auf die Schwimmernadel des Vergasers.

Dann öffnet man den Bodenhahn der Kühlwasserleitung, schließt die eventuell offenen Entwässerungshähne an den Zylindern und in den Rohrleitungen und schaltet die Zündung ein. Bei Batteriezündung ist man auch in der Lage, die Leitung bis zur Kerze oder dem Zündstift der Abreißzündung auf Strom zu untersuchen, indem man die Verbindung des Kabels mit Kerze resp. Zündstift löst und den Motor vorsichtig dreht, bis der Stromverteiler die einzelnen Zylinder nacheinander einschaltet. Berührt man darauf die Zylinder mit den zugehörigen Drahtenden, so erscheint hier ein kräftiger Funken, sobald die ganze Zündeinrichtung bis zum Zylinder in Ordnung ist. Beim Weiterdrehen des Motors muß der Funken verschwinden. Hat man sich ferner überzeugt, daß die Wellenleitung vom Motor abgekuppelt ist, so öffnet man bei großen Motoren die Kompressionshähne etwas oder stellt die an manchen Motoren vorgesehene Einrichtung zur Verminderung der Kompression beim Andrehen entsprechend ein. Ferner stellt man den Stromverteiler auf Spätzündung, damit die Entflammung erst stattfindet, wenn der Kolben seinen Niedergang begonnen hat, denn sonst kann das für den Andrehenden meistens gefährlich werdende Rückwärtsschlagen des Motors eintreten. Bei Magnetapparaten mit automatischer Verstellung des Zündzeitpunktes ist zum Andrehen stets Spätzündung vorhanden.

Dann dreht man den Motor mittels der Handkurbel (rechts) herum, indem man die Kurbel stets von unten nach oben zieht, bis Explosionen in den Zylindern stattfinden und darauf der Motor von selbst weiterläuft. Man schließt die Kompressionshähne resp. rückt die Kompressionsverminderung aus und gibt dem Motor entsprechende Vorzündung. Man achte darauf, daß der am Manometer ablesbare Druck konstant ca. 0,2—0,3 Atm. bleibt und stelle die Öltröpfler ein, beobachte an den Schaugläsern den Durchgang des Schmieröls und richte eventuell die Luftzufuhr zum Vergaser.

Wenn der Motor dann gut läuft, beobachtet man das über Bord gepumpte Kühlwasser und reguliert dessen Zufluß so, daß das ablaufende Wasser gut handwarm ist, also eine Temperatur von ca. 35 Grad besitzt.

Läuft der Motor ziemlich gleichmäßig und ohne Auslassen der Zündung (sofern er nicht mit Aussetzerregulierung arbeitet!), so kann die Fahrt beginnen.

Manchmal geht das Inbetriebsetzen des Motors jedoch nicht glatt vonstatten. Bei kaltem und nassem Wetter versagt oft die Vergasung, und man muß die Anwärmung des Vergasers in irgend einer

Weise vornehmen. Dabei vermeide man unter allen Umständen, dem Vergaser mit einer offenen Flamme zu nahe zu kommen. Hat der Motor vor der Inbetriebsetzung längere Zeit unbenutzt gestanden, so entferne man das alte Benzin aus dem Vergaser. Es ist schal geworden und enthält oft Wasser.

Ein zu reiches oder zu armes Gasgemisch, die vorher unkontrollierbare Arbeit des Magnetapparates, die unrichtige Einstellung der Zündung und manche anderen Ursachen, die im folgenden Kapitel „Betriebsstörungen" behandelt sind, können die Inbetriebsetzung des Motors erschweren oder auch ganz verhindern.

Während der Fahrt kann man den Motor sich selbst überlassen und hat nur von Zeit zu Zeit auf das Kühlwasser und die Schmierung zu achten. Man vergesse auch nicht, daß der Motor zu seinem Betriebe frische Luft braucht, die möglich nicht zu kalt sein soll. Der Motor versorgt sich selbst mit allen zum Betriebe notwendigen Mitteln und arbeitet gleichmäßig fort, solange alle seine Teile in Ordnung und die Betriebsmittel noch vorhanden sind. Irgend welche Störungen im Betriebe merkt der geübte Bootsführer sehr bald. Der langsamer werdende oder unregelmäßige Gang des Motors, Klopfen und Stoßen in den Arbeitszylindern, Rauchen der Zylinder, Qualmen der Auspuffgase und ähnliche Anzeichen deuten auf eine mehr oder minder ernst zu nehmende Betriebsstörung hin, deren Grund nach Möglichkeit sofort festzustellen und zu beheben ist.

Die verschiedenen Bootsgeschwindigkeiten während der Fahrt erreicht man durch entsprechendes

Drosseln des Gasgemisches oder Verstellen der Zündung. Je schneller das Boot laufen soll, desto mehr Gasgemisch und Vorzündung (die letztere bis zu einer gewissen Grenze) muß der Motor erhalten. Bei Booten mit verstellbaren Schraubenflügeln ändert man die Stellung der Flügel entsprechend der gewünschten Geschwindigkeit, während sich der Motor seine Gasmenge und eventuell die Zündung von selbst entsprechend seiner Belastung einstellt.

Ein Bootsmotor muß etwas stärker geschmiert werden als ein Automobilmotor von gleicher Stärke, denn der Bootsmotor läuft in den allermeisten Fällen dauernd mit seiner Höchstgeschwindigkeit, was bei einem größeren Wagenmotor seltener der Fall ist.

Als Anhalt dafür, wieviel, wie oft und womit man ölen soll, kann der Inhalt umstehender Tabelle dienen.

Nach Beendigung der Fahrt wird der Motor durch Absperren des Gasgemisches oder Ausschalten der Zündung angehalten. Spiritusmotoren muß man ca. 3 bis 5 Minuten vor dem Stillstande mit Benzin laufen lassen, damit die Bildung der dem Motor schädlichen Essigsäure in den Zylindern verhindert wird. Dann lasse man den Druck vom Betriebsmaterialtank abblasen, schließe alle Absperrhähne und Ventile, auch den Bodenhahn der Kühlwasserleitung, öffne die Entwässerungshähne und die Kompressionshähne und räume den Werkzeugkasten auf. Außerdem nehme man, wenn es die Zeit erlaubt, kleine Reparaturen, wie den Ersatz von Dichtungen, Isolierungen usw., sofort vor, überweise schadhaft gewordene Teile einer Reparaturwerkstatt und reinige

Motorteil	Ölart	Wieviel und wie oft? (Bei täglichem Betrieb)
Motorzylinder	Mitteldickes Zylinderöl	6—12 Tropfen minütlich
Kurbelkasten	,,	Nach 20—30 Betriebsstunden auffüllen
Motorlager	,,	8 Tropfen minütlich
Ventilstößel	Maschinenöl	Täglich einmal
Ventilstengel	,,	,, ,,
Pumpenwelle	,,	,, ,,
Magnetantriebswelle	,,	,, ,,
Pumpenkolben	Staufferfett	1 Drehung der Staufferbüchse täglich
Magnetlager	Dynamoöl	Einmal monatlich
Andrehkurbel	Maschinenöl	Einige Tropfen wöchentlich
Zünd- und Gashebel	,,	Einige Tropfen wöchentlich
Wendegetriebe	Schwerflüssiges Öl mit Petroleum	Alle 14 Tage
Lederkupplung	Rizinusöl oder Klauenfett	Nur selten
Metallkonuskupplung	Maschinenöl	Nur wenig, wenn Kupplung schlecht losläßt
Lamellenkupplung	Schweres Öl mit Petroleum oder Petroleum mit etwas Graphit	Wöchentlich
Stevenrohr-Stopfbüchse	Staufferfett	2—3 Drehungen der Staufferbüchse tägl.

die ganze Motoranlage von den übergelaufenen und ausgequollenen Schmiermitteln. Man vermeide es auf jeden Fall, Teile des Motors auseinanderzunehmen, wenn man sich seiner Fähigkeit dazu nicht absolut sicher ist. Das Auseinandernehmen durch unkundige

Hände bringt meistens Verluste und wird selten zweckmäßig sein.

Auf keinen Fall leuchte man mit Streichhölzern, Kerzen oder einfachen Laternen an dem Motor herum oder in die Räume unter dem Fußboden und den Tankraum hinein! Es besteht, wenn Benzin an Bord ist, stets die Gefahr, daß hierbei Benzindämpfe zur Entzündung kommen und großen Schaden anrichten. Man verwende eine elektrische Taschenlampe. Auch beim Gebrauch von elektrischen Handlampen sei man vorsichtig. Zerspringende Glühbirnen können Gase entzünden. Geraten einmal Benzinvorräte in Brand, so bemühe man sich, die Flammen durch Sand oder Erde zu ersticken. Wasser ist nutzlos, dagegen ist die Mitführung eines betriebsfertigen Löschmittels für Benzinbrände, z. B. „Perkêo" zu empfehlen.

Betriebsstörungen, ihre Ursache und Abhilfe.

Die Konstruktion des modernen Ölmotors ist mit Rücksicht auf vollständige automatische Einleitung und Durchführung der Arbeitsvorgänge im Motor, sowie weitgehende selbsttätige Versorgung des Motors mit den notwendigen Betriebsmitteln, wie Betriebsstoff (Benzin, Petroleum usw.), atmosphärischer Luft und Schmieröl, durchgeführt. Die Arbeit eines einmal gut funktionierenden Motors kann nur durch äußere Einflüsse irgend welcher Art gestört werden, wenn man von den Einwirkungen durch den natürlichen Verschleiß der einzelnen Teile absieht, der bei sachgemäßer Pflege des Motors nur sehr langsam eintritt und ebenso fortschreitet.

Man ist leicht geneigt, die Konstruktion des Motors und seine Ausführung für Betriebsstörungen verantwortlich zu machen, welche man vielleicht durch Nachlässigkeit oder Unkenntnis der Arbeitsweise des Motors und seiner Betriebseigenheiten selbst verschuldet hat. Natürlich gibt es auch schlechte Konstruktionen unter den Bootsmotoren und Störungen durch starken Verschleiß oder Zusammenbruch von einzelnen Teilen. Im allgemeinen sind die meisten Betriebsstörungen jedoch auf unrichtige Behandlung des Motors und seiner ganzen dazugehörenden Anlage zurückzuführen.

Wer in der Bedienung eines Ölmotors vorliegender Art keine Erfahrung besitzt, muß vor allen Dingen das Instruktionsbuch lesen, welches die Fabrik dem Motor beigefügt hat und sich dabei stets auf den Standpunkt stellen, daß der Erbauer sicherlich mehr über den Motor weiß als der Käufer. Kenntnisse über den Bau und Betrieb von Dampfmaschinen befähigen noch nicht dazu, einen Ölmotor richtig zu bedienen; sie erschweren vielfach nur das Verständnis der hier obwaltenden Betriebsverhältnisse..

Betriebsstörungen äußern sich nicht immer durch Stehenbleiben des Motors. Vielfach verschlechtern sie die Arbeitsverhältnisse nur ganz allmählich und führen eventuell zur langsamen Zerstörung irgend eines Teiles der Motoranlage. Eine gewisse Routine in der Pflege des Motors und im Erkennen von unrichtigen Betriebszuständen ist daher für einen Motorbootsführer unerläßlich. Ein Ölmotor gehört nicht zu den Maschinen, welche von Laien ohne Vorkenntnisse bedient werden können, wie manche Fabrikanten und Händler behaupten, doch wird sich jeder etwas praktisch veranlagte Mann bei richtiger Anleitung in kurzer Zeit mit der Arbeitsweise des Motors und mit ihren hauptsächlichsten Störungen vertraut machen.

Der Anfänger sei besonders gewarnt vor dem übereilten Auseinandernehmen von Teilen des Motors. Ein Auseinandernehmen von unberufener Hand kann sehr verhängnisvoll für die Maschine werden.

Mancherlei Betriebsstörungen wird der unerfahrene Motorbootführer zu bekämpfen haben. Mit zunehmender Erfahrung vermindern sich die „Pannen" jedoch bis auf einige wenige, welche dann meistens durch irgend einen kleinen Konstruktionsfehler oder durch Abnützung einzelner Motorteile herbeigeführt werden.

Es ist viel Übung notwendig, um bei jeder Unregelmäßigkeit in der Arbeit des Motors sofort deren Ursache und Bedeutung für den Betrieb zu erkennen, da sich die verschiedenen Ursachen oft in der gleichen oder ähnlichen Weise äußerlich bemerkbar machen. Störungen der Zündung, der Vergasung, der Kühlung, der Ventile und der Schmierung kommen am häufigsten vor. Weniger Unregelmäßigkeiten treten an der Kupplung, dem Umsteuerungsbetriebe und der Wellenleitung auf.

Allgemeine Störungserscheinungen.

Versagt der Motor bei der Inbetriebsetzung überhaupt, obwohl er sich drehen läßt, so wird in vielen Fällen ein Mangel an Benzin im Tank oder Vergaser, ein geschlossener Hahn oder der nicht geschlossene

Kontakt der elektrischen Zündung die Ursache sein. Doch kann auch die zu geringe Temperatur oder die unrichtige Menge der Zusatzluft die Bildung von zündfähigem Gasgemisch verhindern.

Wenn eine Zündbatterie zu schwachen Strom hergibt, wird der Motor meistens anspringen, er läßt jedoch bald Zündungen aus, und die Fehlzündungen werden immer häufiger, bis der Motor schließlich stehen bleibt. Frühzündungen, also Zündungen, welche vorzeitig eintreten, kommen auch häufig vor und machen sich durch Stöße im Zylinder bemerkbar. Ihre Ursache kann in der falschen Einstellung der Zündfolge und auch in zu starker Kompression liegen, welche eine so hohe Temperatur der frischen Gase erzeugt, daß sich dieselben zur unrechten Zeit von selbst entzünden. Wenn der Motor nach Ausschalten der Zündung noch weiterläuft, so ist eine unbeabsichtigte Zündung durch irgend eine andere Ursache anzunehmen. Entweder tritt Selbstzündung durch zu hohe Kompression oder durch zu heiße Zylinder- und Kolbenwandungen und glühend gewordene (Auslaß-) Ventile ein. Auf dem Kolbenboden, auf den manchmal vorhandenen Warzen und in den Schlitzen der Ventilteller lagert sich besonders bei zu starker Schmierung Kohlenstoff ab, welcher verkokt und ins Glühen gerät, nachdem der Motor einige Zeit gelaufen ist, und Frühzündungen herbeiführen kann. In diesen Fällen sorge man für Reinigung und eine stärkere Kühlung der Zylinderwandungen und führe dem Vergaser kältere Luft zu.

Explosionen in der Auspuffleitung, welche sich durch Knallen an der Mündung des Auspuffrohres bemerkbar machen, deuten auf ein Vorhandensein von explosionsfähigen Gasen in der Auspuffleitung hin. Diese Gase können während der Kompressionsperiode durch ein undichtes Auslaßventil oder nach Fehlzündungen direkt aus dem Zylinder dorthin gelangen. Ein undichtes Auslaßventil muß möglichst sofort nachgeschliffen werden, da es sonst sehr bald ganz unbrauchbar wird und ersetzt werden muß. Das Undichtsein wird manchmal auch durch zu weiche Ventilfedern oder Unreinlichkeiten hervorgerufen.

Stöße im Motor können ihren Grund in Frühzündung, wie bereits erwähnt, oder in übermäßig reichem Gasgemisch oder in einem ausgelaufenen Kolben- resp. Kurbellager haben. Frühzündungen machen sich durch besonders heftige Stöße bemerkbar. Fortpflanzungen von Explosionen nach dem Vergaser machen sich durch Knallen an den Luftöffnungen des Vergasers bemerkbar und deuten auf falsche Zündung oder falsch gesteuerte Einlaßventile hin. Ein loses resp. ausgelaufenes Lager im Kolben oder am Kurbelzapfen kann man bei angehaltenem Motor durch Hin- und Herdrehen des Schwungrades bei offenen Kompressionshähnen leicht feststellen. Sind weder Frühzündungen, noch ausgelaufene oder zu viel Spiel besitzende Lager zu entdecken, so wird die Ursache des Klopfens wohl in der Vergasung liegen. Während der Motor läuft, kann man die Vergasung nach der Färbung der Stichflamme beurteilen, welche bei jeder Explosion zum Kompressionshahn herausschlägt. Eine rote Farbe deutet auf ein regelrechtes Gasgemisch hin, während ein zu reiches Gemisch durch eine orange oder gelbe Farbe, ein zu armes Gemisch durch eine fahle blaue Flamme gekennzeichnet ist. Verändert sich die Farbe der Flamme von Zeit zu Zeit, so ist daraus auf unregelmäßiges Arbeiten des Vergasers zu schließen.

Nach der Farbe der Flamme kann man also feststellen, ob das Stoßen im Zylinder von zu reichem Gasgemisch herrührt. Man gebe dann mehr Luft oder vermindere die Zufuhr des Betriebsstoffes.

Undichte Kolbenringe vermindern die Kompression und lassen einen Teil des Gasdruckes für die Arbeit verloren gehen. Sie stören überhaupt die Arbeitsweise des Motors erheblich, und man hat diesem Motorteil seine ganze Aufmerksamkeit zu schenken. Undichte Kolbenringe lassen sich erkennen durch dunklen Rauch, welcher aus den Entlüftungsrohren des Kurbelkastens aufsteigt.

Undicht kann auch die Führung der beweglichen Elektrode der Abreißzündung in der Zylinderwandung werden, was an auspuffenden kleinen Rauchmengen an den betreffenden Stellen erkenntlich ist.

Häufige Fehlzündungen haben, wenn die Zündung selbst in Ordnung ist, häufig ihren Grund in der unpassenden Lage der Zündstifte resp. Kerzen im Zylinder. Zur Unregelmäßigkeit in der Zündung neigen manchmal die Motoren mit einem sogenannten Zündkanal, wie man einen kleinen Zylindernebenraum bezeichnet, in welchem sich die inneren Zündorgane befinden. Diese Organe sollen so liegen, daß sie stets von frischen Gasen umspült und möglichst gut gekühlt werden und gegen Schmieröl geschützt sind. Schmieröl tritt oft von unten her über den Kolben. Wenn das Öl dann gegen die Zündung geschleudert wird und verbrennt, so bildet es zwischen den Zündpolen leitende Verbindungen und beeinträchtigt die Zündung.

Durch ungeeignetes Schmieröl, durch zu starkes oder unzulängliches Schmieren werden überhaupt viele Betriebsstörungen herbeigeführt. Ein ungeeignetes Öl verkokt im Zylinder und stört ganz erheblich.

Wenn man bei der gelegentlichen Reinigung des Motors die Kolbenringe in ihren Nuten festsitzend vorfindet oder einen starken Ruß im Auspufftopf und in den anschließenden Leitungen beobachtet, so ist das verwendete Öl als unbrauchbar anzusehen. Es ist sehr zu empfehlen, das vom Fabrikanten angegebene Zylinderöl dauernd zu benützen.

Unruhiges Arbeiten des Motors, häufige Frühzündungen und Dampfen des Motors deuten auf schlechtes Funktionieren der Zylinderkühlung hin. Die Tätigkeit der Kühlung kann an dem Strahl und der Temperatur des über Bord gepumpten Kühlwassers beobachtet werden. Sobald das Versagen oder eine unregelmäßige Arbeit der Kühlung bemerkt wird, ist der Motor anzuhalten. Man beseitigt die Ursache des Versagens, welche meistens in der Verstopfung irgend eines Teiles der Rohrleitung oder der Pumpe, seltener im Bruch eines Pumpenteiles bestehen wird, und warte mit dem Ingangsetzen des Motors, bis sich die Zylinder etwas abgekühlt haben. Eine zu schnelle Abkühlung der wegen des vorangegangenen Wassermangels außerordentlich heiß gewordenen Zylinderwandungen durch Zuführung des kalten Kühlwassers kann zu Formveränderungen der

Zylinderwandungen (Verziehen oder auch Springen) und zum Festklemmen der Kolben führen. Die Kühlwasserräume müssen von Zeit zu Zeit gut gereinigt werden, damit die Kanäle nicht allmählich verschlammen. Manches Wasser setzt auch einen allmählich hart werdenden, kesselsteinartigen Belag auf den Wandungen der Kühlräume ab und verringert dadurch die Wärmeableitung.

Als Folge ungenügender Kühlung und Schmierung tritt häufig ein Festfressen der Kolben in den Zylindern ein. Der Motor bleibt, nachdem sein Gang allmählich schwerer geworden ist, stehen und läßt sich nur mit Mühe oder auch überhaupt nicht drehen. In einem solchen Falle stellt man den Motor außer Dienst, gießt in jeden Zylinder, der sich nicht leicht von seinem Kolben abziehen läßt, eine tüchtige Portion Petroleum und läßt den Motor sodann ca. 24 Stunden stehen. Nach Ablauf dieser Zeit wird man bei vorsichtigem Drehen den Motor in Bewegung bekommen. In analoger Weise löst man festgefressene Lager. In jedem Falle empfiehlt es sich, den Motor entsprechend auseinanderzunehmen, ehe er wieder in Betrieb gesetzt werden soll, um eventuell entstandene Schäden an den Laufflächen zu beseitigen.

Neben diesen meistens verhältnismäßig leicht zu behebenden Betriebsstörungen treten andere auf, deren Grund nicht immer mit Bordmitteln zu entdecken und zu beheben ist.

Das Auffinden und Beheben dieser Störungsursachen erfordert eine längere Erfahrung in der Bedienung der Ölmotoren.

Spezielle Störungen.

Zündungsstörungen. Unregelmäßige oder ganz ausbleibende Zündung deutet auf Störungen in der Zündung hin, wenn die Vergasung in Ordnung und genügende Kompression vorhanden ist.

Zu Störungen, welche bei allen Zündungen auftreten können, sind zu zählen:

1. Versagen der Stromquelle, welche auf zu starke Erschöpfung der Batterie oder Kurzschluß im Magnetapparat zurückzuführen ist. Die Spannung des Stromes der Batterie ist mit dem Voltmeter zu messen und hat dann über vier Volt zu betragen; anderenfalls ist die Batterie neu aufzuladen oder durch eine Reservebatterie zu ersetzen. Kurzschluß im Magnetapparat kann durch Öl oder metallische Körper, welche zwischen Anker und Feldmagnet gekommen sind, erzeugt werden. Ein Verbiegen der Ankerachse mit folgender Berührung zwischen den beiden letztgenannten Teilen kommt seltener vor.

2. Fehler im Induktionsapparat (bei Batterie-Kerzenzündung) und im Stromverteiler.

Es können die Unterbrecherhämmer falsch eingestellt, die Federn zu weich, verbogen oder gebrochen sein, der Platinkontakt zu stark abgenützt sein, und die Unterbrecher daher gar nicht oder zu langsam arbeiten. Einregulierung resp. Ersatz der unbrauchbaren Teile ist dann notwendig. Im Stromverteiler können ebenfalls die Kontaktfedern resp. die Platinkontakte in Unordnung geraten oder die Verteilung durch Schmieröl gestört sein.

3. Fehler in der Stromleitung. Wenn der Motor,

obwohl Strom vorhanden ist und auch richtig verteilt wird, ungleichmäßig arbeitet, so ist zu untersuchen, ob die Leitungskabel überall richtig befestigt sind, und der Strom nicht infolge schlechter Isolation teilweise durch Schluß mit irgend einem unberufenen Metallteile abgeleitet wird.

Ein schlecht isolierter Hochspannungstrom verursacht bei nassem Wetter viele Unannehmlichkeiten, daher werden in neuerer Zeit vielfach wasserdicht eingekapselte Magnetapparate verwendet. Allgemein sind die Leitungen so zu verlegen, daß sie vom Bilgewasser und anderem Wasser nicht erreicht werden können. Alle nackten Stellen an Metallteilen, welche in der Nähe der Pole von Stromanschlüssen liegen, bewickle man gut mit Isolierband oder bestreiche sie mit Vaseline, welches gut isoliert und vor der Zerstörung durch Seewasser schützt.

4. Versagen der Kerze kann ihren Grund in der gegen Hochspannungsstrom mangelhaften Glimmer- oder einer gesprungenen Porzellanisolierung der Zündkerze, im Verrußen und Verbiegen der Zündpole haben. Die Drahtenden, welche als Pole dienen, sollen etwa 1 mm auseinanderstehen. Bei modernen Kerzenkonstruktionen ist ein Verrußen oder Verbiegen ziemlich ausgeschlossen. Die Funken der Kerze sind gut zu beobachten, wenn man diese aus der Zylinderwand herausschraubt und auf den Zylinder legt. Dann dreht man den Motor, bis der Stromverteiler den Kontakt geschlossen hat. Der Unterbrecher im Induktionsapparat schnurrt, und zwischen den Polen der Kerze erscheint ein Strom von Funken, welche kräftig sein und gut leuchten müssen.

5. Versagen der Abreißorgane kann verursacht werden durch einen zerbrochenen oder stark abgenützten Zündstift, ungenügende Isolation des festen Poles gegen die Zylinderwand, durch gebrochenen oder schlecht einregulierten Abreißhebel und unrichtig arbeitendes Abreißgestänge.

6. Ungenügende Kompression, eine Folge undichter Kolben und Ventile, beeinträchtigt die Zündfähigkeit außerordentlich. Durch Drehen des Motors bei ausgeschalteter Zündung und geschlossenen Kompressionshähnen wird man an dem Gegendrucke in den Zylindern den Grad der Dichtigkeit und die Höhe der vorhandenen Kompression bei einiger Übung erkennen können.

Vergasungsstörungen. Sie haben ihre Ursachen vielfach in der dem Betriebsmaterial nicht entsprechenden Konstruktion des Vergasers. Das Volumen und das Gewicht des Schwimmers, welcher im Vergaser die genügende Menge Flüssigkeit konstant erhalten soll, entsprechen nämlich dem spezifischen Gewicht des Betriebsmaterials. Die Vergaser amerikanischer Bootsmotoren sind meistens für einen schwereren Betriebsstoff hergestellt, als man ihn in Deutschland gewöhnlich verwendet. Daher funktionieren amerikanische Motoren bei uns nicht immer gleichmäßig und wirtschaftlich. Unreinlichkeiten im Betriebsmaterial verstopfen oft die Zuleitungsrohre und die Spritzdüse im Vergaser. Die Schwimmernadel muß die Zulaufdüse gut abschließen. Der Schwimmer kann jedoch lecken und durch das in seinen Hohlraum eindringende Betriebsmaterial den Auftrieb verlieren, welchen er notwendig hat, um den

Flüssigkeitsspiegel konstant 1—2 mm unter der Spitze der Spritzdüse halten zu können. Ein zu starker Materialzufluß führt zur Überschwemmung des Vergasers, also zu einem zu reichen Gasgemisch. Vergaser mit einem Überlaufrohr sind für den Bootsbetrieb gefährlich, wenn das durch dieses Rohr ablaufende Benzin nicht aufgefangen wird, sondern direkt in das Boot laufen kann. Manchmal verstopft sich (namentlich nach zu reichlicher Schmierung des Motors), das kleine Regulierventil in der Druckleitung zum Vergaser, und die Förderung vom Tank zum Vergaser hört auf.

Versagt der Vergaser, so ist, wenn Betriebsmaterial von richtigem, spezifischem Gewicht vorhanden ist und sich kein Wasser im Schwimmergehäuse befindet, zuerst der Zufluß des Betriebsmaterials zu beobachten, und es sind die eventuell verstopften Leitungsrohre und Siebe zu reinigen und Undichtigkeiten zu beseitigen, was provisorisch durch Bewickeln mit Isolierband oder Bestreichen mit Seife geschehen kann. Auch kann die Temperatur der angesogenen Luft für die Vergasung zu niedrig sein. Eine ungenügende Vorwärmung der Luft und des Vergasers (durch Auspuffgase usw.) macht sich durch Entstehen von Reif am Vergaser bemerkbar.

Kühlungsstörungen. Die Kühlungsstörungen sind allermeistens auf Eindringen von Sand, Pflanzen- und Holzteilchen in die Kühlanlage zurückzuführen. Ferner können Leckagen in der Leitung und ein Bruch der Pumpe resp. ihres Antriebes die Kühlung unterbrechen. Oft liegt auch die Öffnung des Aussaugerohres so ungünstig in der Bordwand, daß bei heftigen Bootsbewegungen oder starkem Vertrimmen des Bootes durch Belastung wenig oder überhaupt kein Wasser von außenbords angesogen wird. Bevor man Rohrverbindungen löst, welche unter der Schwimmwasserlinie des Bootes liegen, schließe man stets den Bodenhahn! Undichte Wasserleitungen können provisorisch mit Isolierband oder Seife gedichtet werden.

Schmierungsstörungen. Bei der Zuführung des Schmieröls von einem Zentral-Öltank zu den Schmierstellen muß das Öl durch die Düsen der Tropfgläser und dann durch Kupferrohre von geringer lichter Weite fließen. Bei der Bewegung des Öles mittels Druck der Auspuffgase kann es vorkommen, daß der Druck nicht in allen Fällen groß genug ist, um das Öl durch alle Düsen und Rohre zu pressen, was gewöhnlich seinen Grund in Undichtigkeiten in der Leitung und besonders an den Schaugläsern des Tropfapparates hat. Wo Umlaufschmierung vorhanden ist, können Störungen durch Bruch der Ölleitung, Undichtsein der Verschraubungen oder Versagen der Ölpumpe eintreten.

Das Verstopfen der Ölrohre kommt bei zu dickem Öl, besonders an kalten Tagen, häufiger vor. Ein zu dünnfließendes Öl erweist sich ebenfalls als nicht brauchbar für den Motorbetrieb, da es die zu schmierenden Stellen zu leicht verläßt und deshalb seinen eigentlichen Zweck nur beschränkt erfüllt.

Steuerungsstörungen. Alle modernen Bootsmotoren besitzen gesteuerte Ein- und Auslaßventile, welche von starken Schraubenfedern auf die Ventilsitze gepreßt werden. Durch die intensive direkte

Hitze, denen die Ventilteller ausgesetzt sind, verziehen sich diese manchmal und schließen dann nicht mehr gasdicht. Das Hängenbleiben des Ventilschaftes in seiner Führung kommt besonders häufig beim Auslaßventil vor, welches durch die vorbeistreichenden heißen Auspuffgase stark erhitzt wird. In beiden Fällen leidet unter der entstandenen Undichtigkeit der Ventile sowohl die Gasbildung als auch die Kompression des Gasgemisches.

Das Festfressen des Auspuffventilschaftes vermindert man durch Einschmieren des Schaftes mit Petroleum. Undichte Ventile schleift man auf ihren Sitzen mit feinem Schmirgel und Öl ein. Neuerdings gibt es fertige Ventilschleifmittel zu kaufen. Alle diese Schleifmittel sind jedoch nach Beendigung sorgfältig zu entfernen. Man achte ferner darauf, daß sich im Ruhezustande zwischen Ventilschaft und Stößel $\frac{1}{2}$—1 mm Zwischenraum befindet, damit sich der Schaft der Ein- und Auslaßventile unter dem Einfluß der vom Motor abstrahlenden Wärme ausdehnen kann, ohne dadurch die Ventile von ihren Sitzen abzuheben.

Die Betriebsstörungen an den anderen Teilen der Motoranlage, an der Umsteuerung und der Wellenleitung, sind meistens einfacher Natur, leicht zu erkennen und zu beheben, wenn es sich nicht um Brüche handelt, welche infolge der natürlichen Abnützung oder der gelegentlichen Überlastung des Konstruktionsmaterials entstanden sind. In engen und flachen Gewässern kommt es vor, daß im Wasser treibende Gegenstände, wie Tauenden, Wasserpflanzen usw., sich in den zum Propeller fließenden Wasserstrom verirren und dann in den Propeller gelangen. Durch das Herumwirbeln werden diese Gegenstände fest um die Nabe und die Flügel gewickelt, verfangen sich vielleicht auch am Schraubenbock oder -steven und bringen den Propeller zum Stehen resp. zum Herumdrehen, ohne Ausübung eines genügenden axialen Schubes. Das Entfernen solcher Hindernisse bereitet meistens viele Mühe, besonders wenn die Schraube umstellbare Flügel hat und daher ihre Drehrichtung nicht verändert werden kann. Manchmal gelingt es nämlich durch Verändern der Drehrichtung des Propellers, die umgewickelten Dinge wieder loszudrehen und abzuschleudern.

Außergewöhnliche Erschütterungen des Bootes können auch durch den auf der Welle lose gewordenen Propeller oder durch ausgelaufene Lager im Stevenrohr und Wellenbock hervorgerufen werden.

Jeder Motorbootsführer wird sich allmählich eine gewisse **Fertigkeit** im Erkennen und Beheben von Unregelmäßigkeiten am Motor aneignen, welche zu Betriebsstörungen geführt haben oder führen können.

Reparaturen soll man jedoch stets von routinierten Fachleuten ausführen lassen, welche Erfahrung im Bau und in der Ergänzung von Ölmotoren besitzen. Wenn der Bootsführer in einigen Fällen auch die dazu nötige Handfertigkeit besitzen sollte, so fehlen ihm doch allermeistens die passenden Hilfsmittel und die Werkstatteinrichtungen. Eine schlecht ausgeführte Reparatur trägt aber den Stempel der Flickarbeit, sie reduziert den Wert des Motors und wird so ziemlich immer zu neuen Betriebsstörungen führen.

Kontrolle der Ventile und des Zündzeitpunktes.

Die Kontrolle der Ventile und des Zündzeitpunktes setzt voraus, daß man die Stellung der Kolben in ihrem oberen und unteren Totpunkte erkennen kann. Bei manchen Motoren findet man diese Stellung auf dem Schwungrade durch Zahlen angegeben. — Die Zylinder sind z. B. beim Vierzylinder mit 1, 2, 3 und 4 (von vorn nach hinten gezählt) bezeichnet. Man wird die Zahlen 1 und 4, 2 und 3 zusammen an einer Marke auf dem Schwungrade finden, weil sich immer der 1. und 4., dann der 2. und 3. Kolben zu gleicher Zeit im oberen Totpunkte befinden. Haben die Zylinder im oberen Teile Kompressionshähne oder Zündkerzen, so dreht man am besten diese heraus und steckt einen genügend langen steifen Draht in die Zylinder bis auf den Kolbenboden. Beim Drehen des Motors wird man an der Stellung dieses Drahtes den Stand der Kolben genau genug erkennen können.

Auslaßventil.

Man dreht den Motor langsam herum und beobachtet das Auslaßventil, auch Auspuffventil genannt. Sobald es geschlossen hat, dreht man das Schwungrad einmal ganz herum und dann auf den unteren toten Punkt, markiert diese Stellung am Draht und dreht dann das Schwungrad zurück, bis der Kolben ungefähr 10—15 mm (man rechnet gewöhnlich so viel Millimeter, als der Hub des Kolbens lang ist) hoch gekommen ist, dann muß sich das Auslaßventil gerade geöffnet haben. Nach dieser Feststellung dreht man das Schwungrad wieder vorwärts, bis der Kolben seine obere Stellung erreicht hat. Das Auslaßventil muß während dieser ganzen Zeit offen bleiben, um einige Millimeter nach der Überschreitung des oberen Totpunktes geschlossen zu sein (siehe Fig. 90).

Ehe man die Kontrolle beginnt, steckt man zwischen Ventilstengel und Stößel ein dünnes Stück

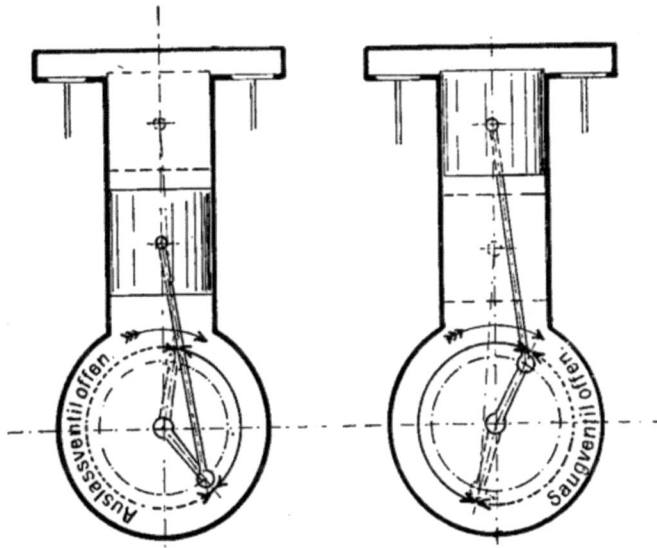

Fig. 90. Auslaßventil-Stellung.   Fig. 91. Einlaßventil-Stellung.

Papier. Solange sich dieses Papier unter dem Ventilstengel hin und her bewegen läßt, ist das Ventil geschlossen.

Einlaßventil.

Sobald sich das Auslaßventil geschlossen hat, beobachtet man das Einlaßventil, auch Saugventil genannt. Nachdem der Kolben nach Schluß des

Auslaßventils, aber von seinem oberen Totpunkte ab, einige Millimeter tiefer gegangen ist, muß sich das Einlaßventil öffnen. Nun dreht man das Schwungrad weiter, bis der Kolben seinen unteren Totpunkt erreicht hat. Nach einigen Millimetern über diesen tiefsten Punkt hinaus muß das Einlaßventil wieder geschlossen sein und während der nächsten einundeinhalbmaligen Umdrehung des Schwungrades geschlossen bleiben (siehe Fig. 91). — Die Entfernung des Kolbens von seinen Totpunktstellungen bei Öffnung und Schluß der Ventile ist bei den einzelnen Motorkonstruktionen verschieden.

Zündzeitpunkt.

Sobald das Einlaßventil geschlossen ist, tritt bekanntlich das Verdichten der Gase, die Kompression, ein. Sobald der Kolben bei der weiteren Vorwärtsbewegung des Schwungrades nach Schluß des Einlaßventils seinen höchsten Totpunkt erreicht hat, muß die Zündung des Gasgemisches beginnen, wenn der Motor ohne Vor- bzw. Nachzündung arbeitet. Hat man den Zündhebel in seine Mittellage gestellt, so muß in der oberen Totpunktstellung des Kolbens

a) (bei Batterie- und Magnet-Kerzenzündung) der Stromverteiler den betreffenden Zylinder eingeschaltet haben und der Unterbrecher in der Induktionsspule surren. Die herausgeschraubte und auf den Zylinder gelegte Zündkerze muß Funken geben;

b) (bei Abreißzündung) der Abreißer die bewegliche Elektrode im Zylinder von der festen entfernt haben. Der Kontakt muß also unterbrochen, nicht hergestellt sein.

Um bei beiden Zündungsarten in diesem Augenblicke auch Strom zur Verfügung zu haben, muß bei Batteriezündung Strom von genügender Spannung in der Batterie vorhanden sein, die Induktionsspule funktionieren und richtig an den Verteiler angeschlossen sein. Bei Magnetzündung muß die Kohle zur Stromabnahme im Magnetapparat so auf der Verteilerscheibe stehen, daß überhaupt Strom in die Leitung zum Zylinder gelangen kann.

Instandhaltung und Außerdienststellung.

Sobald der Motor längere Zeit, Wochen und Monate, außer Betrieb bleiben soll, wie das bei manchen Motorbooten während der Wintermonate der Fall ist, muß der Motor für diese Zeit des Stillstandes entsprechend vorbereitet werden, damit er bei Beginn der Wiederbenutzung gebrauchsfertig ist. Bei Schluß der Betriebszeit erinnert man sich noch aller der in dieser Zeit bemerkten Mängel des Motors und der notwendigen Reparaturen, deren Abhilfe bzw. Ausführung am allerbesten sofort nach Außerdienststellung vorgenommen wird. Denn je früher die Ersatzlieferung oder Reparatur in Auftrag gegeben wird, desto früher dürfte sie auch beendet sein. Nach Monaten ist mancherlei in Vergessenheit geraten oder in der bis zur Saison zur Verfügung stehenden Zeit nicht mehr ausführbar. Auch während der Saison wird es hin und wieder notwendig sein, die Motoranlage zu überholen, um allmählich wachsende Schäden rechtzeitig zu erkennen.

Es ist eine durchaus verkehrte Sparsamkeit, erkannte Fehler bestehen zu lassen, in der Annahme, daß der Motor in seinem alten Zustande vielleicht doch noch weiter brauchbar bleiben dürfte. Man zahlt später gewöhnlich das Doppelte und Dreifache für die Folgen einer vernachlässigten Unzulänglichkeit am Motor.

Empfehlenswert ist es, die Außerdienststellung unter Hinzuziehung eines Fachmannes selbst auszuführen oder vom Motorbootführer vornehmen zu lassen und die ganze motorische Anlage einer Revision zu unterziehen.

Gegen die natürliche Abnützung schützt weder das beste Baumaterial noch die sorgsamste Pflege. Ausgearbeitete Lagerstellen, schlagende Wellen, schleifende Reibungskupplungen, undichte Rohre und Ventile usw. wird man nicht selten finden.

Eine kleine Auswahl der notwendigen Instandhaltungs- und Außerdienststellungsarbeiten mag hier folgen. Beim Auseinandernehmen und Zusammensetzen eines Teiles der Motoranlage beachte man gewisse Grundsätze.

Keine Mutter soll durch einen nicht gut passenden Schlüssel gelöst werden. Die Benutzung der Gas- oder Brennerzange zur Bewegung von Muttern ist zu vermeiden. Alle Muttern, Scheiben, Splinte usw. sollen möglichst sofort wieder an ihre Stelle gebracht oder gut bezeichnet werden.

Sind zwei Teile mit Hilfe mehrerer Muttern aufeinanderzupressen, so dürfen die einzelnen Muttern nicht sofort bis zur Unbeweglichkeit angezogen werden, sondern es hat ein allmähliches Anziehen aller Muttern nacheinander stattzufinden.

Man soll zwischen Teile, die ineinander geführt sind oder metallisch dicht aufeinander passen, nicht Meißel oder andere spitze Werkzeuge treiben. Freigelegte Laufflächen sind sofort mit Leinwand, Putzwolle oder Holzbrettchen zu bedecken.

Zahnräder sind möglichst nicht von ihren Achsen und Wellen abzuziehen. Ihre Stellung zu den andern Rädern ist genau zu markieren.

Man soll die Reinigung des Motors außerhalb des Bootes vornehmen, weil sie dann meistens leichter vollzogen werden kann und das Boot nicht verunreinigt wird. Schwere Stücke sind stets von mehreren Leuten oder mit Flaschenzügen zu heben, damit sie nicht aus den Händen gleiten und Schaden anrichten können.

Warm aufgezogene oder sonst festsitzende Teile soll man nicht mit Gewalt zu lösen versuchen. Sicherungen von Muttern usw. dürfen niemals fortgelassen werden.

Man entfernt die Zylinder von dem Kurbelkasten, indem man sie nach Lösung der Befestigungsschrauben behutsam von den Kolben abgestreift. Dann fühlt man, ob die Kolben- und Kurbellager der Pleuelstangen eventuell Spielraum haben, nimmt Kolben und Pleuelstangen ab, untersucht die Lagerstellen, besonders auch die Kolbenbolzen, deren Ölung während des Betriebes manchmal nicht einwandfrei erreicht werden kann, und untersucht und reinigt alle vorhandenen Ölkanäle. Wenn die Kurbelwelle selbst merklichen Spielraum zeigt, muß der Kurbelkasten geöffnet, die Welle herausgenommen und ein Fachmann mit dem eventuellen Ersatz der Lagerschalen betraut werden. Aus anderen Gründen öffne man den Kurbelkasten nicht und nehme überhaupt möglichst wenig Teile auseinander.

Der Kurbelkasten wird von den Ölresten gut gereinigt und mit Benzin ausgewaschen. Auf dem Boden der Kolben und im Verbrennungsraum der Zylinder wird man eine mehr oder weniger starke Kruste von verbranntem Öl und Kohlenstaub vorfinden, welche abzukratzen ist. Die Kolbenringe sind von den alten, teilweise eingetrockneten Ölteilen zu befreien, damit sie sich in ihren Nuten frei bewegen können. Festsitzende Ringe löse man mit Petroleum. Nach dieser Reinigung dreht man die Kolbenringe so, daß ihre Schlitze nicht übereinanderstehen, sondern über den ganzen Kolbenumfang gleichmäßig verteilt sind.

Nach Befestigung der Pleuelstangen in den Kolben und auf den Kurbeln streift man die Zylinder sehr vorsichtig wieder über die Kolben und befestigt sie gut auf dem Kurbelkasten. Die von ihren Sitzen entfernten Ventile und ihre Sitze selbst werden genau untersucht, gereinigt und mit feinem Schmirgel und Öl oder präpariertem Schleifmittel eingeschliffen. Nach dem Schleifen sind alle Schleifmittelreste sorgfältig fortzuschaffen. Nicht selten zeigen die Stengel und Teller der Auslaßventile die Merkmale starker Überhitzung und auch kleine Deformationen. Diese Ventile sind dann durch neue zu ersetzen. Ebenso sind die durch starke Erhitzung weich gewordenen Ventilfedern gegen neue auszutauschen. Ventile und Stengel sind nach der Reinigung mit Petroleum einzuölen. Wenn sich alle Teile wieder an Ort und Stelle befinden, gießt man etwas Petroleum in die Zylinder und dreht den Motor langsam ein paarmal herum. Dabei beobachtet man den Schluß der Ventile und überzeugt sich, daß zwischen Stößel und Ventilstengel ein gewisser Spielraum vorhanden ist. Dann reinigt man den Vergaser mit seiner Rohrleitung und seinen Sieben und untersucht alle Dichtungsstellen der Rohrleitung bis zum Betriebsmaterialtank. Der Schmierölbehälter und alle Ölrohre sind von den Ölresten zu befreien und mit Benzin auszuspülen.

Die Kühlwasserpumpe und die Wasserleitungen sind nachzusehen und vollständig zu entwässern, die Dichtungspackungen eventuell zu erneuern und die Unreinlichkeiten aus dem Ansaugrohr zu entfernen.

Wenn der Motor mit Abreißzündung arbeitet, werden die Zündstifte auf ihre Abnützung und die beweglichen Teile auf ihre Gangbarkeit und gasdichte Führung durch die Zylinderwandung nachgesehen. Bei Kerzenzündung untersucht man den Unterbrecher und den Stromverteiler auf ihre Gangbarkeit und überzeugt sich von dem Zustande der Zündkerzen.

Zu empfehlen ist es, die sämtlichen Kontaktstellen der elektrischen Leitung und auch die Kraftquellen (Batterie oder Magnetapparat) zu untersuchen und zu ergänzen, wo sich Mängel zeigen sollten.

Der Betriebsmaterialtank wird, wenn das möglich ist, aus dem Boot genommen und tüchtig mit Benzin (nicht mit Wasser) ausgespült und wieder gut verschlossen. In gewissen Zeitabständen sind auch der Auspufftopf (Schalltopf) und die daranschließende Rohrleitung zu reinigen.

Die Kupplung, Reversierung und Wellenleitung

müssen mit gleicher Sorgfalt wie der Motor selbst nachgesehen und gereinigt werden. Alle blanken Eisenteile werden bei einer Außerdienststellung mit Fett eingerieben. Die Stopfbuchse des Stevenrohres wird neu verpackt und lose angezogen. Man untersucht, sofern das Boot auf Land geholt ist, auch das hintere Lager des Stevenrohres, die Befestigung des Schraubenpropellers auf der Welle und den Zustand der Schraubenflügel, welche oft verbogen und ausgebrochen sind und dadurch die Geschwindigkeit des Bootes beeinträchtigen können. Zum Schluß unterzieht man das Werkzeug einer Durchsicht und ergänzt, was schlecht geworden oder verloren gegangen ist.

Fig. 92. Elektrische Handlampe.

Bei der Außerdienststellung nähere man sich dem Benzinmotor nicht mit einem offenen Lichte (Streichholz, gewöhnliche Laterne), denn die Bildung von explosionsfähigen Benzingasen ist stets anzunehmen, sobald das Benzin mit der atmosphärischen Luft in Verbindung tritt. Der Raum unter dem Fußboden des Bootes bildet einen beliebten Aufenthaltsort der Benzingase, die schwerer als die atmosphärische Luft sind und sich daher in den untersten Räumen ablagern. Zur Ableuchtung des Bootsinnern und dunkler Teile des Motors, wie Kurbelkasten, Zylinder usw., bedient man sich vorteilhaft einer elektrischen Taschenlampe oder einer kleinen 3- oder 4-Volt-Glühlampe, welche man aus der Zündbatterie mit Strom versieht.

Indienststellung.

Ein gut außer Dienst gestellter Motor wird bei seiner Indienststellung gewöhnlich gut arbeiten. Immerhin muß bei einer Indienststellung nach längerer Betriebsunterbrechung größte Vorsicht beobachtet werden.

Vor allen Dingen ist eine gründliche Durchlüftung geschlossener Motorräume vorzunehmen. Zündakkumulatoren sind aufzuladen. Alle Rohrleitungen sind auf Dichtigkeit und Reinlichkeit zu prüfen, ebenso die Benzin- und Öltanks.

Nachdem man am Tage vorher in die Zylinder etwas Petroleum gegossen hat, ölt man den Motor reichlich ab, gießt auch so viel Öl in das Kurbelgehäuse, bis es aus den Kontrollhähnen tritt, und dreht dann den Motor langsam bei ausgeschalteter Zündung, offenen Kompressionshähnen und geschlossener Betriebsmaterialleitung. Dreht sich der Motor in gewohnter Weise und beobachtet man keinerlei Absonderlichkeiten, so setzt man den Motor in Betrieb, läßt ihn jedoch anfangs nur kurze Zeit laufen, damit das Öl erst wieder einmal an alle Schmierstellen dringen kann.

IV. Handhaburg des Motorbootes. Seemannschaft.

Die sichere Führung eines Motorbootes auf allen Gewässern und bei allen Zuständen des Wassers, der Witterung und des Bootes selbst, setzt neben der genauen Kenntnis der Eigenschaften des Bootes und der motorischen Anlage eine gewisse Fertigkeit bezüglich der Gepflogenheiten und Verrichtungen aus dem Schiffer- und Seemannsberufe, kurz „Seemannschaft" genannt, voraus, welche von dem Fahren im Motorboote unzertrennlich ist und demselben dadurch einen eigenen Reiz verleiht. Wenngleich diese Fertigkeit besser und sicherer durch die Praxis erlernt und verstanden wird, so übernimmt doch der angehende Motorbootführer mit dem Boote eine Reihe von Verpflichtungen seiner Person, seinen Mitmenschen und Sportskollegen gegenüber, deren er sich bis zu einem gewissen Grade bewußt sein muß, ehe er sich in die Gefahr begibt, durch Schaden klug zu werden. Die nachfolgenden kurzen Kapitel bieten daher nur eine knappe Vorbereitung auf die unumgänglich notwendige Praxis. Der Seefahrer muß erheblich mehr wissen, als in diesen Kapiteln gegeben werden kann.

Gesetzliche Bestimmungen.

Alle Binnengewässer und Kanäle unterstehen einer polizeilichen Aufsicht. Die maßgebenden Behörden haben eine Reihe Bestimmungen über die Art der Benutzung der einzelnen Wasserwege erlassen, deren Inhalt sich auf Fahrgeschwindigkeit, Abgaben bei Benutzung von Schleusen und Kanälen usw. bezieht und als bekannt vorausgesetzt wird. Außerdem sind Vorschriften des Reiches über die Führung von Kraftfahrzeugen auf dem Wasser vorhanden, welche sowohl auf See als auch auf gewissen Binnengewässern und in den Häfen der Ost- und Nordsee gelten und deren Nichtbefolgung bei dadurch entstandenen Unfällen für den Führer des Motorbootes verhängnisvoll werden kann.

Abfahren und Anlegen.

Beide Manöver sind mit größter Ruhe auszuführen.

Man macht das Fahrzeug nicht früher los, als bis man sich überzeugt hat, daß der leerlaufende Motor gut arbeitet. Nachdem man sich noch überzeugt hat, daß das Fahrwasser in der Nähe der Anlegestelle frei ist, also nicht von anderen dort manövrierenden Schiffen und Booten benutzt wird, nimmt man die Festmacheleinen an Bord, setzt das Fahrzeug je nach der Art des Fahrwassers und der Anlegestelle hinten oder vorne mit dem Bootshaken ab und nimmt langsam Fahrt auf.

Im starkströmenden Wasser setzt man das Fahrzeug, wenn es gegen Strom vertäut gelegen hat, vorn zuerst ab, während durch die schnell lösbar gehaltene Achterleine das Boot festgehalten wird, damit der Strom das Vorschiff nach der Strommitte abdrückt und man dann Fahrt voraus nehmen kann. Von der Rückwärtsfahrt soll man nach Möglichkeit absehen, da jedes Fahrzeug vorwärts schneller ist und besser steuert.

In engen Häfen und Anlegestellen, auf welche gerade ein kräftiger Wind zusteht (man nennt das „in Luv" oder „auf Legerwall liegen"), ist das Abfahren, besonders mit großen, viel Windfang besitzenden Fahrzeugen, unter Umständen eine schwierige Sache. In solchen Fällen muß man versuchen, das Fahrzeug nach einer geschützteren Stelle zu verholen oder durch Ausfahren von Verholleinen oder Ankern das Fahrzeug in den Wind zu legen.

Nachdem man sich von der Anlegestelle freigesteuert hat, nimmt man die Seitenfender an Bord, schießt die Festmacheleinen auf, legt die Bootshaken an ihre Stelle und macht überhaupt „klarschiff". —

Vor dem Anlegen macht man die Festmacheleine und Fender klar, geht auf langsame Fahrt und sucht möglichst längsseits von der Anlegestelle vorzufahren.

Man legt stets gegen Strom oder, wenn der Wind stärker ist, gegen Wind an.

Man kupple beizeiten aus, denn oftmals läßt die Kupplung nicht gleich los, besonders, wenn längere Zeit gefahren worden ist. Läuft das Fahrzeug nicht durch sein eigenes Moment weit genug, so kuppelt man vorübergehend wieder ein. Will es zu weit laufen, so schaltet man bei Zeiten das Rückwärtsgetriebe ein.

Jedes Motormanöver ist langsam zu machen. Vor jedem Auskuppeln ist der Motor etwas abzudrosseln, vor jedem Einkuppeln muß man ihn wieder etwas auf Touren gehen lassen, da Belastungen bei zu geringer Umlaufszahl manche Motoren zum Stillstand bringen.

Erst nach ordnungsgemäßer Festlegung des Boots ist der Motor anzuhalten.

Man soll es tunlichst vermeiden, in voller Fahrt längsseits der Anlegestelle oder eines anderen Fahrzeugs zu fahren und dann das Boot durch forciertes Rückwärtsarbeiten des Propellers zum Stehen zu bringen.

Ein solches Manöver strengt Boot und Motor erheblich an, kann zum Bruche der Kupplung bzw. des Rückwärtsgetriebes und der Wellenleitung führen und in der Folge schweren Schaden verursachen.

Gut abfahren und anlegen wird man nur können, wenn man mit allen Manövereigenschaften des Bootes und des Motors genau vertraut ist.

Steuern auf ruhigem Wasser.

Bei der Fahrt des Bootes geradeaus liegt die Resultierende W aller Wasserwiderstände in derselben vertikalen Ebene wie die Schubkraft S der Schraube (siehe Fig. 93). Um eine Abweichung von der Fahrrichtung zu erzielen, muß entweder die Kraft W aus dieser Ebene herausgelegt werden, was im allgemeinen durch Überlegen des Steuerblattes nach der Seite erreicht wird, nach welcher das Boot abweichen soll, oder es ist die Kraft S zu verlegen, was allerdings nur bei Booten mit zwei Schrauben leicht ausführbar ist und nur der Vollständigkeit halber erwähnt sei. Eine ähnliche Verlegung der beiden entgegengesetzt gerichteten Kräfte erfolgt auch, wenn das Boot in der Fahrt nach einer Seite über gekrängt wird. Man kann also die Wirkung des Steuers (auch „Ruder" genannt) durch Überkrängen des Bootes vermehren. Das Motorboot dreht sich um einen Punkt, welcher vor der Mitte seiner Länge liegt, was teilweise durch die

— 232 —

Form des Lateralplanes, teilweise durch die Lage der Widerstandskraft W beim Bogenfahren bewirkt wird. Daher beschreibt beim Steuern das Hinterschiff einen größeren Bogen als das Vorschiff, wes-

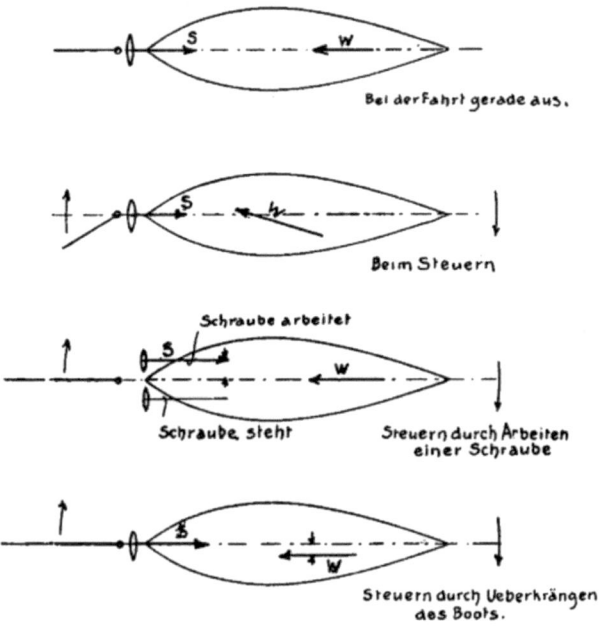

Fig. 93. Steuern im ruhigen Wasser.

halb beim Fahren durch enge Passagen auch auf die Bewegung des Hinterschiffs zu achten ist (siehe Fig. 94).

Die Ruderpinne ist stets nach der der Drehrichtung entgegengesetzten Seite, das Steuerrad stets nach der Seite überzudrehen, nach welcher hin man fahren will. Man bewege das Ruder möglichst langsam, nicht unnötig oft und weit, und fahre möglichst große Bogen, sonst vermindert man die Geschwindigkeit des Bootes erheblich. In sehr gewundenem, engem Fahrwasser fährt man besser nicht mit voller Geschwindigkeit. Beim Steuern in stark strömendem Wasser ist auf die Stromversetzung zu achten, durch welche das Boot, ohne Rücksicht auf seine Eigenbewegung, aus

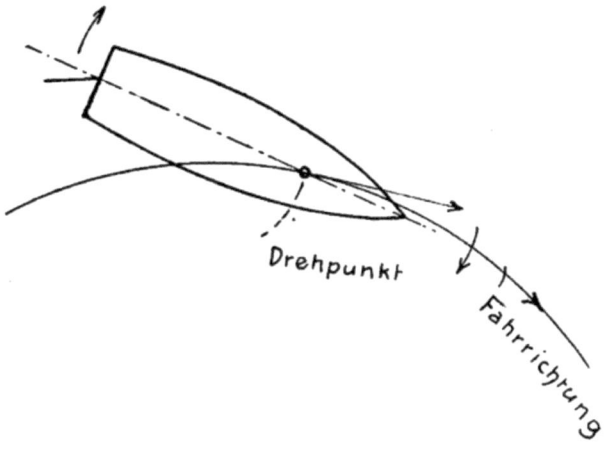

Fig. 94. Steuern im ruhigen Wasser.

seiner Fahrrichtung vertrieben wird. Selten wird ein Motorboot, wenn das Steuer mittschiffs liegt, geradeaus fahren. Man wird meistens eine kleine Abweichung nach einer Seite feststellen und beim Geradeausfahren das Steuer etwas zu Bord legen müssen.

Steuern auf bewegtem Wasser.

In bewegtem Wasser führt das Boot eine Reihe von Bewegungen aus, zu welchen es durch die Evolutionen des Wassers, durch die Wellen véranlaßt wird. Diese Bewegungen verändern gewissermaßen die Lage der Kraft W unaufhörlich, so daß das Boot bald nach der einen, bald nach der anderen Seite mehr oder weniger heftig von seinem Kurse abweicht, „ausschert". Diese Bewegungen erfolgen meistens gleichmäßig nach beiden Seiten und schnell aufeinander, so daß es nicht immer möglich und notwendig ist, sie mit dem Ruder zu parieren. Größeren Bewegungen, welche den Kurs dauernd verändern oder das Boot in Gefahr bringen, muß man durch entsprechende Ruderbewegung begegnen. Größere Wellen dürfen das Boot wegen der damit verbundenen Gefahr des Vollschlagens und Kenterns nicht von der Seite treffen. Das Boot ist daher gegen die anrollende Welle oder in ihre Laufrichtung zu drehen, je nachdem Wellenrichtung und Kurs des Bootes zueinander liegen. Stehen diese sich entgegen, so ist in den meisten Fällen und besonders bei kurzen Booten eine Verminderung der Fahrt notwendig. Durch die entgegengesetzte Bewegung von Boot und Wellen wird die relative Geschwindigkeit, mit welcher sich Boot und Wasser treffen, sehr groß, und oftmals wird dabei das Vorschiff des Bootes vom Wasser überflutet. Lange, ganz eingedeckte und festgebaute Boote können mit einer größeren Geschwindigkeit zu fahren versuchen. Läuft das Boot mit den Wellen, so wird es seltener notwendig sein, die Geschwindigkeit zu reduzieren.

Die Fig. 95 und 96 zeigen zwei Beispiele des eigentlichen und des zu steuernden Kurses im Seegange. Im zweiten Falle ist die Abweichung durch das Parieren der Wellen so groß geworden, daß nach einiger Zeit in einem passenden Momente gewendet werden muß, um das Ziel zu erreichen. Durchschnittlich ist jede dritte oder vierte Welle höher als die anderen, und da beim heftigen Stampfen der Propeller aus dem Wasser kommen kann und auf diese Weise den Motor

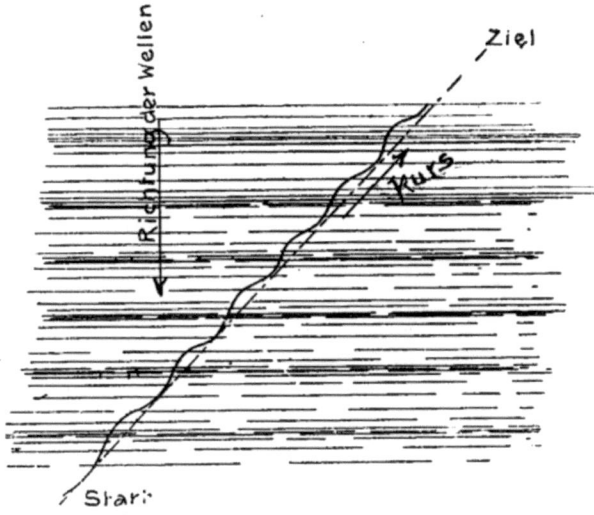

Fig. 95. Steuern im bewegten Wasser.

entlasten und zum Durchgehen bringen kann, so muß man den Motor etwas abdrosseln, resp. die Zündung zurückstellen, sobald man eine größere Welle von vorne heranrollen sieht. Kommt die See von achtern, so ist es richtiger, die volle Umlaufszahl des Motors beizubehalten, da die das Boot überholende See oftmals die reguläre Arbeit des Propellers insofern stört, als sie die Geschwindigkeit des den Propeller verlassenden Wassers stark reduziert, den Propeller dadurch gewissermaßen festzuhalten sucht, also bremsend auf den Motor einwirkt und ihn unter Umständen zum Stehen bringt.

Um den Propeller beim Stampfen unter Wasser zu halten, bringt man nötigenfalls schwere Aus-

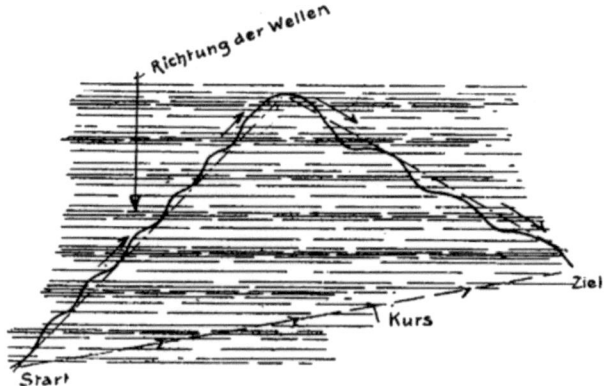

Fig. 96. Steuern im bewegten Wasser.

rüstungsgegenstände, wie Anker, Ketten usw. nach hinten. Diese Erleichterung des Vorschiffs macht das Fahrzeug auch trockener.

Ausweichen und Passieren.

Die linke Seite des Bootes (von hinten nach vorn gesehen) heißt die Backbordseite (*B. B.*), die rechte die Steuerbordseite (*St. B.*).

Nähern sich zwei Kraftboote in entgegengesetzter Richtung, so muß jedes seinen Kurs nach *St. B.* ändern, sofern die Gefahr des Zusammenstoßes besteht.

Beide Fahrzeuge können jedoch ihren Kurs beibehalten, wenn genug Platz vorhanden ist, um frei voneinander zu passieren. Wenn sich die Kurse zweier Kraftfahrzeuge so kreuzen, daß die Gefahr des Zusammenstoßes vorliegt, muß dasjenige Fahrzeug aus dem Wege gehen, welches das andere an seiner Steuerbordseite hat. Das Fahrzeug, welches hiernach nicht auszuweichen hat, muß seinen Kurs und seine Geschwindigkeit beibehalten.

Das Fahrzeug, welches aus dem Wege zu gehen hat, muß, wenn die Umstände es gestatten, vermeiden, den Bug des anderen zu kreuzen und muß bei Annäherung, wenn nötig, seine Fahrt vermindern, stoppen oder rückwärts gehen.

Das Kraftfahrzeug hat einem Segel- oder Ruderfahrzeug stets aus dem Wege zu gehen, sobald die Gefahr des Zusammenstoßes vorliegt. Jedes Fahrzeug muß beim Überholen eines anderen diesem aus dem Wege gehen.

Im engen Fahrwasser muß jedes Kraftfahrzeug sich an der rechts von der Fahrrichtung liegenden Seite der Fahrrinne oder der Fahrwassermitte halten.

Wenn sich zwei Fahrzeuge einander nähern und gezwungen sind, ihren Kurs zu ändern, um die Gefahr des Zusammenstoßes zu vermeiden, so muß das den Kurs ändernde Fahrzeug diesen neuen Kurs durch folgende Signale mit einer Pfeife oder Huppe anzeigen. Im Verkehr auf der See und in den Seehäfen bedeutet nach dem „Seestraßenrecht" Artikel 28:

Ein kurzer Ton: Ich richte meinen Kurs nach Steuerbord.

Zwei kurze Töne: Ich richte meinen Kurs nach Backbord.

Drei kurze Töne: Meine Maschine geht mit voller Kraft rückwärts.

Im Sinne der Vorschrift hat ein kurzer Ton ungefähr eine Sekunde Dauer.

Auf den Binnengewässern gelten vielfach andere Signale. Auf den märkischen Wassertstraßen bedeutet:

Ein kurzer Ton: Ich will rechts vorbei.

Zwei kurze Töne: Ich will links vorbei.

Drei kurze Töne: Ich kann nicht ausweichen.

Ein langer und ein kurzer Ton: Überholen rechts vorbei.

Ein langer und zwei kurze Töne: Überholen links vorbei.

Eine Reihe kurzer Töne, vorausfahrend: Ich kann nicht ausweichen. (Auch Notsignal.)

Man vermeide nach Möglichkeit eine Situation, in der das Rückwärtsfahren mit voller Kraft notwendig wird, denn das Steuern rückwärtsfahrender Boote ist vielfach schwierig und außerdem verstreicht immer eine ziemliche Zeit, bis ein schnellaufendes Motorboot zum Stillstehen und dann zur Rückwärtsbewegung kommt.

Sieht man, daß das zum Ausweichen verpflichtete Fahrzeug keine Anstalten dazu trifft, trotzdem man es durch eine Reihe kurzer Signaltöne auf die Situation aufmerksam gemacht hat, so darf man, um die Gefahr abzuwenden, selbst solche Manöver ausführen, welche den Vorschriften des Seestraßenrechts nicht entsprechen.

Lichterführung in der Nacht.

Während der Zeit von Sonnenuntergang bis Sonnenaufgang muß jedes Motorfahrzeug, welches sich in Fahrt befindet oder in Schiffahrtswegen still liegt, gewisse Lichter zeigen, aus denen man die Fahrrichtung oder die Situation des Bootes in dunkler Nacht bei klarer Luft deutlich erkennen kann. Diese sogenannten Positionslichter müssen von bestimmter Beschaffenheit und in bestimmter Weise angebracht sein.

Motorboote (unter 113 cbm Brutto-Rauminhalt) führen während der Fahrt auf See und in Seehäfen im vorderen Teile des Bootes in einer Höhe von mindestens 3 m über den Schandeckel ein weißes Licht, das mindestens zwei Seemeilen sichtbar ist, ferner eine grüne Seitenlaterne auf Steuerbord und eine rote an Backbord, mit einer Sichtbarkeit auf mindestens eine Seemeile Entfernung, oder an Stelle dieser beiden Laternen eine doppelfarbige Laterne, welche mindestens 1 m unter dem weißen Lichte geführt werden muß, das sich in diesem Falle niedriger als 3 m über dem Schandeckel befinden kann. Ein Fahrzeug, welches von einem anderen überholt wird, muß diesem vom Heck ein weißes Licht zeigen, welches auch am Heck dauernd befestigt sein kann, jedoch nicht nach vorne leuchten darf. Dieses Licht muß auf mindestens eine Seemeile sichtbar sein. Auf den Wasserstraßen des Binnenlandes sind zum Teil andere Vorschriften über Lichterführung zu erfüllen, welche oft stark voneinander abweichen. Die Wasserbauämter und Strompolizeibehörden der einzelnen Gewässer geben hierüber Auskunft.

Ein Fahrzeug vor Anker muß vorne ein von allen Seiten über eine Seemeile sichtbares Licht nicht höher als 6 m über dem Rumpfe zeigen.

Fahrzeuge, welche in einem Fahrwasser oder nahe bei einem solchen am Grunde sitzen, müssen außer diesem weißen Lichte zwei rote Lichter senkrecht übereinander und 2 m voneinander entfernt führen, deren Schein über den ganzen Horizont auf zwei Seemeilen hin sichtbar ist. Ist ein Fahrzeug infolge eines Unfalles manövrierunfähig, so hat es nur die beiden eben erwähnten roten Lichter zu zeigen.

Ein Kraftfahrzeug, welches ein anderes schleppt, muß außer den Seitenlichtern zwei weiße Lichter senkrecht übereinander und mindestens 2 m voneinander entfernt führen.

Die hier angegebene Lichterführung bezieht sich auf Dampf- und Motorfahrzeuge unter 113 cbm Brutto-Rauminhalt und unter 45 m Länge. Für größere Dampfer und für Segler, Fischerfahrzeuge, Ruderboote usw. sind andere Vorschriften vorhanden, über welche sich jeder, der die Führung eines Motorbootes auf See während der Nacht übernimmt, am besten in dem auf Seite 206 angegebenen kleinen Werke orientiert, um andere Fahrzeuge und ihre Position zu erkennen.

Im Nebel.

Alle Motorfahrzeuge müssen mit einer Pfeife oder einem kräftig tönenden Signalapparat anderer Art und mit einer Glocke ausgerüstet sein, mit welchen Einrichtungen bei Nebel, unsichtigem Wetter oder heftigen Regengüssen, bei Tag oder Nacht, folgende Schallsignale zu geben sind:

1. bei Fahrt durchs Wasser mindestens alle zwei Minuten einen langgezogenen Ton;
2. bei gestoppter Maschine mindestens alle zwei Minuten zwei langgezogene Töne mit einer Sekunde Zwischenraum;
3. vor Anker mindestens jede Minute ca. fünf Sekunden lang die Glocke rasch läuten;
4. beim Schleppen eines anderen Fahrzeuges, oder wenn ein Fahrzeug einem anderen sich nähernden nicht aus dem Wege gehen kann: mindestens alle zwei Minuten einen langgezogenen Ton und darauffolgend zwei kurze Töne. Ein geschlepptes Fahrzeug darf nur dieses Signal geben.

Außerdem muß die Fahrgeschwindigkeit vermindert werden. Die Maschine ist überhaupt zu stoppen, wenn in der Nähe das Nebelsignal eines anderen Fahrzeuges ertönt, dessen Lage nicht festzustellen ist.

Am besten ist es, bei beginnendem Nebel, besonders auf Flüssen, die Fahrt zu unterbrechen und das Boot an einer geschützten Stelle festzulegen.

Notsignale.

Wenn ein Fahrzeug aus irgend einem Grunde in Not geraten ist und von einem anderen Fahrzeuge oder vom Lande Hilfe erhalten will, kann es seine Notlage auf verschiedene Weise kundgeben. Zur Tageszeit winkt man mit einem Bootshaken oder Riemen, an welchem die mit der roten Kante nach oben angebundene Nationalflagge oder auch ein Rock oder Hemde befestigt ist. Außerdem läßt man anhaltend einen Nebelsignalapparat ertönen. Das sind die einfachsten Mittel.

Bei Nacht zeigt man eine brennende Fackel, welche man aus einem Holzstab und benzin- und petroleumgetränkter Putzwolle gefertigt hat, und läßt den Nebelsignalapparat fortdauernd ertönen. Außerdem kann man bei Tag und Nacht Schüsse abfeuern und Raketen oder Leuchtkugeln von beliebiger Art und Farbe in kurzen Zwischenräumen aufsteigen lassen.

Alle diese Signale dürfen jedoch nur abgegeben werden, wenn sich das Fahrzeug wirklich in Not befindet, sich also im sinkenden Zustande befindet, einer Feuersgefahr ausgesetzt ist oder durch zusammengebrochene Maschine, verlorene Schraube oder aus irgend einem anderen Grunde absolut manövrierunfähig geworden ist.

Manövrierunfähig.

Wird ein Motorboot aus irgend einem Grunde vorübergehend manövrierunfähig, und ist es nicht möglich, durch Rudern oder Staken des Bootes das Ufer zu erreichen, so soll man sofort versuchen, vor Anker zu gehen, was in Binnengewässern und an der Seeküste wohl immer möglich sein wird. Bei zu großer Wassertiefe hat man das Boot durch einen sogenannten Seeanker in den Wind zu legen oder, wenn Besegelung vorhanden und anwendbar ist, mittels der Segel das Boot zu manövrieren und weiterzubringen oder fremde Hilfe anzurufen. Wenn keine Segeleinrichtung vorhanden ist, kann man mittels einer Presennig, eines Bootshakens oder Riemens und einiger Festmacheleinen eine Notbesegelung schaffen. Am Tage sind, besonders wenn das Boot sich in einer belebten Fahrstraße befindet, zwei schwarze Bälle als Zeichen der Manövrierunfähigkeit und zur Nachtzeit die in jedem Falle vorgeschriebenen Lichter zu zeigen, mindestens jedoch eine Ankerlaterne, auch wenn das Boot nicht vor Anker liegt. Dieses Signal ist in diesem Falle zwar nicht ganz korrekt, es wird jedoch Kollisionen mit anderen Fahrzeugen verhindern.

Diese Tag- und Nachtsignale sind nur dann zu geben, wenn wirklich ein gewichtiger Grund vorliegt und ankern unmöglich ist. Das Boot muß also in einem solchen Zustande sein, daß es dem Ruder nicht mehr gehorcht, oder es muß nicht möglich sein, den Motor in Gang zu setzen oder seine Tätigkeit zu beherrschen, so daß die Gefahr des Zusammenstoßes mit anderen Fahrzeugen nicht abzuwenden ist.

Leckgesprungen.

Die Ursachen, aus welchen ein Motorboot leck werden kann, sind sehr zahlreich. Kollisionen mit anderen Booten laufen gewöhnlich insofern glücklich ab, als meistens nur über Wasser liegende Teile des Bootskörpers dabei getroffen werden und der Unterwasserkörper verschont bleibt. Bei starker Beanspruchung im Seegange beginnen schlecht gebaute Boote sehr bald zu lecken. Manchmal genügen bei solchen Booten bereits die durch den Motor hervorgerufenen Vibrationen, um das Wasser in größeren Mengen eindringen zu lassen. Auch der vorsichtigste Steuermann kann sein Boot einmal in voller Fahrt auf den Grund setzen oder auf große Steine, unter

Wasser abgeschnittene Pfähle, Wrackstücke, Tonnen usw. stoßen und dabei die Außenhaut seines Bootes einschlagen oder aufreißen.

Die Folgen eines solchen unglücklichen Zufalls können sehr verschieden sein. Eine Gefahr für das Leben der Mannschaft besteht eigentlich nur auf offenem Wasser, fern von der Küste. Auf Binnengewässern wird meistens Zeit genug bleiben, das Boot durch eigene Mittel an das Ufer zu bringen. In jedem Falle muß man versuchen, die Löcher in der Außenhaut mit Bordmitteln provisorisch zu verstopfen, damit möglichst wenig Wasser in das Boot eindringt. Wenn die Öffnungen klein und schmal sind, genügt ein Verstopfen mit Putzwolle, welche mit Staufferfett bestrichen ist, oder auch ein Verkeilen mit Holzstückchen.

Größere Öffnungen verstopft man zuerst mit irgend einem Mittel, mit Strümpfen, Westen, Vorhängen, der Füllung aus den Matratzen und Polstersitzen, oder was sonst schnell zur Hand ist. Dann versucht man, den leck gewordenen Teil des Bootes aus dem Wasser zu bringen, indem man alle beweglichen Sachen nach der anderen Seite und dem anderen Ende des Bootes schafft. Gelingt es bei einem hölzernen Boote, das Loch durch Trimmen und Krängen über Wasser zu bringen, so wird die Dichtung entfernt und ein aus einem Fußbodenbrett oder sonstigem Material zugeschnittenes Brett oder ein Stück Blech mit einer Unterlage aus fettgetränktem Stoff (Segeltuch, Taschentuch usw.) von innen auf das Loch gelegt und am Rande mit Holzschrauben befestigt. Wenn das Loch nicht über Wasser zu halten ist oder sich in einer schwer zugänglichen Ecke, z. B. unter dem Motor befindet, dann versucht man, ein entsprechend großes Stück Segeltuch von einem Bootsende her von außen über das Loch zu decken und dann an beiden Bordseiten zu befestigen. Ehe man dieses Lecktuch überstreift, wird auf demselben an entsprechender Stelle ein Polster aus Putzwolle oder Matratzenfüllung, mit Fett bestrichen, befestigt. Wenn dieses Polster auf dem Loche sitzt, preßt der Wasserdruck das Lecktuch gegen die Außenhaut und damit das Polster in die Öffnung. Richtig gemacht, verhindert dieses Mittel den ferneren Eintritt des Wassers mit großer Sicherheit.

In jedem Motorboote sollte etwas Dichtungsmaterial und etwas Zimmermannswerkzeug, wenigstens eine Säge und ein kleiner amerikanischer Hobel, im Werkzeugkasten mitgeführt werden, da verhältnismäßig geringe Fachkenntnisse notwendig sind, um ein leck gewordenes Boot provisorisch zu dichten. Das Dichten eines metallenen Fahrzeuges verursacht größere Schwierigkeiten, als das eines hölzernen. Dagegen kann man annehmen, daß einem in gutem baulichen Zustande befindlichen stählernen Boote nicht so leicht Löcher in die Außenhaut geschlagen werden, da die lokale Festigkeit gewöhnlich größer als beim Holzboote ist.

Sollte ein Dichten des Bootes jedoch nicht möglich und das Bewältigen des eindringenden Wassers durch Pumpen und Schöpfen ausgeschlossen sein, so bleibt nur das Verlassen des Fahrzeuges übrig. Man gibt Notsignale und läßt das Boot eventuell mit fremder Hilfe nach dem Ufer oder nach einer flachen Stelle schleppen, damit das spätere Heben nicht zu viel

Schwierigkeiten bereitet. Vor dem Verlassen des Bootes befestigt man an ihm eine genügend lange Leine und am anderen Ende derselben ein Brett oder eine Tonne, damit das gesunkene Boot leicht wiederzufinden ist.

Stranden.

Das Stranden, d. h. Auflaufen und Festsitzen auf dem Grunde eines flachen Wassers, passiert wohl jedem Motorboote einmal. Es ist als nicht immer richtig anzusehen, sofort nach dem Festsitzen die Schraube mit voller Kraft rückwärts arbeiten zu lassen. Sollte das Boot hinten festsitzen, was bei Motorbooten häufig vorkommt, da der hintere Teil des Bootskörpers resp. das Ruder und die Hacke des Schraubenbockes tiefer gehen als der vordere und mittlere Teil des Bootes, so wird die rückwärts arbeitende Schraube das Boot selten zurückziehen können, da sie dann nur Sand und Wasser aufwühlt und gegen den Bootskörper lagert und sich gelegentlich Kraut und Tauwerk um die Flügel wickelt. Eventuell trifft die Schraube auch auf Steine und schlägt sich an diesen die Flügel krumm oder ganz ab.

Man untersuche daher zuerst, an welcher Stelle das Boot aufsitzt, wo also die flache Stelle im Wasser ist, versuche durch Verlegen von gewichtigen Sachen das Boot an der aufsitzenden Stelle zu entlasten und durch schnelles Übertreten von einer Bootsseite auf die andere das Boot zu schlingern. Zugleich legt man das Ruder mittschiffs und sucht mit Riemen oder Bootshaken das Fahrzeug nach einer tieferen Stelle zu schieben. Dabei kann man, wenn genügend tiefes

Wasser vorhanden ist, die Schraube mäßig schnell rückwärts laufen lassen.

Sitzt das Boot vorne fest, so ist zeitweises Rückwärtsschlagen der Schraube vorteilhaft, da in dem ersten Augenblicke der Bewegung der Schraube das Heck des Bootes heruntergesogen und dadurch das Vorschiff etwas angehoben wird. — Wenn das Fahrzeug durch einfache Mittel nicht abzubringen ist, müssen größere Gewichte an Land oder ins Beiboot geschafft werden, um das Fahrzeug selbst zu erleichtern, damit es etwas aufschwimmt. Man bringt auch wohl einen Anker aus und versucht durch Einholen der Ankerkette das Fahrzeug abzuziehen.

Recht unangenehm kann das Stranden in den Gewässern mit Ebbe- und Flutbewegungen werden. Setzt sich das Boot mit steigendem Wasser fest, so wird es in kurzer Zeit von selbst flott werden. Strandet es jedoch bei fallendem Wasser oder gar beim höchsten Wasserstande, so ist jede Bemühung während der nächsten Stunden ziemlich aussichtslos. Man hat dann dafür zu sorgen, daß das Boot aufrecht, d. h. ohne erhebliche Schlagseite auf dem Grunde sitzen bleibt, und muß es mit Riemen und Bootshaken gegen das Umfallen sichern.

Bei jedem Unfalle soll man zuerst versuchen, ohne fremde Hilfe auszukommen. Ist die Assistenz durch fremde Leute oder Schleppdampfer notwendig, so muß man den entsprechenden Lohn dafür vorher festsetzen, da nachher meistens ganz exorbitante Summen verlangt werden oder gar Anspruch auf Bergelohn erhoben wird, dessen Höhe sich nach dem Werte des ganzen Fahrzeuges richtet und in die Tausende gehen kann.

Schleppen und Geschlepptwerden.

Das Schleppen soll keines der beiden Fahrzeuge in Gefahr bringen. Es ist eine Arbeit, welche selbst von Seeleuten nicht immer richtig ausgeführt wird. Je unruhiger das Wasser ist, desto länger muß die Schlepptrosse sein. Man beschwert sie dann in der Mitte ihrer Länge mit einer Kette, damit sie stets durchhängt und deshalb eine größere Veränderlichkeit der Zugkräfte gestattet, ohne straff gespannt zu werden und dann eventuell zu reißen. Wenn im ruhigen Wasser das geschleppte Boot schlecht steuert, so ist dasselbe dicht an das schleppende Boot zu holen, welches man durch einen Fender am Heck gegen heftiges Aufeinanderstoßen sichert.

Die Schlepptrosse wird auf dem Schlepper möglichst mittschiffs an einem starken Poller oder Haken und auf dem achteraus liegenden und zu schleppenden Fahrzeuge an einem kräftigen Poller oder dem Ankerspill befestigt.

Ist der Schlepper kleiner als das geschleppte Fahrzeug, so darf die Schlepptrosse auf dem Schlepper nicht an einer Bordseite befestigt werden. Ist er jedoch größer, so kann die Trosse auch an einem seiner seitlichen Poller festgemacht werden. Das Schleppen leichter Fahrzeuge, welche schlecht steuern, hat mit größter Vorsicht zu erfolgen. Die Geschwindigkeit soll nicht größer sein, als sie das geschleppte Boot gewöhnlich erreicht, und möglichst konstant erhalten bleiben, damit das geschleppte Boot nicht aufschießt und gegen den Schlepper fährt.

Auf dem geschleppten Boot muß die Trosse gut in der Bugklampe liegen. Es ist möglichst genau der

Kurs des Schleppers nachzusteuern, es sind aber nicht die Bewegungen desselben zur gleichen Zeit nachzumachen (siehe Fig. 97).

Läßt die Geschwindigkeit des Schleppers schnell nach, so schießt das geschleppte Boot anfangs durch

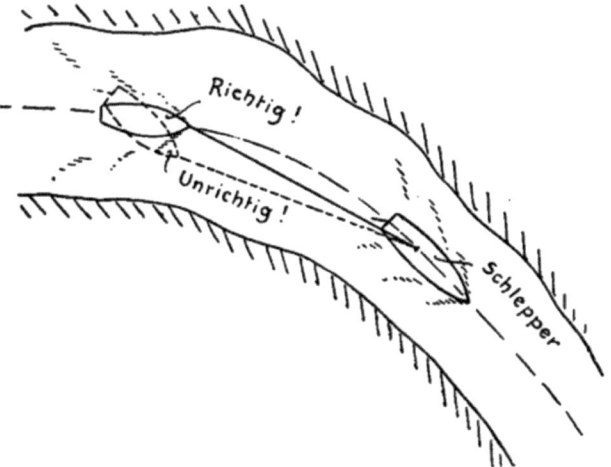

Fig. 97. Steuern beim Schleppen.

sein Moment auf und ist durch entsprechendes Rudergeben vom Schlepper freizuhalten.

In ruhigen und schmalen Gewässern schleppt man auch längsseits, indem man die Fahrzeuge nebeneinander befestigt. Die Arbeit des Schleppers ist dabei manchmal eine größere, doch braucht nur ein Fahrzeug gesteuert zu werden. Sinkende Boote werden von größeren Fahrzeugen vorteilhaft auf diese Weise geschleppt.

Während der Schleppfahrt soll auf dem geschleppten Boote die Schraube vom Motor abgekuppelt werden. Sie läuft dann durch den Wasserdruck getrieben mit geringer Tourenzahl mit und vermindert die Schlepparbeit.

Vor Anker und an der Mooring.

Anker und Mooring dienen zum Befestigen des Bootes im freien Wasser. Eine Mooring besteht aus einem Anker (in Form eines umgekehrten Pilzes oder eines gewöhnlichen Ankers, jedoch mit nur einem Pflug oder einem schweren Stein, Betonblock usw.), welcher auf dem Grunde gut festgelegt ist, einer daran befestigten gewöhnlichen Ankerkette von einer Länge gleich der dreimaligen Wassertiefe und einer Tonne, die an der Oberfläche schwimmt und an der das andere Ende der Kette befestigt ist. Die Tonne, Boje genannt, trägt oben einen Ring, der mit der Kette durch eine Stange verbunden ist. Durch den Ring wird das Befestigungstau des Bootes gezogen und an Bord festgemacht. Wenn es sich als notwendig und tunlich erweist (in stärkerem Strom und bei stärkerem Seegang und Wind), wird auch die Boje an Bord genommen und das daranhängende Kettenende an Bord festgemacht.

Um eine Mooring aufzupicken oder um vor Anker zu gehen, muß man gegen den Strom oder, wenn der Wind stärker ist als der Strom, gegen den Wind mit geringer Geschwindigkeit auf den betreffenden Platz zufahren und so rechtzeitig stoppen, daß das Boot nur eben gegen die Boje stößt resp. an der Stelle stehen bleibt, an welcher man den Anker fallen lassen will. Beim Ankern zwischen anderen Fahrzeugen beobachte man besonders im unruhigen Wasser die größte Vorsicht, da man für jeden dabei auf anderen Booten angerichteten Schaden aufzukommen hat. Wenn man die Mooring verläßt, so geht man, nachdem man losgeworfen hat, zuerst eine kurze Strecke rückwärts und steuert dann beim Vorwärtsfahren gut von der Boje frei, damit man nicht die Mooringkette oder -trosse in die Schraube oder vor das Ruder bekommt.

Beim Ankern muß man eine Kette in einer Länge von wenigstens viermaliger Wassertiefe ausgeben und nicht vergessen, daß der Wind oder der seine Richtung wechselnde Strom das Boot in einem Kreisbogen um den Anker herumtreibt. Der Ankerplatz muß daher so gewählt werden, daß genügend Platz zum ungehinderten Schwojen vorhanden bleibt. Ist der Ankerplatz sehr beengt, so empfiehlt es sich, nicht zwischen anderen Fahrzeugen, sondern möglichst stromabwärts vor Anker zu gehen.

Beim Ankeraufgehen holt man die Kette so lange ein, bis sie auf und nieder, d. h. senkrecht zur Wasseroberfläche, steht, dann dreht man den Motor an, reißt den Anker aus, nimmt langsame Fahrt voraus auf und holt die Kette mit dem Anker schnell an Bord, nachdem man beide von dem etwa anhaftenden Schlick und Schlamm durch Abspülen gereinigt hat.

Bootskennzeichen und Flaggen.

Zur Kennzeichnung erhält jedes Boot einen Namen, welcher gewöhnlich auf beiden Bordseiten am Bug oder mittschiffs aufgemalt oder in Metallbuchstaben angebracht ist.

Wenn es die Form des Überwasserteiles des Bootes gestattet, wird der Namen vielfach auch am Heck angebracht, und werden darunter eventuell die besonderen Abzeichen oder Anfangsbuchstaben des Klubs gesetzt, dem der Besitzer angehört.

Das im Privatbesitz befindliche Motorboot darf als Heckflagge nur die einfache Nationalflagge ohne Ausschmückung durch besondere Embleme führen, sofern (bei Sportfahrzeugen) der Klub des Besitzers nicht besondere Vorrechte in dieser Hinsicht von der Regierung eingeräumt erhalten hat. Die Nationalflagge wird am Heck und der Klubstander bzw. die Haus- und Reedereiflagge am Flaggenstock beim Vorsteven, oder wenn das Fahrzeug einen Mast hat, im Topp desselben, wenn es mehrere Masten hat, im Topp des Großmastes, Großtop genannt, gefahren. Auf Fahrzeugen, welche auf der Tour in Fahrt sind oder vor Anker resp. am Lande festgemacht liegen, wehen die Flaggen von acht Uhr morgens bis zum Sonnenuntergange.

Winterdienst.

Die Verwendung des Motorbootes in den Wintermonaten hat in den letzten Jahren, besonders infolge der Kriegsereignisse, an Umfang gewonnen und den Motorbootsfahrer vor neue Aufgaben gestellt. Zu diesen gehören das Fahren im Eise und die Behandlung des Motors zur Erhaltung seiner Dienstfähigkeit im Winter.

Im Eise fahre man so langsam, als die Umstände es gestatten, denn Eisschollen sind Feinde der Außenhaut des Bootes und der Propeller. Muß man sich durch festeres Eis einen Weg bahnen, dann schafft man alle gewichtigen Gegenstände, auch die Besatzung, nach hinten, damit das Vorschiff möglichst hoch liegt und sich leichter auf das Eis hinaufschieben kann. Bricht das Eis nicht unter der Last des darauf geschobenen Bootes, so ist es ziemlich zwecklos, durch Dagegenfahren etwas ausrichten zu wollen. Dann hilft nur die Eishacke.

Hat man das Vorschiff des Bootes mit angemessener Fahrt auf das Eis hinaufgeschoben, dann läßt man die Schraube mit voller Drehzahl laufen, um das Wasser unter der Eisdecke vorzusaugen, achtet jedoch darauf, daß die Fahrrinne hinter dem Boot möglichst eisfrei bleibt, da sonst der Propeller leicht in Stücke geht. Ist das Eis auf diese Weise durchgebrochen, so fährt man ein Stück rückwärts und beginnt das Manöver von neuem. Auf sehr flachem Wasser mit steinigem Grunde sollte man Eisbrechen dieser Art aber unterlassen. Der einzige Erfolg wird sonst der Verlust sämtlicher Schraubenflügel sein.

Muß man im Treibeis fahren, so verstärkt man die Außenhaut seines Bootes durch Aufbringen von mehrere Millimeter dickem Eisenblech oder 30 bis 40 Holzplanken in einem Streifen, der sich am Vorschiff bis etwa 20 cm über und unter Wasser erstreckt.

Besteht für ein Boot die Gefahr des Einfrierens an seinem Liegeplatze, so muß man in gewissen Zeitabständen, je nach der Eisbildung, rings um das Boot die Eisdecke in etwa einem halben Meter Breite aufschlagen und die Eisstücke aus dem Wasser schaffen.

Bei Winterbetrieb muß der Vergaser mit einer

Heizung durch das vom Motor kommende Kühlwasser versehen werden. Hat der Vergaser keinen Heizmantel, so muß man eine an das Ablaufrohr der Kühlwasserleitung angeschlossene Heizschlange aus Kupfer um den Vergaser wickeln und diese mit einem Blechmantel umkleiden. Alle Wasserheizungen müssen nach Betriebsschluß entwässert werden. Vor dem Andrehen empfiehlt es sich, besonders an Frosttagen, ein äußeres Anwärmen des Vergasers und der Saugrohre durch in kochend heißes Wasser getauchte Tücher vorzunehmen. Das ist besser, als heißes Wasser auf diese Motorteile nur zu gießen oder sie mit einer Lötlampe oder einem anderen offenen Feuer anzuwärmen. Das Arbeiten mit offenen Flammen deutet immer auf eine Unterschätzung der Feuersgefahr an Bord von Motorbooten hin.

Zweckmäßig ist auch ein der äußeren Vergaserform angepaßtes überstellbares Blechgefäß zur Aufnahme heißen Wassers zum Anwärmen des Vergasers vor dem Andrehen.

Mancher Motor springt an kalten, regnerischen Tagen nicht an, weil sich an den Elektroden oder zwischen den Spitzen der Kerzen während des Stehens des Motors Feuchtigkeit niederschlägt. Daher nach dem Anhalten des Motors die Zündkerzen herausschrauben und sie an einem trockenen, warmen Orte (Hosentasche) bis zur Wiederaufnahme des Betriebes aufbewahren. Gehen die Kerzen schlecht heraus, dann stopfe man das Luftansaugrohr, und wenn möglich auch die Auspuffleitung mit einem Lappen dicht.

An kalten Tagen muß man etwa zehn Minuten vor dem Andrehen in jeden Zylinder durch die Kompressionshähne etwa 1—2 Teelöffel Schmieröl, zur Hälfte mit Petroleum gemischt, gießen, damit sich die Kolbenringe lösen.

Für die Schmierung des Motors ist im Winter möglichst dünnflüssiges Öl zu verwenden.

Vor dem Einschalten der Zündung drehe man den Motor bei fast geschlossener Drosselklappe zehn- bis zwölfmal herum, damit ein möglichst brennstoffreiches Gemisch in die Zylinder gelangt. Will der Motor dann noch nicht anspringen, so muß man eine kleine Menge Benzin durch die Kompressionshähne in die Zylinder gießen. Sehr zu empfehlen ist eine besondere, durch Hahn abschließbare Rohrleitung vom Benzintank oder einem Benzinhilfsgefäß zum Gasverteilungsrohr über dem Vergaser. Durch dieses Rohr führt man beim Andrehen allen Zylindern im Ansaugetakt ein gleichmäßiges Gasgemisch zu.

An Frosttagen ist auf vollständiges Entleeren der ganzen Kühlwasserleitung nach Betriebsbeendigung der größte Wert zu legen.

Der Bordhahn wird geschlossen, die Kühlwasserleitung vom Bodenhahne und von den Zylinderanschlüssen gelöst und der Motor so lange im Betrieb erhalten, bis es aus den Zylindern zu dampfen beginnt, was nach etwa fünf Betriebsminuten eintreten wird. Das einfache Öffnen aller Entwässerungshähne des stehenden Motors genügt an Frosttagen nicht.

Eingefrorene Bordhähne der Kühlwasserleitung

muß man mit heißem Wasser auftauen, niemals mit glühendem Eisen oder einer Lötlampe, denn unter dem Fußboden stehen explosible Benzindämpfe!

Manches Schmieröl wird an Frosttagen in den Rohrleitungen so dick, daß man guttut, die Rohrleitungen durch heißes Wasser zu erwärmen.

Ist der Motorraum von den anderen Räumen nicht durch wasserdichte Schotten getrennt, dann muß vor dem Benzinfüllen jeder Heizofen und jede Kochflamme vollständig gelöscht werden.

V. Verschiedenes.

Winke für den Kauf des Motorbootes.

Es wird vielfach unter Angabe guter Gründe empfohlen, sich wegen Beschaffung eines Motorbootes mit einer renommierten Bootbaufirma oder mit einer Motorenfabrik in Verbindung zu setzen, welche die Lieferung vollständiger Boote verantwortlich übernimmt, da das Boot durch seinen Körper und seine Einrichtung zu dem wird, was es sein soll, und der Motor nur ein Teil des Motorbootes ist.

Ein guter Fabrikant ist selten ein guter Konstrukteur. In heutiger Zeit verlangt die kaufmännisch richtige Führung einer Fabrikationsstätte, die Verhandlungen mit der Kundschaft und den Lieferanten, großen Zeitaufwand seitens des Besitzers, dem daher selten Mußestunden und Kraft verbleiben, konstruktiv genügend tätig zu sein, um in Praxis und Theorie entsprechende Fortschritte zu machen und technische Erfahrungen auszuwerten. Daher gibt es, wie in anderen Branchen, auch im Motorbootbau selbständige Ingenieure, welche sich mit dem Entwurfe und der Ausarbeitung von Zeichnungen kompletter Fahrzeuge befassen, den Besteller beraten und seine Interessen dem Fabrikanten gegenüber wahrnehmen. Wer, wie die meisten Laien, nicht genügend über Bau und Betrieb von Motorbooten orientiert ist und die Zweideutigkeit manches technischen Ausdruckes nicht kennt, wird mit Vorteil einen solchen technischen Anwalt in Anspruch nehmen und ihn mit allen einleitenden Handlungen, mit der Anfertigung der Zeichnungen und mit der Bauaufsicht betrauen. Es ist sowohl für den Besteller, als auch für den Fabrikanten von außerordentlicher Wichtigkeit, bereits bei der Offerte genau zu wissen, was eigentlich geliefert werden soll.

Man entscheide sich bei der Auftragerteilung nicht nur nach dem geforderten Preise, sondern nach dem, was für denselben geboten wird. **Wie überall, so erhält man auch im Motorbootbau für billiges Geld nur billige Ware**, welche sich vielleicht weniger durch das äußerliche Aussehen von den teueren Fabrikaten unterscheidet, als durch die Güte und Bearbeitung des Materials und durch das Fehlen vieler konstruktiver Einzelheiten und Einrichtungen, welche bestimmt sind, den Betrieb des Bootes gefahrlos und wirtschaftlich zu gestalten und sowohl dem Bootskörper wie der motorischen Anlage eine längere Lebensdauer zu sichern. Das Gute kann niemals ganz billig sein. Die Billigkeit geht **stets** auf Kosten des Käufers.

Gewarnt sei vor dem Selbstkonstruieren der Boote. Die deutschen Motorbootkonstrukteure dürfen mit Recht Anspruch auf Vertrauen des Publikums zu ihrem Fachwissen machen. Man bringe daher dem Lieferanten auch Vertrauen entgegen und erschwere das Geschäft nicht durch Forderungen, auf welche man durch die sogenannten guten Ratschläge anderer

Motorbootbesitzer gebracht worden ist. Es bleibt stets zu bedenken, daß die guten und schlechten Erfahrungen anderer Leute meistens einseitiger Natur sind, und Mißstände sehr oft andere Gründe haben, als sie bei oberflächlicher Beobachtung ohne eingehende sachliche Untersuchung ersichtlich waren.

Man berücksichtige stets, daß der wirkliche Fachmann durch seine Beobachtung vieler Boote mehr Erfahrung haben muß als der Bootsbesitzer, der seine Erfahrung an ein oder zwei Booten gemacht hat.

Man suche zwischen den von den einzelnen Firmen vorgelegten Normalkonstruktionen einen für den gedachten Zweck passenden Entwurf zu finden. Kleine Abänderungen in der Einrichtung lassen sich ohne weiteres vornehmen, doch bestehe man nicht darauf, genau die Form, Länge, Breite und Geschwindigkeit des Bootes zu erhalten, welche man sich vielleicht vorher als passend zurechtgelegt hat. Man erleichtert auf diese Weise das Zustandekommen von Normaltypen, welche das einzelne Fabrikat verbilligen.

Man ist vielfach der Ansicht, daß gerade beim Motorboot der Geschmack des einzelnen nicht zu kurz kommen soll. Demselben kann sehr wohl in der Einrichtung und in der Farbe des äußeren Anstriches Rechnung getragen werden, wenn auch der Erbauer aus baulichen Gründen und mit Rücksicht auf die zu leistenden Garantien nicht immer dem oft noch während des Baues wandelbaren Geschmacke der Besteller entsprechen kann. Individualität ist meistens ein sehr teurer Sport. — Es dürfte der Entwicklung der Motorbootverwendung nicht von Nachteil sein, wenn sich der Geschmack der Käufer den technischen Anforderungen und denen einer wirtschaftlichen Fabrikation soweit unterordnete, daß die Einführung einer Reihe von Standard-Typen möglich wird, welche mehr allgemeinen Anforderungen entsprechen und deshalb später auch leichter weiter zu verkaufen sein werden. Das kaufende Publikum hat davon den größten Nutzen, und die Ästhetik wird sicher nicht zugrunde gehen.

Man bestelle, gleichgültig ob man Bootbauer, Motorenfabrikant oder Händler mit seinem Auftrage beehrt, stets das ganze betriebsfertige Boot bei einer Firma und lasse sich niemals auf das selbständige Zusammenkaufen des Bootskörpers, des Motors, des Propellers usw. von verschiedenen Firmen, niemals auf einen Briefwechsel mit irgendeinem der Unterlieferanten ein. Bei einem Fiasko, wie es bei dem Zusammenstellen solcher Einzelteile zu einem beabsichtigten Motorboote meistens der Fall ist, wird niemand von den einzelnen Lieferanten die Schuld übernehmen, der Käufer wird stets als der allein schuldige Teil angesehen werden, und der Ärger und die unausbleiblichen Extrakosten werden durch den beabsichtigten Gewinn beim Einkaufe nicht entfernt aufgewogen.

Man lasse sich stets einen ausführlichen Lieferungsvertrag geben, in welchem alle besonderen Einzelheiten und die eventuellen persönlichen Wünsche, sowie die Garantien genau präzisiert sind. Ein solcher Vertrag schützt vor späteren Unannehmlichkeiten, welche durch unvollständige Lieferung seitens des Fabrikanten und übermäßige, im guten Glauben gestellte Forderungen seitens des Bestellers entstehen können:

Man lasse sich garantieren:
1. die verabredeten Hauptdimensionen (Länge, Breite, Tiefe des Bootes);
2. das Hauptbaumaterial, die Bauart und die Einrichtung des Bootes;
3. die Geschwindigkeit des Bootes unter den kontraktlich festgelegten Bedingungen;
4. den stündlichen Verbrauch an Betriebsmaterial und die Umlaufszahl des Motors;
5. den Tiefgang und die Stabilität des Bootes in einem bestimmten Zustande;
6. Die Beseitigung aller Schäden an Boot und Motor, welche durch unsachgemäße Ausführung und schlechtes Material im Laufe eines gewissen Zeitraumes entstehen;
7. den Liefertermin und den Ort der Anlieferung.

Ferner verabrede man genau die Zahlungsbedingungen, eventuell die Konventionalstrafen und den Erfüllungsort.

Diese Garantien müssen von jedem Lieferanten gegeben werden können. Je präziser der Fabrikant in seinen Angaben ist, desto größer ist sein Können, desto besser die Organisation seines Betriebes, und desto vollkommener wird auch im allgemeinen sein Fabrikat sein.

Die Garantie unter 6. wird gewöhnlich für die Dauer eines halben Kalenderjahres, seltener eines ganzen Jahres geleistet. Für eine längere Zeit kann ein vorsichtiger Lieferant eine Garantie eigentlich mit gutem Gewissen nicht übernehmen. Ein Motorboot ist im Betriebe vielen Zufällen und meistens einer Behandlung durch ungeschulte Leute ausgesetzt, so daß sich die eigentlichen Ursachen der Schäden um so schwerer feststellen lassen, je länger das Boot im Gebrauch gewesen ist.

Die Betriebskosten eines Bootes richten sich nach dem Verbrauch des Betriebsmaterials des Motors. Man lege daher nach den Angaben des Fabrikanten für eine gewisse Geschwindigkeit des Bootes einen gewissen stündlichen Betriebsmaterialverbrauch fest und ebenso die maximale Umlaufszahl des Motors, welche einen gewissen Einfluß auf die Lebensdauer der Maschine hat. Es kann dem Besitzer dann ganz gleichgültig sein, wieviel nominelle oder gebremste Pferde sein Motor hat. Bremsatteste haben nur einen sekundären Wert. Die Motorstärke ist im Boot nur schwer kontrollierbar, und man soll sich nichts garantieren lassen, was man nicht selbst und zu jeder Zeit feststellen kann.

Man kaufe mit dem Boote auch alle notwendigen Ausrüstungsstücke, Werkzeuge und Reserveteile für den Motor sofort mit; dann hat man sie zur Hand, wenn sie notwendig werden, und die Gewißheit, daß sie auch passen.

Man bedinge sich beim Kauf eines Motorbootes auch die Zurverfügungstellung eines Monteurs oder sonst erfahrenen Mannes aus, welcher die Instruktion des Besitzers oder Führers über die Einrichtung und Arbeitsweise der ganzen Motoranlage während einer gewissen Zeit übernimmt.

Auf Luxusboote und ihre einzelnen Teile, welche

im Auslande fabriziert sind, wird ein erheblicher Einfuhrzoll erhoben.

Die Zeichnungen und Offerten, welche man bei Anfragen oder bei Bestellung resp. Ablieferung von Booten von den Ingenieuren oder Fabrikanten erhält, sind wertvolle Dokumente (besonders für den Erzeuger) und als solche zu behandeln. Sie bleiben geistiges Eigentum des Erzeugers und sind daher nicht verkäuflich. Es kann nur das Recht, nach den Zeichnungen zu bauen resp. bauen zu lassen, erworben werden. Der Bauherr kann eine Kopie der dem Bauvertrage zugrunde liegenden Zeichnungen verlangen, darf diese aber weder für sich, noch für andere aufs neue benutzen. Ihm steht auch nicht das Recht zu, die Zeichnungen in Büchern, Zeitschriften usw. zu veröffentlichen. Das Gesetz zur Bekämpfung des unlauteren Wettbewerbs schützt die Industrie, welche ihre Zeichnungen usw. vielfach mit einer Notiz versieht, nach welcher die Zeichnungen usw. **Eigentum der Firma bleiben und ohne Genehmigung weder dritten Personen noch Konkurrenzfirmen mitgeteilt werden dürfen.** Reflektanten und Käufer werden auf diese Weise auf den gesetzlichen Schutz besonders aufmerksam gemacht.

Die Nichtbeachtung resp. Umgehung der Bestimmungen kann für den Zuwiderhandelnden recht unangenehme Folgen haben. Neben Schadenersatzklagen (Buße bis zum Betrage von 10000 Mark) sind auch solche wegen Diebstahls und Unterschlagung zu gewärtigen.

Ermittlung der Motorleistung.

Die Ermittelung der Motorleistung erfolgt gewöhnlich durch Bremsen der Motoren außerhalb des Bootes.

Dabei wird der Motor mit einer Einrichtung in Verbindung gebracht, welche die von ihm geleistete Arbeit wieder vernichtet. Diese Vernichtung erfolgt durch Reibung mittels einer mechanischen Bremsung des Schwungrades oder durch Luft- oder Wasserbewegung mittels eines Flügelrades, oder durch Erzeugung von Elektrizität.

Die Motorleistung ist abhängig von Zylinderzahl, Zylinderdurchmesser, Kolbenhub, Umlaufszahl und Betriebsstoff. Sie läßt sich annähernd auch durch Rechnung ermitteln.

Nach der Formel des Internationalen Motoryacht-Verbandes ist

$$N = \frac{z \times d^2 \times s \times n}{C}$$

worin bedeutet:

N Pferdezahl (PS),
z Zylinderzahl,
d Zylinderdurchmesser in cm,
s Kolbenhub in cm,
n Umlaufszahl pro Minute
C Beiwert, abhängig vom Motorsystem.

Es ist dabei:

$C = 220\,000$ bei Viertakt-Benzinmotoren
$C = 180\,000$ bei Zweitakt-Benzinmotoren
$C = 240\,000$ bei Viertakt-Petroleummotoren

festgesetzt. In Wirklichkeit werden die Werte von C etwas größer oder kleiner sein, je nach der Zylinderzahl und der Bauart des Motors. Dennoch kann die oben genannte Formel zur angenäherten Ermittlung der Motorleistung mit Vorteil Verwendung finden.

Zur Erleichterung der Anwendung dient die nachfolgende Tabelle:

Kolbenhub s in cm	Zylinderdurchmesser in cm						
	9	10	11	12	13	14	15
10	0,81	1,00	1,21	1,44	1,69	1,96	2,25
11	0,89	1,10	1,33	1,59	1,86	2,16	2,48
12	0,97	1,20	1,45	1,73	2,03	2,35	2,70
13	1,05	1,30	1,57	1,87	2,20	2,55	2,93
14	1,13	1,40	1,69	2,02	2,37	2,75	3,15
15	1,21	1,50	1,82	2,16	2,54	2,94	3,38
16	1,30	1,60	1,94	2,30	2,71	3,14	3,60
17	1,38	1,70	2,06	2,45	2,88	3,33	3,83
18	1,46	1,80	2,18	2,59	3,04	3,53	4,05
19	1,54	1,90	2,30	2,74	3,21	3,73	4,28
20	1,62	2,00	2,42	2,88	3,38	3,92	4,50

Die Tabelle enthält die Werte für

$$\frac{d^2 \times s}{1000}$$

weshalb die letzten drei Nullen der C-Werte fortfallen.

Rechnungsbeispiel:

Es sei die Zylinderzahl = 4, der Zylinderdurchmesser = 10 cm, der Kolbenhub = 14 cm, die Umlaufszahl $=850$ und ein Benzinbetrieb im Viertakt vorhanden. Dann ist die Motorleistung:

$$N = \frac{z \times \text{Tabellenwert} \times n}{C}$$

$$= \frac{4 \times 1{,}40 \times 850}{220}$$

also gleich rund 21,7 PS.

Bei Benzolbetrieb wird die wirkliche Motorleistung nicht viel kleiner sein, als die Formel sie ergibt.

Bootsgeschwindigkeit.

Die Geschwindigkeit eines Bootes oder Schiffes wird in der Seeschiffahrt nach Knoten, in der Binnenschiffahrt nach Kilometern per Stunde gemessen.

Ein Knoten ist gleich einer Seemeile pro Stunde und nach deutscher Rechnung 1852 m, also 1,852 km lang.

Um die Geschwindigkeit eines Fahrzeuges zu bestimmen, fährt man mit ihm über eine Strecke, deren Länge genau bekannt ist, und stellt die dabei verbrauchte Zeit fest, dividiert dann die Wegstrecke durch die verbrauchte Zeit in Sekunden und multipliziert sie mit 3600.

Beispiel:

Wegstrecke $= 500$ m $= 0{,}50$ km
Zeit $= 2$ Minuten 50 Sekunden
$= 170$ Sekunden

$$\frac{0{,}5}{170} \times 3600 = 10{,}59 \text{ km p. Stunde.}$$

Wird die Feststellung der Geschwindigkeit auf strömendem Wasser oder bei Wind in der Fahrrichtung vorgenommen, so sind Fahrten mit Strom resp. mit Wind und solche gegen Strom und Wind in gleicher Zahl auszuführen und dann ist das Mittel aus den erreichten Geschwindigkeiten zu ziehen, welches jedoch nur in seltenen Fällen die wirkliche Geschwindigkeit auf stromfreiem Wasser und in ruhiger Luft angibt.

1 Seemeile = 1,852 Kilometer (km),
1 Kilometer = 0,540 Seemeilen.

Verhütung der Explosions- und Feuersgefahr an Bord.

Auf den Motorbooten besteht, wie bei allen anderen stationären und beweglichen Kraftanlagen, die Gefahr der Zerstörung durch Feuer. Die Ursache des Feuers wird sehr selten eine andere sein als die Unvollkommenheit der Motoranlage, die Unvorsichtigkeit der Bedienungs- oder eine grobe Fahrlässigkeit der Bootsinsassen. Von selbst ist noch auf keinem Boote ein Brand ausgebrochen.

In den allermeisten Fällen geht dem Brande eine Explosion des Betriebsstoffes zur unpassenden Zeit voraus. Diese Explosion hat fast immer die gleichen Ursachen. Aus undichten Betriebsstoffbehältern, Rohrleitungen und Vergasern läuft Betriebsstoff in die Bilge, dem Raum unter dem Fußboden, verdampft hier, wenn genügend Wärme vorhanden ist (unter dem Motor ist sie im Betriebe stets vorhanden) und bleibt dort stehen, da die Dämpfe schwerer sind, als die darüber lagernde atmosphärische Luft. Durch Bewegung des Motors usw. vollzieht sich die Vermischung eines Teiles der Dämpfe mit der atmosphärischen Luft zu einem explosiblen Gasgemisch, das dann durch einen gelegentlichen heißen Funken zur Explosion gebracht wird. Diese Explosion verbreitet sich bei fahrlässig gebauten Motorbooten über die ganze Bilge und in kürzester Zeit steht das ganze Motorboot in Flammen.

Woher können die gelegentlichen heißen Funken kommen? Einmal aus den schlecht fabrizierten oder in Unordnung geratenen Induktionsspulen, Stromverteilern, Magnetapparaten und den Kabelleitungen der Hochspannungszündung. Bei manchen Motoren findet man die genannten Teile der Zündung an ungenügend ventilierten, der Bilge nahen und der Zerstörung der Teile günstigen Stellen des Motorraums bzw. der Motoranlage. Außerdem können aber auch Stichflammen aus dem Vergaser die explosiblen Gase zur Entzündung bringen. Solche Stichflammen schlagen aus der Luftansaugeleitung des Vergasers, wenn nach dem Explosionshub die Verbrennung der Gase im Motorzylinder noch zu einer Zeit stattfindet, in der das Einlaßventil sich bereits wieder öffnet. Ein solcher Vorgang hat seine Ursache in zu reichem Gasgemisch und wird vielfach beim Andrehen des Motors beobachtet.

Da man diese Gefahrquellen kennt, so liegt es im Bereiche der Möglichkeit, die Explosions- und Feuersgefahr auf ein Mindestmaß zu beschränken.

Die Zuführung des Betriebsstoffes zum Vergaser durch die eigene Schwere sollte vermieden werden. Denn wird ein solches Zulaufsrohr undicht, so entleert sich der ganze Inhalt des Betriebsstofftankes in die Bilge. Schließt der Schwimmer im Vergaser den Betriebstoff nicht ordentlich ab, so läuft der Vergaser von Zeit zu Zeit über und der Betriebsstoff gelangt bei schlecht angelegten Vergasern auf diesem Wege in die Bilge. Letzteres tritt besonders oft ein, wenn während der Betriebspause das Benzinventil am Tank nicht geschlossen wird und das Boot im unruhigen Wasser liegt. Sind die Vergaser mit einem Überlaufrohr versehen, so ist es notwendig, dieses Rohr in ein kleines Auffanggefäß zu leiten.

Jedenfalls soll man die Druckförderung des Betriebsstoffes durch Auspuffgase oder Druckluft vorziehen. Entsteht bei einer solchen Anlage eine Undichtigkeit, so wird kein Betriebsstoff gefördert und der Motor bleibt stehen. Alle Rohrleitungen müssen bruchsicher und unter möglichster Vermeidung von Verschraubungen verlegt sein.

Ferner muß man dafür sorgen, daß die Magnetapparate, Akkumulatoren, Induktionsspulen, Stromverteiler, Schalter und Stromkabel so funkensicher als möglich eingeschlossen sind und möglichst weit von der Bilge und dem Fußboden des Motorraumes Aufstellung finden. Sollte man im Betriebe irgendwo Funken außerhalb der genannten Teile der Zündung beobachten, was besonders gut an dunklen Abendstunden und bei feuchtem Wetter möglich ist, so muß man für Beseitigung dieser Erscheinung sorgen.

Des weiteren ist darauf zu achten, daß die Luftleitungen des Vergasers keine Öffnungen nach unten, und am besten auch keine nach der Seite, sondern nur nach oben haben, damit gelegentliche Stichflammen aus dem Vergaser die Bilgegase nicht erreichen können.

Empfohlen kann auch die Lagerung und Förderung des Betriebsstoffes unter dem Drucke nicht oxydierender Gase (Kohlensäure oder Stickstoff) werden, z. B. nach dem bekannten Systeme von Martini & Hüneke, Berlin. Nach diesem System führen die nichtoxydierenden Gase den Betriebsstoff dem Vergaser unter Druck zu und verhüten inzwischen die Bildung explosibler Gasgemische. Außerdem liefert genannte Firma Armaturen, die so konstruiert sind, daß sie auch bei Bruch oder sonstiger Beschädigung den Austritt des Betriebsstoffes verhindern.

Eine passende Einrichtung des Bootes kann außerdem die Ausbreitung der Explosion bzw. des dadurch entstehenden Feuers hindern. Vor allem ist eine dichte Abscheidung der Bilge beim Betriebsstofftank und Motor mindestens bis zum Fußboden gegen die anderen Teile des Bootes herzustellen.

Die Gefahr vor Explosionen auf Motorbooten, besonders mit Benzinmotoren, welche noch manchen Sportsmann vom Kaufe eines Motorbootes abhält, wird vielfach für größer angesehen, als sie ist. Offenstehendes Benzin bildet an sich noch keine Gefahr. Es muß Luft-Benzingemisch von ganz bestimmter Zusammensetzung und dann der zündende Funke vorhanden sein. Und trotzdem auf den meisten Booten die in diesem Abschnitte mitgeteilten Vorsichtsmaßregeln nicht vorhanden sind bzw. beobachtet werden, ist die Zahl der durch Feuer beschädigten Boote pro Jahr eine zur Gesamtzahl der im Betriebe befindlichen

Boote verhältnismäßig klein. Bei richtiger Motoranlage, entsprechender Vorsicht und striktem Verbot des Rauchens in der Nähe des Motors und Tanks ist die Gefahr nicht vorhanden.

Um die Entzündung des Betriebsstoffes in den Tanks durch offene Flammen (wenn das Boot aus irgend welchen Gründen brennen sollte) zu vermeiden und die ins Feuer geratenen Tanks vor dem Platzen zu schützen, können die Öffnungen in den Tanks mit Schutzvorrichtungen versehen werden, sogenannten explosionssicheren Verschlüssen. (System der Fabrik explosionssicherer Gefäße in Salzkotten), die aus feinen Metall-Drahtgewebezylindern bestehen, welche noch in Schutzmäntel aus perforiertem Blech eingehüllt sind.

Durch eine solche Schutzvorrichtung wird einer genäherten Flamme die Wärme entzogen, indem die feinen Drahtgewebe die Flamme sehr schnell ablenken und diese zur Erstickung bringen. Um eine Gewähr gegen das Platzen gefüllter und verschlossener Tanks bei Erhitzung zu haben, werden Sicherheitsverschlüsse verwandt, in welche eine kleine Metallplatte mittels leicht schmelzbarer Legierung eingelötet ist. Bei einer gewissen Außentemperatur schmilzt diese Legierung, und der im Tank entstehende innere Druck entfernt die Metallplatte. Die Gase strömen ab und verbrennen außerhalb des Tanks.

Versicherung.

Jeder wirtschaftlich handelnde Motorbootbesitzer muß seine Fahrzeuge gegen die verschiedenen Gefahren in passender Form versichern. Es genügt nicht, daß die Boote und Motoren allein gegen die Feuersgefahren bei einer Feuerversicherungs-Gesellschaft gedeckt werden, sondern die Gefahren, denen die Fahrzeuge während der Fahrt auf der See und den Binnengewässern ausgesetzt sind, bedingen mit Notwendigkeit eine vollständige Versicherung gegen höhere Gewalt und Unfälle aller Art, wie solche von den Transportversicherungsgesellschaften übernommen wird.

Die Transportversicherungen decken gegen eine mäßige Jahresprämie je nach Ausdehnung der Fahrten und nach dem baulichen Zustande des Fahrzeuges außer dem Feuerrisiko auch alle Gefahren, denen dasselbe zu Wasser ausgesetzt ist, und decken sowohl die Schäden am eigenen Schiff, als auch die, etwa infolge Kollision mit einem anderen Fahrzeuge Dritten zugefügten Schäden.

Ein dringendes Bedürfnis ist auch die Versicherung gegen die Folgen der gesetzlichen Haftpflicht, welche aus Unfällen dieser Fahrzeuge hergeleitet werden können. Die Fälle, bei denen der Besitzer von Motorbooten haftpflichtig gemacht werden kann, sind mannigfacher Art. Die Haftpflicht kann hergeleitet werden aus Unfällen, welche sowohl dem Personal der Fahrzeuge, wie auch den Fahrgästen oder sonstigen dritten Personen zustoßen, ebenso auch aus Sachbeschädigung.

Die Haftpflicht von Motorbootbesitzern ergibt sich aus dem Bürgerlichen Gesetzbuch, dem Binnenschifffahrtsgesetz, sowie den sonstigen gesetzlichen Bestimmungen und ist dabei die Haftung unbegrenzt, so daß für den Besitzer solcher Boote aus einem

Unfalle unberechenbare materielle Folgen entstehen können.

Gegen derartige Folgen kann eine Haftpflichtversicherung Schutz gewähren.

Die zum Zwecke der Bootsführung oder Motorbedienung angestellten bezahlten Leute sind bei einer Berufsgenossenschaft zu versichern, und zwar das Personal der vorzüglich zur Seefahrt benützten Boote bei der Seeberufsgenossenschaft in Hamburg und das Personal bei der Berufsgenossenschaft der Privatfahrzeug- und Reittierbesitzer in Berlin.

Behandlung scheinbar Ertrunkener.*)

1. Schicke vor allem sofort nach dem Arzte, sowie nach Decken und trockener Kleidung.

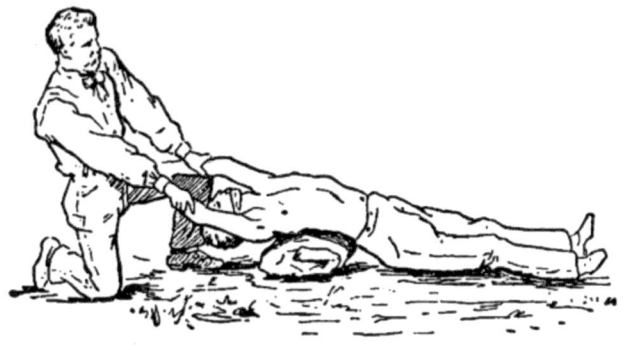

Fig. 98.

2. Entferne alle Kleidung vom Oberkörper bis zum Gürtel, und löse letzteren.

---

*) Nach den Angaben der Deutschen Gesellschaft zur Rettung Schiffbrüchiger.

3. Lege den Scheintoten zuerst auf den Bauch über deine Knie oder über zusammengerollte Kleider, so daß Kopf und Brust etwas nach abwärts hängen und das Wasser aus Magen und Lungen abfließen kann. Durch Druck auf den Rücken kann man das Ausfließen befördern. (Nicht auf den Kopf stellen!) Dann öffne den Mund, reinige ihn und die Nase von Schlamm, ziehe die Zunge hervor und binde sie mit einem Tuch auf dem Kinn fest.

Fig. 99.

4. Lege den Körper auf den Rücken, reibe Brust und Gesicht mit Tüchern trocken und siehe zu, ob die Brust atmet, d. h. sich abwechselnd hebt und senkt.

5. Ist dies nicht der Fall, so beginne sofort mit den künstlichen Atmungsbewegungen und setze dieselben unverdrossen selbst viele Stunden lang fort, bis das Atmen wieder in Gang kommt oder bis ein Arzt erklärt, daß das Leben ganz erloschen ist.

6. Um die Atmungsbewegungen nachzuahmen, muß der Brustkasten abwechselnd ausgedehnt und wieder zusammengepreßt werden.

7. Zu dem Zwecke mache ein Polster aus Kleidungsstücken und schiebe es unter den Rücken des Ertrunkenen.

8. Fasse die Arme oberhalb der Ellbogen, erhebe sie bis über den Kopf (Fig. 98) langsam 1, 2 zählend,

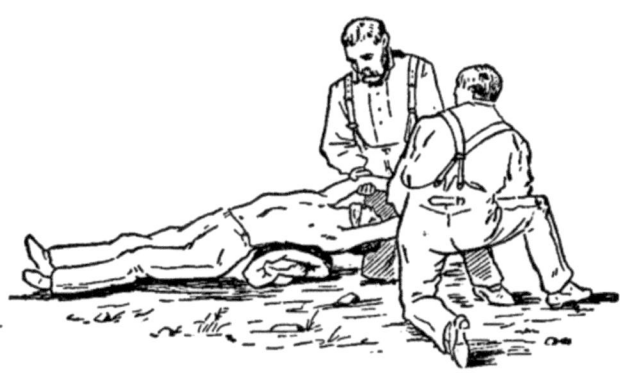

Fig. 100.

dann senke sie wieder und presse die Oberarme, langsam 3, 4 zählend, sanft aber fest gegen die vordere Fläche des Brustkastens (Fig. 99).

9. Sind zwei Helfer zur Hand, so stelle sich einer an jede Seite und mache dieselbe Bewegung in gleichem Zeitmaß (Fig. 100).

10. Dies Auf- und Abbewegen der Arme wiederhole ruhig und taktmäßig, 15 mal in der Minute, bis der Scheintote wieder selbständig zu atmen beginnt.

11. Dann erst suche die Körperwärme herzustellen durch Reiben der Haut des ganzen Körpers mit warmen Decken, durch Bedecken mit warmen Kleidern, durch warme Betten, warme Flaschen und wenn das Schlucken wieder möglich geworden, durch Trinkenlassen von warmen Flüssigkeiten (Wasser, Tee, Grog, Wein; erst nur teelöffelweise).